"+文化"视角下教育教学改革新探索

主　编　张宝秀　叶　晓
副主编　刘守合　朱科蓉

知识产权出版社
全国百佳图书出版单位

图书在版编目（CIP）数据

"+文化"视角下教育教学改革新探索/张宝秀，叶晓主编. —北京：知识产权
出版社，2018.11

ISBN 978-7-5130-5124-8

Ⅰ.①文… Ⅱ.①张… ②叶… Ⅲ.①高等学校—教育改革—研究—中国
Ⅳ.①G649.21

中国版本图书馆 CIP 数据核字（2018）第 264495 号

内容提要

随着我国助推民族复兴方针的确立，以及北京"四个中心"功能定位的明确，一系列文化建设的理论与实践课题摆在我们面前。学院紧扣国家文化发展战略，紧扣北京城市功能定位，围绕学校建设城市型、应用型大学的办学定位，确立了"崇尚学术、关怀人文、立德树人、培育英才"的办学使命，始终坚持"立德树人，文化育人"的教育传统，逐步形成"+文化"教育特色。本书就是学院教师对"学科+文化""专业+文化""课程+文化"进行理论和实践探索的成果。

责任编辑：张水华　　　　　　　　　责任印制：孙婷婷

"+文化"视角下教育教学改革新探索

张宝秀　叶　晓　主编

刘守合　朱科蓉　副主编

出版发行：知识产权出版社 有限责任公司		网　　址：http://www.ipph.cn	
社　　址：北京市海淀区气象路 50 号院		邮　　编：100081	
责编电话：010-82000860 转 8389		责编邮箱：46816202@qq.com	
发行电话：010-82000860 转 8101/8102		发行传真：010-82000893/82005070/82000270	
印　　刷：北京建宏印刷有限公司		经　　销：各大网上书店、新华书店及相关专业书店	
开　　本：720mm×1000mm　1/16		印　　张：15	
版　　次：2018 年 11 月第 1 版		印　　次：2018 年 11 月第 1 次印刷	
字　　数：300 千字		定　　价：64.00 元	

ISBN 978-7-5130-5124-8

目　录

应用型大学汉语言文学专业的文化思考

吴　蔚❶

【摘要】近十年，我国对于文化建设越来越重视，但作为文化类专业的本科汉语言文学专业的状况没有因此得到很大扭转。汉语言文学专业在应用型大学办学现状处境尴尬，存在传统文化与多元文化，文化与应用，文化需求增强与师资力量相对不足等冲突。精选课程教学内容，突出优秀传统文化；精心制定教学方案，确立正向引导路径；紧密结合地方文化，探索实践教学途径，这些都是解决以上问题的可行性对策。

【关键词】汉语言文学专业；应用型大学；文化

汉语言文学专业是一个传承汉民族语言和文学传统的专业。无论是语言还是文学都属于本民族传统文化中十分重要的内容。在本专业的教师中总有一种观念：我们专业本身就是文化类专业，还需要思考怎么传承文化吗？这其中恐怕存在一定思维的误区。汉语言文学所涉及的范围颇广，其中并非都是优秀的传统文化；作为应用型大学，汉语言文学专业的文化传承和教育也应该有自己特定的内容。所以仍需要我们深入思考。

1. 国家文化发展背景下的汉语言文学专业

近十年以来，从人们对语文和英语这两门课的重视程度的相互消长，就可以看出传统文化回归的端倪。曾几何时，孩子们的课外班里学英语的人头攒动，但是学国学的寥寥无几。现在中高考都发出了加大语文学科人文含量的信号，提出大语文的概念，在这样的指挥棒下，课外班里也出现了国学补习。四大名著成了必考篇目，孩子们的书包里天天都背着一本名著，甚至每个章节都要考核到细节。大学英语专业不再是热门专业，英语四级考试不再成为获取学位的必备条件。电视节目里，汉字听写大赛、诗词大会等传统文化类节目悄然兴起，大受热捧。与此同时，外国人学习汉语的热潮在不断升温。在诸多这类现象的背后是国家对于文化发展的重视与日俱增。

2011 年，时任国家副主席的习近平参观贵州大学中国文化书院时说："中华民族连绵不断的五千年文化是我们的自豪所在，一定要发扬光大，使之成为推动中华民族伟大复兴的动力，做到格物穷理、知行合一、经世致用。"2012 年胡锦

---

❶ 吴蔚（1972—），女，湖南长沙人，文学博士，北京联合大学应用文理学院副教授，主要研究方向为中国古代文学。

涛主席在十八大报告中提出国家发展目标："文化软实力显著增强。社会主义核心价值体系深入人心，公民文明素质和社会文明程度明显提高……中华文化走出去迈出更大步伐，社会主义文化强国建设基础更加坚实。"2017年习近平主席在十九大报告中强调："文化是一个国家、一个民族的灵魂。文化兴国运兴，文化强民族强。没有高度的文化自信，没有文化的繁荣兴盛，就没有中华民族伟大复兴。""深入挖掘中华优秀传统文化蕴含的思想观念、人文精神、道德规范，结合时代要求继承创新，让中华文化展现出永久魅力和时代风采。"这三段国家领导人关于文化的讲话可以看出近十年我国对于文化重视的历程，由提出建设文化强国到把文化当作实现中华民族伟大复兴的强大动力，当作民族和国家的灵魂，可以说实现了质的飞跃。如此背景对于汉语言文学专业这样的文化类专业的发展似乎是一个良好的契机。

然而现实却不如我们想象得那么理想。十年中，汉语言文学专业的前景不容乐观。根据《中国大学生就业报告》蓝皮书统计，2010年、2016年本科汉语言文学专业被亮黄牌。教育部高等教育司整理发布的2012年和2013年两年的就业率较低专业中，上海、河北、浙江等9个省市将汉语言文学专业列为就业率较低专业之一。在最近几年高考志愿填报资料中，本专业仍被列为王牌专业之一。国家对文化的重视一天天加强，但是本科汉语言文学专业的状况没有因此而有很大扭转，只是在"不死"的边缘徘徊。本科汉语言文学专业的出路在哪里？

或许我们说，国家的文化期待和社会的文化需求之间存在着差异，或者存在着时间差。大学开办专业要有前瞻性，要有长远眼光，汉语言文学专业本来就是长线专业，在目前国家政策的导向下，本专业的发展将呈向上的走势。

2. 应用型大学汉语言文学专业的文化教育现状与趋势

具体来看实际情况，我们发现，汉语言文学这样的文化类专业在应用型大学的办学现状处境尴尬，存在着内部与外部的多重矛盾冲突。

首先是传统文化与多元文化的冲突。与二三十年前相比，现在的大学生所处的文化环境更为多元。东西方文化的冲突依旧大量存在，对西方发达国家文化的崇拜仍旧势力强大，留学热潮一浪高过一浪。应用型大学汉语言文学专业由于专业的民族特征和层次的限制，出国继续深造相对比较困难，是学生选择专业时考虑的一大因素。除了西方文化的冲击，还有网络文化的冲击，手机微信文化的冲击，阅读习惯的冲击。传统文化最大的特点是重整体、讲直觉的诗性思维，重要的特点就是浑朴性。而现代文化则与之完全相反：时间碎片化，阅读碎片化，知识也碎片化；生活节奏快，思维浮于表面，缺乏沉潜涵咏；整个社会浮躁，忙于快出成果，缺乏对文化的深入挖掘。许多学生虽然选择了汉语言文学专业，但是没读过几本名著的大有人在。

其次是文化与应用的冲突。汉语言文学专业虽说是文化类专业，但与文化产业又有一定的距离，文化产业是另一个专业。在应用型大学一再强调行业对应的情况下，汉语言文学专业非师范类出现十分尴尬的情况，就是很难有名正言顺的对应行业。我们的学生有去媒体的，有去网站的，有去出版社的，还有做办公室工作的，但我们专业不能说对应传媒、出版、文秘这些行业，因为另外有专门的专业对应。有的也说对应文化传播行业，但终究有些勉强。在做毕业论文选题的时候，我们学生的论文题目也被审核为应用性不强，比如若是写研究某个作家作品的论文，被视为没有应用性，仿佛只有研究小学识字类产品的现状和对策之类才叫应用性。殊不知，文化类专业学生的培养最重要的是文化底蕴，研究名家名作正是文化底蕴的体现。如果狭隘地理解应用性，那么文化与应用就是有冲突的，越文化就越显得不应用。

最后，文化需求增强与师资力量相对不足的冲突。近十年国家对文化的重视使得中学教育越来越重视传统文化教育，从预期来看，未来几年应用型大学汉语言文学专业学生的文化素养较前几年将会有一定的提升，这对本专业的教师素养也提出了挑战。而此类大学长期以来对汉语言文学专业就不太重视，有的处于边缘化状态，甚至被消灭的边缘，增强师资就不敢想了。汉语言文学专业不仅本身是文化专业，对于整个大学的文化氛围建设也是非常重要的。如果不注重师资的培养和引进，对学校来说，将难以承担建设校园文化的职责，对国家而言，将难以应对国家文化战略的需求。

3. 应用型大学汉语言文学专业文化教育对策

面对这重重的冲突和矛盾，应用型大学汉语言文学专业如何应对？

3.1 精选课程教学内容　突出优秀传统文化

中国传统儒家文化讲究温柔敦厚的诗教，孔子就有"诗无邪""兴观群怨"等诗学观。文学就"如天之生万物也，日以暄之，雨以润之，露以濡之，雷霆以肃之，而又必宣畅八风以疏通而条达之，然后万类咸遂其生养，而无促迫矫强之弊"。不同时代都有自己的文学选本，就唐诗而言清代就有《唐诗别裁集》《全唐诗》，还有《御选唐诗》《御选唐宋诗醇》等诸多版本。选择什么样的诗背后是有不同和时代的诗学观、文学观在支撑。在今天的文化背景之下，应用型大学汉语言文学课堂，首先要精选既符合学生的学习基础，又突出优秀传统文化的课堂教学内容。

当前，汉语言文学专业的课程教材内容总是大大超过学时能够讲授的内容，应用型大学尤其如此，如何选择课堂讲授的内容，成为备课的第一步。以《中国文学批评史》课程为例，宋代文学批评史上有6节教学内容，但是只有3次课可以讲授。中国人民大学的袁济喜教授选择了《苏轼的文学思想》和《严羽的〈沧浪诗话〉》，而复旦大学古代文论教研室选择了《宋代的诗法论》和《沧浪诗话专论》。复旦大学的课程内容选择更加偏向于诗学理论的流变，而忽略课程思政内容，而袁先生的内容则有更多的知人论世的成分，突出文艺批评是人格精神的自然流露。比如选苏轼，突出北宋文人积极入世与退隐逍遥之间的冲突，文人与人生的统一。选严羽，则突出严羽追求盛唐气象背后的家国情怀。学生在不知不觉中就受到了优秀传统文化的熏陶。所以，从大纲的制定开始，教学内容的选择就应该融入文化的思考。

3.2　精心制定教学方案　确立正向引导路径

目前应用型大学专业课理论学时一再压缩，一门课32学时，或48学时，课时有限，用心制定教学方案，精心设计教学过程，可以使教学内容的传播最大化。汉语言文学专业的教师往往比较感性，讲课容易自由发挥，有时难免放得开，收不拢。有的甚至把这作为一种风度，学生对老师的这种风度也是津津乐道。但负责任地说，课堂如果没有一定安排，教学质量就缺乏保障。当然，我们也反对那种分秒不差的计算，过于刻板的"规范"，这也不符合人文学科的特征，但大致的比例是需要的。比如仍旧以《中国文学批评史》课程为例，如同样讲严羽的《沧浪诗话》，袁济喜教授在讲严羽追求盛唐气象的背景时用的课时就很多。他强调严羽一生的主要活动时期是南宋历史上社会经济全面崩溃、国力迅速减弱面临被异国侵吞的黑暗时期，在兵荒马乱的时代背景下，他亲历了国家的衰亡。处于这种社会背景下的严羽，对盛唐气象心向往之，他意图通过盛唐气象呼唤民族精神，振奋人们的精神世界。而对严羽的妙悟说讲得相对简略。这显然是有所用心的。总之，要做到收放自如，心中有数，铺陈点染，相得益彰。另外课堂以外还应以多种方式进行辅助教学。网络学堂发布多种阅读材料，引导学生阅读原典，正确理解；提炼课后讨论问题，延伸课堂教学，激发学生深入思考；课程论文在选题上严格把关，考核中把思想内容的评定放在首要位置；举办人文知识竞赛，营造大学文化氛围。这些都是引导学生学习传统文化的正确途径。

3.3　紧密结合地方文化　探索实践教学途径

应用型大学汉语言文学专业的实践，尤其是非师范类的实践一直是让人十分困惑的事情。大家原本认为，语言和文学的实践就在读思说写当中，但这样的实践又不被官方认可。我们在不断探索中，走出了一条与地方文化结合的实践途径，获得了一定的成功。北京联合大学应用文理学院地处海淀区学院路，而海淀区地处明清皇家园林三山五园的所在地，西山文化带中心，学校北京学研究基地把西山文化带建设作为研究重点，学院与海淀区委宣传部合作，成立了三山五园研究院。清代帝王与文人在这些园林中留下了大量吟咏诗文，而不被世人所知。这成了汉语言文学专业实践的宝贵财富。从2012年开始，我校汉语言文学专业文科综合实践、专业综合实践课就采用项目式真题实践。学生利用所学到的语言和文学知识，整理古代典籍中有关园林的诗文，对诗歌进行鉴赏，并且到实地考察，配以考察照片。在实践成果的基础上，2015年出版了《清代帝王笔下的颐和园》，2017 年出版了《嘉庆圆明园静宜园诗》，目前《清代帝王笔下的香山》正在出版过程中。学生在实践中都觉得收获很大，自己的实践成果能够出版，为园林景点游客所用也让他们非常自豪。

至于师资力量的加强，有待领导和上级主管部门的重视。我们呼吁应用型大学应该用人文学科的标准来对待汉语言文学专业这样的文化专业，而不应该用社会科学甚至理工科的标准来衡量。如果汉语言文学专业的教师不自信，学校的文化又何来自信？大学文化不自信，国家的文化又何来自信？

激活新闻与传播文化基因
探索"+文化"教育实施路径[1]

杜剑峰[2]

【摘要】 随着我们国家文化复兴助推民族复兴的方针的确立，以文化支撑国家民族强盛的思想的引领，制度为本、传统为根、价值为魂的逻辑阐述，一系列文化建设的理论与实践课题摆在我们面前。学院紧扣国家文化发展战略，紧扣北京城市功能定位，围绕学校建设城市型、应用型大学的办学定位和"学术立校、人才强校、开放兴校"的发展战略，形成学院"+文化"办学特色，凸显我院学科专业的社会影响力，体现学院的办学实绩。新闻与传播系对此有深度思考并提出实施路径。

【关键词】 文化；语境；学科；专业；课程

党的十八大以来，习近平同志提出了一系列关于文化建设的纲领性、战略性命题，尤其是文化自信的提出，具有极大的重要性与启示性，体现了理论坚定和文化勇气。随着我们国家文化复兴助推民族复兴的方针的确立，以文化支撑国家民族强盛的思想的引领，制度为本、传统为根、价值为魂的逻辑阐述，一系列文化建设的理论与实践课题摆在我们面前。北京联合大学应用文理学院全面深入贯彻中共十九大报告的精神，紧扣北京作为全国政治中心、文化中心、国际交往中心和科技创新中心的城市战略定位，围绕学校建设城市型、应用型大学的办学定位和"学术立校、人才强校、开放兴校"的发展战略，实施"学科+文化""专业+文化""课程+文化"战略，凸显我院学科专业的社会影响力，形成学院的办学特色，体现学院的办学实绩。

1. 何谓文化

文化是一个宽泛的概念，同时也是一个复杂的命题。其定义不一而足，古往今来争论不休。美国文化人类学家洛威尔叹息："在这个世界上，没有别的东西比文化更难琢磨。我们不能分析它，因为它的成分无穷无尽；我们不能叙述它，

---

[1] 本文是北京联合大学应用文理学院教育教学研究与改革项目"《影视文化》课程'+文化'实施策略研究"阶段性研究成果。

[2] 杜剑峰，女，北京联合大学应用文理学院新闻与传播系教授，现任系学术委员会主任、新闻学专业负责人，主要研究方向为当代中国电影/北京城市影像。

因为它没有固定的形状。我们想用文字来定义它，这就像要把空气抓在手里：除了不在手里，它无处不在。"英国文化人类学家爱德华·伯内特·泰勒在1871年出版的《原始文化》一书中明确指出，"文化是人类在自身的历史经验中创造的包罗万象的复合体"，"是包括知识、信仰、艺术、道德、法律、习俗和任何人作为一名社会成员而获得的能力和习惯在内的复杂整体"。我国学者冯天瑜在《中华文化史》中认为："文化是主体与客体在人类社会实践中的对立统一物。"并在结构层面上将其分为技术体系和价值体系。其中价值体系是指"与特定民族的生产方式和生活方式相适应，构成以语言为符号传播的价值观念和行为准则"。著名文化学者余秋雨在《何谓文化》中谈道："文化，是一种包含精神价值和生活方式的生态共同体。它通过积累和引导，创建集体人格。"当文化——沉淀为集体人格，它就凝聚成了民族的灵魂。

2. +什么文化

习近平同志在十九大报告中提出"坚定文化自信，推动社会主义文化繁荣兴盛"。在这里他讲道："文化是一个国家、一个民族的灵魂。文化兴国运兴，文化强民族强。没有高度的文化自信，没有文化的繁荣兴盛，就没有中华民族伟大复兴。要坚持中国特色社会主义文化发展道路，激发全民族文化创新创造活力，建设社会主义文化强国。"他进一步阐明了中国特色社会主义文化的基本内涵："中国特色社会主义文化，源自于中华民族五千多年文明历史所孕育的中华优秀传统文化，熔铸于党领导人民在革命、建设、改革中创造的革命文化和社会主义先进文化，植根于中国特色社会主义伟大实践。"[1]

传统文化不仅包括历史上存在并延续至今的种种物质的和精神的文化实体，还包括价值观念和文化意识。"它是这个民族得以生存发展所积累下来的内在的存在和文明，具有相当顽固的持续力量，持久功能和相对独立的性质，直接间接地、自觉不自觉地影响支配甚至主宰着今天的人们，从内容到形式，从道德标准、真理观念到思维模式、审美趣味等。"[2]这就是集体人格和民族灵魂。中华传统文化就是1919年五四运动以前，中国社会经济长期发展过程中逐渐形成的，最终积淀下来并支配着大多数人的价值观念、道德标准和行为准则等。

传统文化产生于历史过程，带有明显的时代烙印；传统文化形成于民族传承，带有独特的民族色彩；传统文化成长于当地环境，带有浓郁的地域特征，因此，传统文化的时代性、民族性和地域性表现得最为鲜明。传统文化是城市文化发展的源泉。"传统文化是一个流动于过去、现在和未来的开放体系。虽然，人类社会已经进入快速发展、不断更新的21世纪，但是处于城市中的人们，仍然在既定的历史传统、民族习俗、文化氛围和社会环境中生活，并在这些因素的交互影响下成长。"[3]城市文化是传统文化的特殊产物。在幅员辽阔的中国，历史性的城市遍及大江南北，数量众多，特色鲜明，样态丰富。这些城市不仅拥有自然天成、美不胜收的自然环境，同时也拥有各具特色、令人流连忘返的历史建筑，城市从自然到人文的存在都体现着中华民族灿烂深厚的传统文化。由此我们可以说，城市本身就是我国优秀文化遗产中弥足珍贵的一部分，城市文化是传统文化的特殊产物。而地域文化又是城市文化发展的基础。地域文化的丰富性和多样性，直接导致了城市文化的特色性和差异性。城市特色是一个城市地域文化的外在体现，更是城市发展的根据。作为一所根植于北京这座历史文化名城的高校，北京独特的地域文化和城市文化与我校的发展密切相连，我们努力挖潜和逐渐形成的联大味道必然与北京味道浑然一体。

"革命文化是中国共产党人领导人民在革命事业中创造的充满革命性的文化成果，包括革命思想理论、革命信念精神、革命价值伦理以及革命文化作品等。它诞生于五四运动时期，初兴于大革命时期，成型于土地革命时期，并在延安时期实现空前繁盛。""革命文化的内涵极其丰富，在革命思想上表现为马克思主义指导思想，在革命理想上表现为坚定的共产主义理想信念，在革命精神上表现为高尚的革命情操，在革命伦理上表现为深切的集体主义和为民观念，在革命价值上表现为对民主、科学、自由等价值理念的奉行，在革命目的上表现为对国家独立、民族富强、人民幸福及共产主义最高愿景的追求，并在革命作品上涌现出很多记载革命历史、描写革命事迹的文学和文艺经典。"[4]它们共同构成具有中国特色、东方神韵、民族特质的中国革命文化，到今天依然是一笔宝贵的文化遗产和精神财富。

"社会主义先进文化融汇了中华优秀传统文化、革命文化的精华，实现了与西方文化的文化价值理念对接、文化生存和传播方式对接以及文化差异包容对接，铸就了新时期中国特色社会主义先进文化的时代辉煌。社会主义先进文化为文化自信提供了自信的理论基础、夯实了自信的物质根基、植入了自信的动力基因、生就了自信的开放包容心态。"[5]从马克思主义历史观与价值观相统一的高度看，社会主义从根本上有利于生产力的解放和发展、社会的进步和人的自身解放，具有超越资本主义文化的先进性，因此社会主义文化代表了当今人类社会先进文化的前进方向。

3. 为何"+文化"

前不久，我们观看的电影纪录片《厉害了，我的国》、6集电视纪录片《辉煌中国》等，从中我们强烈地感觉到目前我们国家经济富裕可望可攀，国防强大可喜可贺，然而，文化的昌明进步才能更加直达人心。

3.1 中国文化发展战略的时代选择

中华文化是历史悠久的文化，也是饱经忧患的文化。就整个中国来说，中华民族、中华文化在近现代以来，曾经陷入非常严重的危机。中国的文化自信是无与伦比的，什么时候也没有任何文化可以和中华文化相比较。中华风度令人迷醉，是我们眷恋的精神家园。作家王蒙曾经讲，"哪怕仅仅为了欣赏辛弃疾的诗词，下辈子，下下辈子，仍然要做中国人"。因为他迷恋中国古代诗词，他觉得唯有汉语才能表达如此美妙而难以言传的意境。

但是，鸦片战争以后，实际上是元明代以后，中国的发展势头明显不济。到清代《红楼梦》中记载的荣宁二府的状况，暴露了当时中华主流文化已然捉襟见肘，难以应付多方危难。可以说《红楼梦》正是中国封建社会走向没落、孔孟主流文化出现危机的一个缩影。而到了1840年的鸦片战争，面对列强的蛮横无理、公然挑衅、野蛮入侵，中华文化出现了全面深重的焦虑感与危机感。中日甲午海战，中国战败，北洋水师全军覆没，慈禧太后原本并没有把日本国放在眼里，言称日本这个蕞尔小国，然而就是这个蕞尔小国使大清王朝气息奄奄，顿时从文化优越坠落到文化焦虑的深渊。清末民初的文化大家王国维在昆明湖自沉，启蒙思想家严复也终入保皇一党，终日吸食鸦片，中毒而死，显示了文化危机的严重性和紧迫性。除了更新、革命、天翻地覆的变化，中华文化几乎无路可走，这才有了五四新文化运动对中华传统文化的反思与批判，以及各种境外思潮的涌入，尤其是引进和传播马克思主义。

五四新文化运动为了抢救我们的民族，不惜对自己的文化进行坚决、彻底地批判和反省，希望我们的文化有一个更新和重生。因此出现了一些激烈的言辞，比如鲁迅提出"不读中国书"，胡适等提出"打倒孔家店"，吴稚晖提出"把线装书一律丢到茅厕里去"，不管是国民党的右派还是共产党的左派，都对传统文化采取激烈的批判态度。一直到新中国成立以后，大语言学家吕叔湘先生提出，中国的文字改革要从汉字加专制改变为拼音加民主。可见，当时的文化焦虑已然到了什么程度。新中国成立以后，新潮涌动，百废待兴，我们的文化生活仍然经历了曲折与艰难。20世纪80年代末，随着电视纪录片《河殇——中华文化反思录》的播出，传统文化一度遭到怀疑和否定，青年人当中蔓延着否定黄色文明的思潮。终于在今天，在改革开放步入新时代，我们获得了重提文化自信、继承弘扬中华优秀传统文化，实现转化与发展的空前的、难得的历史机遇。

3.2　提升国家文化软实力的需要

"文化的力量不是靠自我命名、自我确认来实现的，我们的文化只有得到他者的认同，赢得他者的肯定，才能够兑现我们文化的价值、实现我们的文化影响力。""在文化交流活动中寻找一种能够被他人认知、理解的表达方式，是广泛、有效地传播文化价值观的重要条件。尽管中国传统文化源远流长，博大精深，但我们不能因此就自认为中国的传统文化资源会自然而然地转变为文化软实力，更不能够指望他者会理所当然地接受我们的文化价值观。我们古代的文化资源，如果不经过现代化的转化，不采取国际化的表达方式，它们永远只会是一种传统，而不是转化成一种力量。"[6]

中国是一个传统文化资源极为丰富的国家。但是，我们并不是一个文化软实力的强国。相对于我们国家的经济实力，我们的文化实力远远没有释放出应有的能量。这就是说，不论就我们的文化资源而言，还是就经济地位而言，文化都没有达到与之相匹配的地位和发挥相匹配的作用。在许多西方国家的历史认知模式中，当代中国处于一种缺失的状态。他们更多地了解古代中国的艺术作品和历史人物，而对于现代特别是当代中国的现实所知甚少。事实上，比这些认知缺失更为严重的是在他们的文化认知模式中还存在许多误区。这些都是需要我们通过长期的文化建构与传播才能改变的事实。

"所有传统文化的宝贵资源只有和现代的传播媒介相互整合、相互并联，才能够行使其文化意义的承载与传播职能。即传统文化只有在获得了当代的存在方式之后，才能够得到真正的承传与弘扬。"[7]

3.3 北京全国文化中心建设的需要

什么决定了城市的高度？其结论是文化决定着城市的高度。每一座世界城市，完成工业城市建构后，必定要谋求金融强市的地位，而走完从城市的工业制造中心到金融中心的上升过程后，文化城市才是其最终归宿。而目前的那些世界城市，也确乎无一例外地以其独特的文化性格、文化创造力和影响力，才获得今天的世界城市的地位。

国家发展的本质是文明进步，首都文化则是贯彻执行国家文明进步战略的一个主导主体力量。"古今中外的首都追求成为国家文化之首善、先进文化之代表。在中国，没有哪座城市如北京这样有如此丰富的历史遗存和文化记忆。"[8]首都学研究表明，中国历史上的大小王朝有273个都城、当今世界各地约200个国都（有国家实行多都制），凡称都之地均有以其城市文化来代表、影响国家文化的用心和努力；凡达一定历史长度的国都多有一时一域的文化中心和优秀文化生产传播示范者的地位与功效。

2016年初北京市推出《北京市"十三五"规划纲要》。2016年6月，《北京市"十三五"时期加强全国文化中心建设规划》中提出了重点实施"两线三区四带"工程，其中"四带"是长城文化带、西山文化带、大运河文化带、京西近代工业遗产带。2017年6月，北京市将西山文化带修改为西山永定河文化带，突出永定河文化的重要性。2017年9月，《北京城市总体规划（2016—2035年）》正式发布，也将大运河文化带、长城文化带和西山永定河文化带作为北京历史文化名城保护体系的重要内容。三个文化带高度凝练了北京旧城以外的文化遗产，与旧城中轴线形成对应关系，对于建设北京全国文化中心和推进满足人民对美好生活的需要起到了关键的支撑作用。

3.4 北京联合大学双型大学建设的需要

北京联合大学的历史是与中国改革开放40年的历史同向而行的。自1978年

12月18日至22日，党的十一届三中全会开启改革进程以来，弹指一挥间，中国的改革事业已走过了40年的光辉岁月。40年来，我们沿着中国特色社会主义道路不断前进，历经从计划经济到商品经济再到市场经济的探索，从无到有构建了中国社会主义市场经济体系并不断进行完善，扭转了"文革"的动荡混乱，走向依法治国并不断提高国家治理水平，中国改革事业取得了不可磨灭的成就。40年前，联大应运而生，应的是改革之运，应的是首都北京人民群众大学之需，应的是国家发展之势。40年间，沧海桑田，变化巨大，成就斐然。联大从当年的蹒跚起步，已成长为一所享有盛誉的、北京人自己的大学。联大从诞生之日起就被赋予使命：为北京优秀青年提供尽可能多的高等教育机会，培养尽可能多的首都北京建设急需的应用型人才，为首都北京社会进步、经济发展、城市建设提供最直接的服务。

北京联合大学应用文理学院以"崇尚学术、关怀人文、立德树人、培育英才"为使命，致力于培养人文素养深厚、交叉复合型应用型人才。目前学院正在全面落实学校城市型、应用型大学的办学定位，围绕北京全国政治中心、文化中心、国际交往中心和科技创新中心建设，以文化遗产保护、传承、传播和利用为核心领域，确立"+文化"教育发展路径，努力成为学校建设北京人民满意的高水平、有特色城市型、应用型大学的骨干支柱学院。

4. 如何"+文化"

北京联合大学应用文理学院依据多年的办学实绩，凝练出"+文化"办学特色，具体从学科+文化、专业+文化、课程+文化几个维度、几个层面展开、落实。

4.1 学科+文化

新闻传播的学科属性兼具人文科学和社会科学双重属性，因此其本身就是文化的一部分。探源我校新闻传播学科专业的前世今身，需要穿越回到20世纪70年代末北京缸瓦市一条浓荫匝地的胡同里，中国人民大学二分校坐落在西城区丰盛胡同13号。1978年，作为我校首次招收的新闻学专业与作为北京文化载体和符号的胡同不期而遇交织在一起。从此，伴随着中国改革开放的脚步，伴随着共和国首都政治、经济、文化的发展，伴随着古都北京现代化、城市化、全球化的进程，伴随着北京四个中心的建设，我校新闻传播学科专业的建设、发展自然与北京独特的文化气质、文化特性、媒介环境和社会人文建设紧密相连。

大众传播媒介对城市文化的塑造与传播是城市发展不可或缺的力量。大众传播媒介既是城市文化的组成部分，同时也参与城市文化的构建。新闻与传播学科基于国家发展战略、北京城市功能定位、区域文化特质和联大办学特色，依据自身的优势，尤其是2013年以来以北京市"数字动漫艺术与文化传播创新团队"和"全媒体新闻传播应用人才培养创新团队"建设为契机，聚焦城市文化传播，以新媒体传播、城市影像传播和城市品牌传播为具体方向，开展学科建设。近年来，在项目申报、论文发表、著作撰写和社会服务等方面，均取得一定的成果。

在城市文化传播方面，新闻与传播系发挥出文化传播团队的力量和优势，采用不同的传播策略加快和加大文化建设的力度。2013 年上半年我们以参与策划"曹雪芹艺术节"为契机，开展对三山五园的研究，发掘其文化资源。我们提出了《曹雪芹艺术节策划方案》和《大型多媒体舞台剧〈印象曹雪芹〉策划方案》，在此基础上提出《"三山五园"文化体验与传播产业化规划》。参与由张连城教授主持的我校信息化建设——北京文化遗产特色资源信息化建设项目和我校与海淀区委宣传部共同开发建设"中关村艺术城信息交互融创平台"、共设"三山五园"历史文化景区研究项目，我系教师先后承担子课题项目"微艺术"文化信息资源建设和《"正觉寺"文化体验与传播产业化规划》项目，撰写并发表《城市文化传播的符号及策略》《新媒体视域下的三山五园文化传播——以正觉寺为例》《历史文化纪录片〈颐和园〉的现代表达与国际传播》《论圆明园御制诗中的"视农观稼"主题》《从园史到国史：论"圆明园词"建构的历史记忆》《北京影像空间中的"三山五园"文化意蕴解析》《当历史遇到现代：当代北京城市文化空间建构》等研究论文，以及承担三山五园景区标示牌的中英文翻译工作，在项目建设上体现政产学研用相结合的思路，积极参与推动达成学校与海淀区政府的实质性合作，推进文化与科技融合示范性建设。

新闻与传播系围绕着城市文化传播开展科学研究，连续出版《城市文化传播策论》《城市文化传播新论》《新媒介·新动漫·新传播：数字动漫艺术与文化传播论文集》《创意设计·创意内容·创意媒体：数字动漫艺术与文化传播论文集》《中韩文化比较研究》五部论文集。出版专著《晚清文人与流行文化》《中国文化名著选读》《品牌与策划》《北京地区社会影视公司发展状况研究》《政治传播视野中的中国国家形象构建》《政治的微传播研究》《我国重大突发事件新闻话语修辞研究》《中国政府新闻发布变迁》《新媒体环境下的政府新闻发布与舆论引导：问题、理念与机制》等。申报项目《北京城市新空间书写与文化认同研究》等，仅以 2017 年为例，新闻与传播系获批国家社科基金一般项目 1 项，省部级项目 4 项，校级项目 4 项，横向课题 8 项，年总科研经费完成 127.24 万元。

事实上城市文化传播形态呈现出多元化格局，而大众传播媒介则以全媒体多维塑造的传播模式，可以通过报纸、杂志、广播电视、互联网、新媒体以及影视剧等传播途径传播城市文化，此外还可以通过文化墙、文化节、文化活动以及公共关系或事件营销活动传播城市文化，打造城市驱动力、扩大城市影响力、释放城市生产力以及增强城市竞争力。

4.2 专业+文化

围绕学院特色，开展与文化体验、文化发掘、文化传播相关的教学工作。

从人才培养目标定位、课程体系建设、教学平台的搭建尤其是实践教学的开展，人文北京综合实践、新闻传播技能实践、跨专业综合实习、专升本实务专题等，都围绕着"一城三带"文化建设、"三山五园"文化建设、文化产业的开发等相关问题组织实习与实践。汉语言文学专业教师吴蔚主持的北京市创新能力提升计划项目《"三山五园"历史文化元素的谱系构建和可视化再现》子课题项目"御制诗词研究"，借助人文北京综合实践等教学活动组织学生开展了题为"三山五园与清代御制诗"的搜集工作，学生到国家图书馆、首都图书馆和北京大学图书馆以及实地探访考察，搜集了近 2000 首清代御制诗作，在吴蔚老师的指导下编著 2 部作品《清代帝王笔下的颐和园》《嘉庆圆明园静宜园诗》，均由中国电影出版社出版。《清代帝王笔下的颐和园》是一本关于皇家园林颐和园的诗歌选集，而诗歌的作者身份特殊，均为清代帝王，其中主要为乾隆皇帝。其定位为欣赏性读物，旨在向有一定文化需求的普通读者介绍颐和园著名景点相关御制诗歌，因而对所有景点进行了历史知识的介绍，对所选御制诗均配以注释和鉴赏，并采用图文并茂的形式。该书作为该专业大四学生"文化宣传综合实践课"最终成果呈现，为后续研究提供了坚实的基础。

在 2016 级新闻学（专升本）专业毕业实务专题实施过程中，聚焦北京城市文化尤其是北京西山文化，开展视听传播实践，收获了令人满意的同时又是令人欣慰的实践成果。实务专题共有 7 组，拍摄了 8 部纪录片和专题片，题目分别为《九州清晏》《老山密码》《贝家花园记忆》《石鱼归园记》《玉米哥的歌》《这个冷哥不太冷》《一盏社区的灯》《老伴儿》等，作品一方面揭示和展现北京西山文化意蕴，另一方面揭示和表现在城市疏解新政策下北京社会普通人和边缘人的众生百态，感人至深，催人泪下。作品《九州清晏》以动画和沙画的形式复现了圆明园中最大的一组建筑群"九州清晏"的历史面貌和时代变迁，解读了作为国家象征的"九州"的文化内涵与历史意义，创新了优秀传统文化的传播形式；《老山密码》讲述了 2000 年老山汉墓的发掘始末以及 2017 年我校历史系在老山地区考古发现新的汉代遗迹的过程；《贝家花园记忆》重走了"自行车驼峰航线"的"运药路"，以"戏中戏"的方式追忆了"贝家花园"在中法文化交流史上浓墨重彩的乐章；《石鱼归园记》以圆明园遗失的西洋楼海晏堂一对会吐水的石鱼百年沧桑回归路为线索，揭示了中华文物的历史保护和当代传承的历史命题。加上此前的实务专题作品《铸梦黄叶村》《与西山同眠》《放飞颐和园的》等，在北京城市文化传播尤其是西山文化传播方面，新闻学专业积累了一些实践成果。《玉米哥的歌》表现了外来务工人员一个普通而卑微的小人物在时代大潮里有尊严地活着；《这个冷哥不太冷》表现了地铁工作人员对平凡工作的尊重和坚守；《一盏社区的灯》《老伴儿》表现了社区生活的点滴和相濡以沫的陪伴，体现出深刻的人文关怀。学生纷纷表示：他们在全面检验和锻炼自身的专业能力和团队合作能力的同时，深刻地了解和体味了中华优秀传统文化和北京独特地域文化，认清了自身的责任和使命。目前新闻学专业正在组织力量，积极开展"西山文化系列微视频"作品的创制工作，以更加成熟和丰富的专业实践，使学生在培养和锻炼扎实的专业知识和专业技能的同时，体味中华优秀文化和北京独特地域文化，传播北京城市文化，弘扬中国特色社会主义文化。

4.3 课程+文化

为培养社会主义事业合格建设者和可靠接班人，需要全程育人、全方位育人。但是课堂毕竟是主阵地，所有关乎立德树人、以文化人的构想都通过这一阵地传递，通过引导和积累，形成精神价值、生活方式和集体人格，坚定文化自信，确立文化身份和文化认同，参与中华文化的建构与传播。在新闻学专业的课程设置中，《大众传媒文化》《影视文化》《城市文化传播》《国学基础》《中国文化名著选读》等一系列课程本身就是关乎文化的课程，新闻学所有的专业课都是文化的组成部分。仅以《影视文化》这门课程为例，该课程通过电影、电视这一大众传播媒介和借助文化传播这一有效载体，用影像语言系统地建构和广泛地传播"中国特色社会主义文化"。在与多元的世界进行平等交流的同时，要坚定文化自信，讲好中国故事，传播好中国声音。

《影视文化》课程在讲清楚中国电影文化的传统性品格的同时，将一百多年来的中国电影在发展进程中与中华优秀传统文化的影响、渗透、借鉴、弘扬、传承和传播同样要讲明白。在《影视文化》课程建设中，对学生讲清楚《中国电影文化的革命性主调》《主旋律电影的转型策略》《主旋律影片的儒学化转向》等教学内容，同时也要讲清楚影视作品中所表现出的"革命文化"的深刻内涵。通过《影视文化》课程中《中国电影文化60年地形图》《通向改革开放时代电影文化》《电影与全球化语境中的传统》《全球化时代的中国视觉流》等教学内容，向学生讲清楚新中国电影在各个不同的历史发展时期所走过的曲曲折折的道路；要向学生讲清楚新中国电影尤其是改革开放以来的中国电影所取得的经验和成就，讲清楚在历史发展的过程中所遭遇的误区和拨乱反正的种种努力，讲清楚中国电影在走向世界的进程中所面临的冲突和融合，讲清楚中国电影独特的美学特质和深厚的民族文化内涵，讲清楚新时代中国特色社会主义文化思想的理论命题和实践探索。

参考资料

[1] 习近平. 决胜全面建成小康社会　夺取新时代中国特色社会主义伟大胜利——在中国共产党第十九次全国代表大会上的报告 [M]. 北京：人民出版社，2017：41.

[2] 黄文杰. 李安华语作品文化解读 [J]. 北京电影学院学报，2003 (3)：17.

[3] 单霁翔. 城市文化与传统文化、地域文化和文化多样性 [Z].

[4] 张健彪，田克勤. 革命文化的历史地位及当代价值 [J]. 中国延安干部学院学报，

2017（9）：54.

［5］徐国亮. 社会主义先进文化是中华民族文化自信的灵魂［J］. 山东社会科学，2018
（2）：5.

［6］贾磊磊. 构建传统与当代互相兼容的国家文化现象［M］//贾磊磊. 中国文化发展
战略的时代抉择. 北京：商务印书馆，2016：9，12.

［7］沈望舒. 略述首都文化对国家文化战略的担当［M］//贾磊磊. 中国文化发展战略
的时代抉择. 北京：商务印书馆，2016：234.

《影视文化》课程"+文化"实施策略研究[❶]

杜剑峰[❷]

【摘要】 随着我们国家文化复兴助推民族复兴方针的确立，以文化支撑国家民族强盛的思想的引领，制度为本、传统为根、价值为魂的逻辑阐述，一系列文化建设的理论与实践课题摆在我们面前。应用文理学院提出和形成学科、专业、课程"+文化"工作思路和办学特色，新闻学专业在《影视文化》课程建设中，将"中国特色社会主义文化"系统化地融入课程教学内容，使学生深刻领会并有效传承与传播。

【关键词】 文化建设；优秀传统文化；革命文化；社会主义先进文化；课程建设

随着我们国家文化复兴助推民族复兴方针的确立，以文化支撑国家民族强盛的思想的引领，制度为本、传统为根、价值为魂的逻辑阐述，一系列文化建设的理论与实践课题摆在我们面前。特别是党的十八大以来，习近平同志提出了一系列关于文化建设的纲领性、战略性命题，尤其是文化自信的提出，具有极大的重要性与启示性，体现了理论坚定和文化勇气。习近平在庆祝中国共产党成立95周年大会的讲话中谈到文化自信时指出："在5000多年文明发展中孕育的中华优秀传统文化，在党和人民伟大斗争中孕育的革命文化和社会主义先进文化，积淀着中华民族最深层的精神追求，代表着中华民族独特的精神标识。"[1]在这里，他凸显了中国文化中的三种形态——中华优秀传统文化、革命文化和社会主义先进文化，肯定了这些文化形态对于中华民族精神生活的重要意义，以此作为我们今天文化自信的来源和依据。习近平同志在十九大报告中提出"坚定文化自信，推动社会主义文化繁荣兴盛"。他在报告中更加清晰地界定了"中国特色社会主义文化"。"中国特色社会主义文化，源自于中华民族五千多年文明历史所孕育的中华优秀传统文化，熔铸于党领导人民在革命、建设、改革中创造的革命文化和社会主义先进文化，植根于中国特色社会主义伟大实践。"[2]在此前提下，北京联

---

❶ 本文是北京联合大学应用文理学院教育教学研究与改革项目"《影视文化》课程'+文化'实施策略研究"阶段性研究成果。

❷ 杜剑峰，女，北京联合大学应用文理学院新闻与传播系教授，现任系学术委员会主任、新闻学专业负责人，主要研究方向为当代中国电影/北京城市影像。

合大学应用文理学院提出学科、专业、课程"+文化"工作思路，这一思路的提出，既是中国文化发展战略的时代选择，又是建设社会主义文化强国、提升国家文化软实力的需要，既是推进首都北京全国文化中心建设的路径，又是落实北京联合大学双型大学办学定位的举措。为推进和落实学院"+文化"这一特色工作，新闻与传播系在学科、专业、课程建设方面全方位开展理论研究与实践探索，在新闻学专业课程体系建设中，专门设置《影视文化》这门课程，通过电影、电视大众传播媒介和借助文化传播有效载体，用影像语言系统地建构和广泛地传播"中国特色社会主义文化"，在与多元世界进行平等交流的同时，要坚定文化自信，讲好中国故事，传播好中国声音。

1. 中国影视与中华优秀传统文化

电影电视已经成为当今世界文化传媒中传播最广最快、对人们的思想意识和生活方式影响最大的艺术创造和文化传播方式之一。影视艺术以其视听综合、时空综合、艺术与科技综合的优势而引人瞩目，它的发展取向和发展水平直接关系着社会的进步。世界影视发展史表明，高质量、具有浓郁民族风格的影视艺术作品，对于增强本民族在世界舞台上的国家形象、思想文化的影响力，有着不可替代的重要作用。

1.1 文化传统与传统文化

文化是一个宽泛的概念，同时也是一个复杂的命题。其定义不一而足，古往今来争论不休。美国文化人类学家洛威尔叹息："在这个世界上，没有别的东西比文化更难琢磨。我们不能分析它，因为它的成分无穷无尽；我们不能叙述它，因为它没有固定的形状。我们想用文字来定义它，这就像要把空气抓在手里：除了不在手里，它无处不在。"文化学者余秋雨在《何谓文化》中提出："文化，是一种包含精神价值和生活方式的生态共同体。它通过积累和引导，创建集体人格。"当文化——沉淀为集体人格，它也就凝聚成了民族的灵魂。正如习近平同志在十九大报告中所提出的："文化是一个国家、一个民族的灵魂。文化兴国运兴，文化强民族强。没有高度的文化自信，没有文化的繁荣兴盛，就没有中华民族伟大复兴。"

传统就是一个民族在自身成长繁衍过程中所积累的物质财富和精神财富，若取狭义，则单指后者。传统文化在现代文明中的存现有两种形态：一是物体形式的历史遗迹，诸如文本资料（档案遗存）、名胜古迹等，其特征是拥有超越时空的历史固态性，其功能则类似"博物馆""图书馆"的价值；二是积淀于人们心理结构中的传统，它经由文学艺术、思想意识、民俗风习的潜在影响，表现为某种较为稳定的思维结构与知性模式。"它是这个民族得以生存发展所积累下来的内在的存在和文明，具有相当顽固的持续力量，持久功能和相对独立的性质，直接间接地、自觉不自觉地影响支配甚至主宰着今天的人们，从内容到形式，从道德标准、真理观念到思维模式、审美趣味等。"[3]这就是集体人格和民族灵魂。中华传统文化就是 1919 年五四运动以前，中国社会经济长期发展过程中逐渐形成的、最终积淀下来并支配着大多数人的价值观念、道德标准和行为准则等。具体到文化模式上，"则表现为以人生和人心为观照的人本主义，重道轻器、经世重教、崇古尊老、德政相摄、重整体倡协同"等。

中华文化是历史悠久的文化，也是饱经忧患的文化。中国的文化自信是无与伦比的，什么时候也没有任何文化可以和中华文化相比较。中华风度令人迷醉，是我们眷恋的精神家园。作家王蒙曾经讲，"哪怕仅仅为了欣赏辛弃疾的诗词，下辈子，下下辈子，仍然要做中国人。"因为他迷恋中国古代诗词，他觉得唯有汉语才能表达如此美妙而难以言传的意境。如此丰厚的文化传统，我们的民族美学与民族文化，为影视艺术的内容生产和传播提供了取之不尽、用之不竭的创作资源。

1.2　中国电影文化的传统性品格

1905 年，曾在日本学过照相技术的沈阳人任景丰，从北京东交民巷的德国商人手中购得法国制的木匣手摇摄影机及胶片 14 卷，在他开设的丰泰照相馆，利用日光在露天拍摄了著名京剧演员谭鑫培的舞台纪录片《定军山》，这是中国人自己拍摄的第一部影片。自从电影技术在 1905 年被引入中国以来，100 多年过去了，电影在中国早已成为一种艺术文化。中国电影文化是指中国电影艺术所建构的文化。具体地是指中国电影艺术所建构的传达特定生活形式及其价值理念的符号表意系统。这是由《渔光曲》（1934）《桃李劫》（1934）《马路天使》（1937）《十字街头》（1937）《一江春水向东流》（1947）《女篮五号》（1957）《芙蓉镇》（1986）《红高粱》（1987）《英雄》（2002）《集结号》（2006）等影片组成的携带特定的价值理念的影像系统。余秋雨说："历史总是一堆又一堆的残灰，而文化则是其中的余温。"诚然，中国电影的媒介技术及其他表现手段都来自现代，与古代艺术文化传统似无任何直接渊源关系。但是，事实上，中国电影文化却总是打上了中国自己的文化传统的深刻印记。中国电影在表达中国人现代生活体验的同时，也表现出明显的传统性。

著名电影导演郑君里执导的《枯木逢春》（1961）根据同名话剧改编；其主要剧情为：新中国成立前，失去爹娘的苦妹子，做了方妈妈的童养媳，未婚夫冬哥和方妈妈待他很好。一家人为逃避血吸虫病离开家乡，苦妹子与家人失散，为生活所迫嫁了丈夫，不料丈夫又死于血吸虫病，苦妹子也染上这种病。新中国成立后冬哥成了拖拉机手，巧遇苦妹子，在人民政府关怀下治愈了苦妹子的病，使她获得新生与冬哥结了婚，过上幸福生活。这部影片借鉴了中国戏曲、绘画、诗词、山歌、弹词的艺术成分。受绘画的启发，郑君里研究宋朝张择端的《清明上河图》，从画卷中找出古典绘画中的视觉规律，使用横移的长镜头。在音乐处理上，郑君里也向传统艺术学习，例如运用民歌作画外伴唱的方式就是从戏曲中的"帮腔"唱法演化出来的。在《枯木逢春》中，尤为突出的是对戏曲的借鉴。比如冬哥和苦妹子十年后重逢，那段著名的"新十八相送"段落。郑君里说："在话剧里，这段戏是暗写的，这是由于舞台空间的限制，但却不能不使人感到不满足。我认为一定要找一个机会让小两口子埋藏在心里十年的旧情痛快地抒发一下。我想到《梁山伯与祝英台》中英台收到父亲得病的信要赶回家去，梁山伯送她到十八里外的长亭，英台如何借用隐喻的言语倾吐自己埋藏心底三年的情愫：她歌颂荷塘里的鸳鸯，拿独木桥比作牛郎织女相会的鹊桥，到井边一同观望水底盈盈的双影，山伯却不理会这些，她气得说他是"呆头鹅"……这场戏至少有两点值得我们借鉴：一是反复渲染他们的深情，二是把感情和景物结合起来描写，情景交融，构成美的意境。我决定让苦妹子和冬哥也在广阔的景色中抒发一下内心的情感……"[4]影片中冬哥与苦妹子重逢这个抒情段落给观众留下了深刻的印象：主人公走过湖塘、长堤、石桥、小溪，看到池塘里的朵朵睡莲和他们的双双倒影，两人心中充满着深情，但却不知从何说起。通过这一大段情景交融的画面，既反复渲染了男女主人公之间的感情，又起到了借景抒情的效果，构成了美的情境。

管虎执导的影片《老炮儿》（2015）的话题性来自于它丰富的可阐释性，也得益于它成功塑造了一个"人人眼中的老炮儿"，其最关键之处却在于它成功扯出了中国最敏感的一根神经——道义法则，并成功地在由"规矩"上升为"道义"的过程中，展开了一场哲学批判。《老炮儿》是一部为曾经的"小混混"、如今的"老顽主"树碑立传的电影，却意外获得了满堂彩，只因它扯出了中国最敏感的一根神经：道义法则。然而，道义法则古已有之，并非新鲜，又何以能一石激起千层浪呢？究其实质，就是语境。就像老炮儿所面临的窘境，中国的当下环境，也正是法制的不完善与道德的亏欠所导致的"举国疲软"。因此，在士大夫精神、儒家精神这一国家统治的中间环节在权力和金钱面前遭遇重创、几近崩溃之际，都普遍感到一种"阉割焦虑""道德焦虑"，位于其下或一直游走于边缘的"江湖道义"，是否会登堂入室，真正成为支撑中国的一根神经呢？正是由于这样的潜台词，才恰恰击中了所谓国人心中的那个"痛"。

《影视文化》课程在讲清楚中国电影文化的传统性品格的同时，也要将一百多年来的中国电影在发展进程中与中华优秀传统文化的影响、渗透、借鉴、弘扬、传承和传播讲明白。

2. 中国影视与革命文化

"革命文化是中国共产党人领导人民在革命事业中创造的充满革命性的文化成果，包括革命思想理论、革命信念精神、革命价值伦理以及革命文化作品等。它诞生于五四运动时期，初兴于大革命时期，成型于土地革命时期，在延安时期实现空前繁盛。"[5] 革命文化的内涵极其丰富,在革命思想上表现为马克思主义指导思想,在革命理想上表现为坚定的共产主义理想信念,在革命精神上表现为高尚的革命情操,在革命伦理上表现为深切的集体主义和为民观念,在革命价值上表现为对民主、科学、自由等价值理念的奉行,在革命目的上表现为对国家独立、民族富强、人民幸福及共产主义最高愿景的追求,在革命作品上涌现出很多记载革命历史、描写革命事迹的文学和文艺经典。它们共同构成具有中国特色、东方神韵、民族特质的中国革命文化,到今天依然是一笔宝贵的文化遗产和精神财富。

2.1 "主旋律" 影视剧的命名

在中国电影、电视剧类型中有一种特殊的类型即 "主旋律影视剧"。1987 年 3 月,在广电部电影局召开的全国故事片厂长会议上,针对电影电视市场和社会思潮出现的新的矛盾和挑战,以及迅速兴起的 "娱乐片" 大潮,为了坚持全面贯彻 "两为" 和 "双百" 方针,主管部门在创作思想上提出了 "突出主旋律,坚持多样化" 的口号,并作为每年总结和安排生产、端正创作思想的指导方针。1994 年 1 月在党中央召开的全国宣传思想工作会议上,江泽民对 "主旋律" 内涵做了进一步的概括,即一切有利于改革开放和现代化建设的思想精神,一切有利于民族团结、社会进步、人民幸福的思想精神,一切用诚实劳动争取美好生活的思想和精神。这就是 "主旋律" 的命名史。"主旋律" 的命名迄今不过 30 余年,但主旋律作品的历史却可谓源远流长。在十七年经典中,有难以让人忘怀的《白毛女》(1950)《南征北战》(1952)《上甘岭》(1956)《柳堡的故事》(1957)《永不消逝的电波》(1958)《林海雪原》(1960)《地雷战》(1962)《野火春风斗古城》(1963)《英雄儿女》(1964)《烈火中永生》(1965)《地道战》(1965)等。在 "文革" 期间也产生了《沙家浜》《红灯记》《智取威虎山》等八个样板戏。21 世纪以来,随着电视剧《激情燃烧的岁月》(2002)的热播,再度把内心深处受过主旋律文化洗礼的观众的 "集体无意识" 自然而然地掀动起来,观众无法抛却红色的激情而选择更加理性的思考,因而那硝烟弥漫、枪林弹雨、血雨腥风的革命战争岁月在银幕上、在内心里交织着、演绎着,难以释怀,更难以忘却。这其中既有国家倡导的主旋律自上而下的宣传与鼓动,也有普通观众自下而上的迎合与接受,从而形成了一波又一波、一浪又一浪的主旋律影视剧观影热潮。《历史的天空》(2004)《亮剑》(2005)《暗算》(2005)《狼毒花》(2007)《风声》(2009)《潜伏》(2009)《旗袍》(2011)《麻雀》(2016)《风筝》(2017)《爱国者》(2018)《楼外楼》(2018)等接踵而至,此消彼长。

2.2 "主旋律" 影视剧与革命文化

革命文化是中华民族最为独特的精神标识,革命文化在革命作品上涌现出许多记载革命历史、描写革命事迹的文学和文艺经典。战争题材的文艺创作在 20

世纪 50 年代以后达到了空前的繁荣，由于新中国是通过几十年的战争才建立起来的，"枪杆子里面出政权"成为 1949 年以后宣传现代革命史的重要内容，马背上的英雄成为时代的骄子。于是，歌颂革命战争并通过描写战争来普及现代革命历史和中共党史，成为 50 年代文艺生产中最富有生气的部分。《青春之歌》（1959）以"九·一八"到"一二·九"这一历史时期为背景，以学生运动为主线，描绘了当时我国知识界形形色色人物的精神面貌，展示了中国革命知识分子所走的道路，成功地塑造了主人公林道静这一在三十年代觉醒、成长的知识分子的典型形象。"九·一八"的烽火点燃了她的爱国热情，林道静终于走出了在她眼中一度具有"骑士兼诗人""救命恩人"北大学生余永泽为其安排的北平胡同深处那间"温暖淡雅"的小屋，走上街头，迎着敌人的水龙大刀，和革命队伍一道勇往直前。新世纪以来的主旋律影视剧创作依然呈现出较为强劲的势头。在影片《建党伟业》（2011）中，群情激奋的五四运动成为影片最具爆发力的场面之一。学生高举旗帜、挥舞手臂、高喊口号、走上街头、声讨卖国贼、火烧赵家楼。影片围绕 1921 年前后展开，讲述从 1911 年辛亥革命到 1921 年中国共产党成立这 10 年间的历史故事与风云人物。影片从两方面入手来展开叙事：一方面是从 1911 年到 1921 年 10 年间的重大事件，另一方面是重大事件中的一些重要人物的所作所为，他们的性格、情怀、成长和时代特征。《建军大业》（2017）是"建国三部曲"系列的第三部，献礼建军 90 周年的历史片。该片讲述了 1927年第一次国内革命战争失败后，中国共产党为挽救革命，于当年 8 月 1 日在江西南昌举行武装起义，从而创建中国共产党领导的人民军队的故事。然而重大革命历史事件的记忆重构如何契合观影标准已越来越高的当代眼光？如此多的"小鲜肉"集中出镜，能否保障历史叙事的庄正性和美学深度？这些问题都是我们在考量消费文化时代与文化消费问题时需要思考和讨论的问题。在《影视文化》课程建设中，对学生讲清楚《中国电影文化的革命性主调》《主旋律电影的转型策略》《主旋律影片的儒学化转向》等教学内容，同时也要讲清楚影视作品中所表现出的"革命文化"的深刻内涵。

3. 中国影视与社会主义先进文化

中华优秀传统文化、革命文化、社会主义先进文化的关系，初看起来是先与后的关系，而深入地看则是古与今的关系。中华优秀传统文化是中国古代文化的精华部分，革命文化和社会主义先进文化则是中国近现代文化的主体部分。从中华优秀传统文化到革命文化，再到社会主义先进文化，体现的是中国文化的古今之变。"从中国文化的开展看，中国近现代文化的出现，对于中国古代文化是一次质变；而革命文化和社会主义先进文化的出现，又可以说是中国近现代文化自身的一大变化。这种变化的特点在于：在革命文化和社会主义先进文化出现前，中国近现代文化是以资产阶级民主主义性质的新文化为主流；在革命文化和社会主义先进文化出现后,这种由马克思主义主导的新文化就后来居上、取而代之,成了中国近现代文化的主体内容。"[6]党的十八大以来,习近平同志提出了一系列关于文化建设的纲领性、战略性命题,尤其是文化自信的提出,具有极大的重要性与启示性,体现了理论坚定和文化勇气。

3.1 社会主义先进文化内涵

"社会主义先进文化融汇了中华优秀传统文化、革命文化的精华,实现了与西方文化的文化价值理念对接、文化生存和传播方式对接以及文化差异包容对接,铸就了新时期中国特色社会主义先进文化的时代辉煌。社会主义先进文化为文化自信提供了自信的理论基础、夯实了自信的物质根基、植入了自信的动力基因、生就了自信的开放包容心态。"[7]从马克思主义历史观与价值观相统一的高度看,社会主义从根本上有利于生产力的解放和发展、社会的进步和人的自身解放,具有超越资本主义文化的先进性,因此社会主义文化代表了当今人类社会先进文化的前进方向。

世界上任何一种有价值的文化,从来都不仅仅是在国门内起作用。文化的价值既在于它的民族性、地域性,也在于它的人类普遍性。世界各地的文化从来都是我中有你,你中有我,而又各具特色。"文化的力量不是靠自我命名、自我确认来实现的,我们的文化只有得到他者的认同,赢得他者的肯定,才能够兑现我们文化的价值、实现我们的文化影响力。"[8]

在文化交流活动中寻找一种能够被他人认知、理解的表达方式,是广泛、有效地传播文化价值观的重要条件。尽管中国传统文化源远流长,博大精深,但我们不能因此就自认为中国的传统文化资源会自然而然地转变为文化软实力,更不能够指望他者会理所当然地接受我们的文化价值观。我们古代的文化资源,如果不经过现代化的转化,不采取国际化的表达方式,他们永远只会是一种传统,而不是转化成一种力量。

3.2 从新中国电影的发展看文化自信的确立

新中国的诞生,对于从灾难深重的旧中国走过来的人来说,无异于一次圆满实现的"集体梦幻":而现实生活的美景似乎比任何旧时的梦幻都更加动人,也更加美丽。新中国电影的发展经历了历史的时代、国家的时代、政治的时代、艺术的时代、市场的时代、产业的时代六个不同的发展时期。在今天全球化时代甚至后全球化时代,作为一种文化产业,影视无疑处于这种时代潮流的中心地带。随着影视产业与资本的跨国运作,各个民族的神话寓言、历史掌故、人物传奇乃至经典的文化样式,作为一种电影生产的资源,正在被跨国影业所利用、所汲取。世界上很多国家的历史经验证明:文化资源可以产生巨大的社会效益和经济效益。我们身处民族复兴的伟大时代,中国的国际化进程得到了前所未有的拓展,所有这一切都为中国的影视艺术提供了丰富而深厚的创作资源。

社会主义先进文化是当代文化发展的指引，是我们坚定文化自信的灵魂。新中国电影诞生以来，《我们夫妇之间》（1951）《今天我休息》（1959）《李双双》（1962）《霓虹灯下的哨兵》（1964）《火红的年代》（1974）《创业》（1974）《枫》（1980）《天云山传奇》（1980）《邻居》（1981）《被爱情遗忘角落》（1981）《人到中年》（1982）《牧马人》（1982）《血，总是热的》（1983）《锅碗瓢盆交响曲》（1983）《芙蓉镇》（1986）《焦裕禄》（1990）《秋菊打官司》（1992）《凤凰琴》（1993）《被告山杠爷》（1994）《活着》（1994）《离开雷锋的日子》（1996）《横空出世》（1999）《马背上的法庭》（2006）《周恩来的四个昼夜》（2012）《钱学森》（2012）《湄公河行动》（2016）《战狼Ⅱ》（2017）《红海行动》（2018）等一系列电影作品的缤纷呈现，可以清晰地捕捉社会主义先进文化的精神特质和发展历程。

通过《影视文化》课程中《中国电影文化60年地形图》《通向改革开放时代电影文化》《电影与全球化语境中的传统》《全球化时代的中国视觉流》等教学内容，要向学生讲清楚新中国电影在各个不同的历史发展时期所走过的曲曲折折的道路，讲清楚新中国电影尤其是改革开放以来的中国电影所取得的经验和成就，讲清楚在历史发展的过程中所遭遇的误区和拨乱反正的种种努力，讲清楚中国电影在走向世界的进程中所面临的冲突和融合，讲清楚中国电影独特的美学特质和深厚的民族文化内涵，讲清楚新时代中国特色社会主义文化思想的理论命题和实践探索。

参考资料

[1] 习近平. 在庆祝中国共产党成立95周年大会上的讲话 [N]. 人民日报，2016-07-02.

[2] 习近平. 决胜全面建成小康社会　夺取新时代中国特色社会主义伟大胜利——在中国共产党第十九次全国代表大会上的报告 [M]. 北京：人民出版社，2017：41.

[3] 黄文杰. 李安华语作品文化解读 [J]. 北京电影学院学报，2003（3）：17.

[4] 岳莹.《枯木逢春》——郑君里的民族化电影试验 [J]. 北方文学（下半月），2012（6）：93；

[5] 张健彪，田克勤. 革命文化的历史地位及当代价值 [J]. 中国延安干部学院学报，2017（9）：54.

[6] 李维武. 中国文化的古今变化及其联系——关于中华优秀传统文化、革命文化、社会主义先进文化关系的思考 [J]. 中南民族大学学报（人文社会科学版），2017（9）：116.

[7] 徐国亮. 社会主义先进文化是中华民族文化自信的灵魂 [J]. 山东社会科学，2018（2）：5.

[8] 贾磊磊. 构建传统与当代互相兼容的国家文化现象 [M] //贾磊磊. 中国文化发展战略的时代抉择. 北京：商务印书馆，2016.

广告学专业大学生文化自信的培养

张立梅❶

【摘要】本文从我国大学生文化自信培养的必要性入手,分析了我国广告学专业大学生文化自信培养的迫切性,提出我国广告学专业大学生文化自信培养的基本思路。本文认为大学生的文化自信问题关乎中华民族的未来,而当前我国学生的文化自信状况存在着非常严峻的问题。由于广告的文化属性在当今时代发挥出越来越重要的作用,我国广告学专业的理论建设和我国广告业的实践都缺乏自信的现实,广告学专业大学生的文化自信培养问题更为迫切。本文认为广告学专业大学生的文化自信可以从加强课程思政、调整课程体系和变革实践模式等几个方面进行尝试。

【关键词】广告学;大学生;文化自信

作为人类在改造自然的活动中得到的精神性产品,文化在人类社会的生活中无所不在、无时不在,它像空气一样无从得见,却又时时刻刻近在眼前,它凭借着自身无形的力量规范我们的行为、培养我们的才能、提升我们的人生境界,凝聚着我们的民族、我们的国家。"一个民族的文化体现了该民族在价值观念、信仰追求、思维方式、风俗习惯等方面的共性,因而能够凝聚民族的共同利益和理想追求,能够形成强烈的感召力和向心力,从而使整个民族凝聚起来,把整个民族动员起来,自觉维护民族利益,积极推动民族振兴。"❷ "当一个民族的文化存在,这个民族就存在着",镌刻在阿富汗喀布尔博物馆大门口的这句话充分体现出文化对于一个民族的重要性。

"一定的文化是一定的社会的政治和经济在观念形态上的反映,又给予伟大影响和作用于一定社会的政治和经济。"❸ 这是 20 世纪 40 年代毛泽东在《新民主主义论》中提出的观点,这一论述清晰地阐明了文化与政治、经济之间的关系。正因如此,在当今世界越来越激烈的经济竞争当中,必然不会少了文化的竞争,文化甚至成了经济竞争的先遣部队,为经济竞争的顺利展开悄悄地做着铺垫。"从观念上、感情上、心理上去影响别国人民,这是一种代价小而收获明显

---

❶ 张立梅(1972—),硕士,北京联合大学讲师。主要从事广告实务、营销策划教学与研究。

❷ 杨耕. 文化何以陷入"定义困境"——关于文化本质和作用的再思考 [N]. 北京日报,2015-04-27(022).

❸ 毛泽东. 毛泽东选集(第 2 卷)[M]. 北京:人民出版社,1991:663.

的软力量资源。这种无形的力量没有导弹、驱逐舰护卫下的货轮那样气势汹汹，但是，它却能够散布在全球性的广阔空间，影响千百万人的思想感情，从而最终改变导弹和货轮的归属。"❶

正是意识到了文化问题对于一个民族、一个国家的重要性，从 2011 年开始，我国开始不断强调文化建设的战略意义。2011 年 7 月，在庆祝中国共产党成立 90 周年大会上的讲话中，胡锦涛指出："我们必须以高度的文化自觉和文化自信，着眼于提高民族素质和塑造高尚人格，以更大力度推进文化改革发展。"❷ 2011 年 10 月，中国共产党十七届六中全会首次提出和确立了建设社会主义文化强国的战略目标。2016 年 7 月，在中国共产党成立 95 周年大会上的讲话中，习近平将文化自信列为道路自信、理论自信和制度自信之后的第四个自信。2017 年 10 月，中国共产党十九大报告进一步指出："文化是一个国家、一个民族的灵魂；文化兴则国运兴，文化强则民族强；没有高度的文化自信，没有文化的繁荣兴盛，就没有中华民族的伟大复兴。"❸ 文化兴国的前提，自然离不开文化自信的全面培育。

1. 大学生文化自信培养的重要性

文化自信的概念最早由学者黄晶于 2009 年提出，此后有诸多学者对这一概念的含义进行过阐释，本文认为"文化自信揭示的是一种对本民族文化的态度，它以文化自觉为前提，是文化主体在对自身文化的历史和未来发展有深刻认同和坚定信心，并对文化发展过程存在的问题和缺陷做出理性判断的基础上，所具有的发扬自身文化的坚定信念。"❹ 根据这一理解，文化自信以对本民族文化客观冷静的认识为基础，清楚本民族文化的过去、明了本民族文化的现在，从而对民族文化未来的发展表现出的积极态度，既不会妄自菲薄，也不会妄自尊大。

1.1 大学生文化自信的培养关乎民族未来

激发文化自觉、培养文化自信、实现文化自强，这是我国建设社会主义文化强国、实现中华民族伟大复兴的基本路径，也是每一个中国人的文化使命，大学生群体文化自信的培养更是其中的重中之重。

首先，大学是我国青年在校学习生涯中较为灵活的时期，是激发其文化自觉的良好时机。由于教育体制的问题，我国青少年在中小学阶段的学习任务非常重，学习的目标基本上就是为了取得更好的考试成绩，学习的内容基本上表现为知识。而知识却只是文化内涵中比较小的一个组成部分，对于文化当中那些更为

---

❶ [美] 约瑟夫·奈. 美国定能独霸世界吗 [M]. 北京：军事译文出版社，1992：45.

❷ 胡锦涛. 在庆祝中国共产党成立 90 周年大会上的讲话 [N]. 人民日报，2011-07-02（01）.

❸ 习近平. 决胜全面建成小康社会　夺取新时代中国特色社会主义伟大胜利——在中国共产党第十九次全国代表大会上的报告 [M]. 北京：人民出版社，2017.

❹ 郑继海. 新媒体时代大学生文化自信问题探究 [J]. 黑龙江高教研究，2014（07）：76.

广泛和深刻的内容,我国绝大多数青少年在中小学阶段根本无暇顾及。目前我国教育的这种应试化倾向,造成了当前我国中小学生"重知识轻文化"的尴尬局面。而进入大学之后,学习任务较中小学而言比较宽松,大学生自由支配的时间相对较多,恰好可以利用这个时间向他们宣传中华民族的传统文化,从而增强其对中华传统文化的了解、认识,甚至是喜爱和学习。长沙理工大学周子玉、吴旺两位老师 2017 年 3 月至 7 月针对湖南省 8 所高校、2300 多名大学生进行了问卷调查,结果显示,只有 22.3% 的学生表示至少拥有一种以上的传统技艺,如书法、太极等;能够背诵 10 首以上中国传统诗词的学生竟然只有 14.5%。❶ 同时,就在本次调研中,90.6% 的学生表示"如果有机会,愿意了解和学习传统文化"。

其次,大学正是我国青年文化价值观成型的关键时期,是培养其文化自信的重要时机。在中小学阶段,我国青少年基本上过着学校和家庭两点一线的生活,生活中大多数活动基本都是交由父母家人安排,很少有机会独立思考问题,因此我国大多数中小学生的思想独立性都比较弱,世界观、人生观尚未确立。进入大学之后,他们基本已经成年,并且开始独立生活,独立处理生活中遇到的各种问题,他们需要独立面对、思考和解决诸多的人生问题,开始形成个人比较独立的文化价值观。而且,在这个时期,他们有更多机会接触课本之外、课堂之外的文化内容,比如宗教信仰、文学艺术、生活方式、娱乐活动等,这些都会对其文化价值观的形成产生重要的影响。这个时候,如果能够以中华传统文化、社会主义革命文化和先进文化对其进行适当的引导,"以文化人"出现正向效果的可能性会大大提高。同理,如果这个时期对大学生文化价值观的培养听之任之,消极的、落后的、甚至反动的文化就会乘虚而入,实现其"以文化人"的野心。

最后,大学生是民族的未来和希望,大学生文化自信的培养是解决"为谁培养人""培养什么样的人"的关键问题。大学是人类社会文化发展到一定阶段的产物,"大学的本质是一种功能独特的文化机构和传承、研究、融合、创新高深学术的高等学府"❷。这样的身份就决定了大学必然是文化的汇集地,各种文化、思想会在这里碰撞、发展;大学还是文化开放的前沿阵地,其他民族、其他国家的文化会率先进入大学,然后再经由大学中的师生进行进一步的扩散流布。这就决定了大学必然是各种文化思潮汇聚争鸣的地方,先进的、落后的、积极的、消极的……如果不做好相关防范措施,大学生很有可能会迷失在错综复杂的文化局势当中,走错了方向。所以,"大学生是未来社会发展的中坚力量,因此西方国家一直都没有放松对我国大学生进行分化的图谋。"❸ 因此,2018 年 5 月 2 日,在

---

❶ 周子玉,吴旺. 后殖民时期高校文化自信的培养研究——以湖南省高校为例 [J]. 高教学刊,2018 (17):88.

❷ 迟海波. 大学的文化自觉与历史责任 [N]. 光明日报,2012-02-06 (007).

❸ 王景云. 全球化视野下大学生文化自信建设探究 [J]. 教育探索,2008 (06):13.

考察北京大学的过程中，习近平总书记指出，"我们的教育要培养德智体美全面发展的社会主义建设者和接班人"，"人才培养一定是育人和育才相统一的过程，而育人是本。人无德不立，育人的根本在于立德"。❶ 文化自信的培养就是对我国大学生进行立德教育，培养其符合中华民族传统文化的道德操守、培养其符合社会主义建设时代特征的社会公德和职业道德，培养其为社会主义建设贡献力量的责任感和使命感。

1.2　大学生文化自信的现实状况问题严峻

为了做好大学生文化自信的培养问题，目前已有多位学者就大学生文化自信的现状进行了实证研究。根据中国知网的搜索结果，笔者从中挑选了比较有代表性的几项调查成果：辽宁医学院郝桂荣、李本智 2014 年 5 月针对辽宁省 10 所高校近 5000 名大学生进行了"当代大学生文化观"调查，岭南师范学院洪霞、刘子莹老师对粤西三所高校近 1000 名大学生进行了"当前大学生文化自信和公民意识相关性"调查，宁波大学梁兴印老师 2016 年 7 月至 9 月对宁波地区 6 所高校进行了"当代大学生文化自信"调查，长沙理工大学周子玉、吴旺两位老师 2017 年 3 月至 7 月针对湖南省 8 所高校 2300 多名大学生进行了"高校学生文化自信意识"调查，桂林理工大学理学院姚艳艳、陈滨霞等几位老师针对广西桂林地区 11 所高校进行了"大学生对传统文化了解现状"调查，以及教育部哲学社会科学发展报告建设项目"中国大学生思想政治教育发展报告"课题组 2016 年针对全国 35 所高校近 3500 名大学生进行了调查。综合以上几项调查得到的数据，我们可以发现当前我国大学生的文化自信问题形势已经非常严峻。

（1）对于中华传统文化表现出强烈的"高认同，低认知"倾向。一方面，高比例的大学生明确表示了对中华传统文化的赞赏。在"中国大学生思想政治教育发展报告"课题组的调查中，这一结果高达95.8%。另一方面，也有高比例的大学生表示对中华传统文化缺少深层次的了解。同样在"中国大学生思想政治教育发展报告"课题组的调查中，有 57.8% 的大学生表示从未完整读过"四书"中的任何一本❷。通过这两项数据的对比分析可以发现，当前大学生对于中华传统文化的认同其实并未建立在全面了解的基础之上，是一种出于本能的、低层次的、情绪上的认同，并未经过个人的理性思考与谨慎抉择，与我们前面提到的真正的文化自信之间存在着明显的区别。这种所谓的"认同"往往只是一种表面上的随意表达，根本经不起残酷现实的考验，这种对自身文化倾向的误判甚至会成为真正文化自信培养中难以逾越的障碍，阻挡了他们深入了解中华传统文化的行动。

---

❶　习近平. 习近平在北京大学师生座谈会上的讲话［OL］. 人民网，http://cpc.people.com.cn/n1/2018/0503/c64094-29961631.html，2018-05-03.

❷　徐冶琼. 试析网络对大学生文化自信的影响［J］. 学校党建与思想教育，2018（04）：50.

（2）对革命文化和社会主义先进文化表现出明显的"文化冷漠"倾向。革命文化和社会主义先进文化诞生于我国新民主主义革命和社会主义建设时期，它们以马克思主义为核心，是中华传统文化在社会主义革命和建设中的自我发展和扬弃，对于当代中国的社会主义建设和改革开放的深化具有重要的指导意义。但是，对于这本应让人激昂振奋、豪情万丈的红色文化，当代大学生的反应却相当令人失望。周子玉、吴旺两位老师的调查结果显示，在对于社会主义核心价值体系内容的认知上，能完整回答的同学只有 9.4%，且 37.4% 的同学认为这与自己无关，只有 7.6% 的同学表示"如果有机会，愿意主动了解和学习革命精神及社会主义文化"❶。对于红色文化的这种冷漠，虽然有很多现实的原因，但却充分说明了由于缺乏应有的文化价值观的引领，大学生在当代社会复杂现实面前表现出迷茫，进一步说明了大学生文化自信培养的重要性。

（3）对西方文化的好感比较明显，文化安全意识较为模糊。由于自然、历史、政治、经济等条件的不同，不同的民族在历史发展的进程中形成了具有本民族特色的不同文化，使文化呈现出多元化的特征。不同民族的文化之间可以交流、融合和创新，彼此取长补短、共同发展。但是，随着全球化的发展，文化输出，尤其是西方文化凭借其在经济上的优势开始对发展中国家进行的文化入侵已经引起了各方人士的关注和警惕，文化霸权一直是跨文化传播中的热门话题，文化软实力更成为衡量国力的一个重要指标。但在我国大学生当前的意识当中，对这一问题的理解却颇令人担忧。郝桂荣、李本智关于"当代大学生文化观"调查的结果显示，喜欢西方文化的人占到 70.9%，遥遥领先于中国文化。❷ 在"中国大学生思想政治教育发展报告"课题组的调查中，45.6% 的大学生认为"西方影视作品比国产的更好看"，40.8% 的大学生对"我们应当警惕西方文化的价值渗透"持模糊或者否定态度。❸ 在西方文化并非我国主流文化的背景下，这一结果让我们清晰地感受到了西方文化借助影视剧作、文学作品等隐蔽途径对我国大学生群体潜移默化产生的影响，这一结果提醒我们要加大文化自信的教育培养，同时也提醒我们要对目前这种大张旗鼓的宣传方式进行反思。

中华民族文化未来传承的关键寄托在青年人身上，但当今大学生群体的文化自信状况又是如此严峻。我们不得不承认，"大学生这样的未来社会精英群体具有什么样的价值观与文化认同，是否对中国文化拥有自信，能否抵御西方文化帝国主义的进攻将直接决定中国的未来、中华民族的前途与命运"❹。

---

❶ 周子玉，吴旺. 后殖民时期高校文化自信的培养研究——以湖南省高校为例 [J]. 高教学刊，2017（18）：88.

❷ 郝桂荣，李本智. 大学生文化观现状及树立文化自信研究 [J]. 教育论衡，2015（02）：31.

❸ 徐冶琼. 试析网络对大学生文化自信的影响 [J]. 学校党建与思想教育，2018（04）：51.

❹ 何春龙，贾中海，奇峰. 文化帝国主义背景下大学生文化自信教育 [J]. 黑龙江高教研究，2013（05）：35.

2. 广告学专业大学生文化自信培养的迫切性

目前，我国的大学教育体制仍然以按专业招生、按专业培养、按专业就业的模式为主，不同专业大学生在课堂内、专业内学习的内容存在较大的差别，课堂外所接触的文化也表现出一定的不同。因此，不同专业大学生在文化自信培养的紧迫性上存在着一定的差别，而广告学就是迫切需要加强文化自信培养的一个专业。

2.1 广告活动的文化影响力日益增强

广告是随着人类社会商业水平的发展而出现的一种社会文化现象。作为一种以谋求更好的经济利益为目的的世俗文化形态，广告不加掩饰地介入我们的日常生活，影响着我们的商品选择、审美品位、价值判断等消费行为，并最终影响着我们关于是与非、善与恶、对与错等非消费性的观念。在当代社会，借助着象征、移情等修辞手法，广告在本来无意义的商品和特定的人生追求之间建立起了对应关系，使经济属性的商品也具有了文化上的含义，万宝路的粗犷豪放、戴比尔斯的爱情永恒、宝马汽车的驾驶乐趣、可口可乐的青春快乐……这些概念都来源于广告旷日持久的不懈宣传。就这样，人们购买商品的行为就从单纯地获取特定物质使用价值的行为，变成了一种具有特定内涵指向的文化体验，变成了一种向他人显示个人生活理念以及个人价值观念的文化表征。并且，凭借强大的经济实力，广告获得了媒体的青睐，以远超其他文化形式的强势姿态在各种传播媒体上大肆刊播。可以说，广告已经成为当前文化领域内最为强大的一种文化符号。

由于"广告突出宣传、有意强化的文化意识，确实能在社会上成为一时的舆论导向，成为人们追求的目标和社会风气，甚至成为群体的行为准则"❶，广告不可避免地成为一种社会控制手段。在创作、传播广告的过程中，通过在其中加入特定的价值观念、生活方式等内容，我们就可以成功地实施对于消费者的控制。正如美国经济史学家 D. M. 波特所说："论社会影响，广告可以同由来已久的机构（如学校、教堂）相比，它统治了媒介，对大众标准的形成有巨大影响，它是很有限的几个起社会控制作用的机构中货真价实的一个。"❷ 就这样，在西方市场发展成熟起来的广告，便带着强烈的西方意识形态背景在经济全球化的大背景下开始了向全世界扩张。

虽然我国的现代广告业起步比较晚，但改革开放后迅速发展的经济以及文化领域急于开放的心情，使我国的广告业在文化导向问题的处理上做得并不是很好，一些暴力、色情、低俗的广告在媒体上大行其道，宣扬不正确价值观念的广告也屡禁不止。2016 年 2 月 19 日，在党的新闻舆论工作座谈会上，中共中央总

---

❶ 宋玉书. 商业广告的社会文化责任 [J]. 文化研究，2000（8）：37.

❷ [美] 梅尔文·L. 德弗勒，埃雷特·E. 尼斯. 大众传播通论 [M]. 北京：华夏出版社，1989：471.

书记习近平强调"新闻舆论工作各个方面、各个环节都要坚持正确舆论导向",并特别提出"广告宣传也要讲导向"。这说明,广告的文化导向问题已经引起了比较严重的关注。广告专业大学生就是未来的广告人,他们对于广告的导向问题必须形成正确的认识,并且意识到自身的文化使命,而文化自信培养不但能够为其坚持正确的广告导向起到引领作用,而且能够为其提供创作上的素材和思路。

2.2 广告学专业理论体系本土化不足

就现代学科体系而言,一个独立学科的确立并非易事,需要社会政治、经济、文化等方面创造出诸多的条件之后才能应运而生。这样,虽然人类社会在原始社会末期就已经开始了广告活动的实践,但一直到20世纪初,广告学才作为一个独立学科率先在美国确立起来,其标志是美国西北大学著名应用心理学家沃尔特·迪尔·斯科特分别于1903年和1908年出版的《广告学原理》和《广告心理学》两部专著。这样,得心理学、经济学、社会学、新闻学、传播学等相关学科研究的助力,加之美国广告业运作模式的日渐成熟,开设广告类课程和广告学专业的美国大学数量激增,美国广告业界、学界出版了大量的广告学著作,极大地促进了美国广告学专业理论体系的构建。到目前为止,"在世界广告学领域,美欧广告学的学科霸权地位无从动摇"❶。

由于多种因素的影响,我国的广告学研究开始得比较晚。根据广告史学者的研究,我国最早的广告学研究著作就是甘永龙编译、出版于1918年的《广告须知》。此后的20世纪20—30年代中,虽然我国部分地区的广告业较为繁荣,但并未带来广告学研究的热潮。这样,1979年我国广告市场恢复之初,广告从业人员大多来自美术专业背景,基本凭借着"文革"时期政治宣传的模式进行广告活动。1983年,厦门大学开设我国第一个广告学专业,对我国广告学理论的建设提出了迫切的要求。在这样的背景下,我国开始大量引进国外的广告学著作。根据山西大学硕士研究生李丹的统计,1983—2015年,我国共引进西方广告学著作374部,其中大部分集中于广告学基础理论、广告策划领域。在能够查明出处的360部引进著作中,出自美国的有221部,另有80部分别出自英国、日本、法国、德国。❷ 这些引进的西方广告学著作为我国广告学教育和研究提供了很好的启示和借鉴,但同时也在体系框架、基本观点、研究模式等方面限制了我国广告学研究的独立发展,导致我国的广告学研究至今无法解决"研究视域狭小、研究取向重实务而轻理论、原创理论匮乏、研究体系不够完善"❸ 等问题。同时,西方理论主导专业课堂的现实不但导致学生对我国广告学理论研究的信心不足,更导致广告学专业大学生在课堂学习的过程中更多地接受西方文化的影

❶ 曾琼. 美欧广告学的演进:基于学科制度的视角 [J]. 现代传播, 2017 (2):128.

❷ 李丹. 西方广告学译著的引进及启示 [D]. 太原:山西大学, 2016.

❸ 姚曦. 发展广告学——广告学研究视域的扩张 [J]. 广告大观(理论版), 2011 (4):5.

响，从而对西方文化的接受度更高，文化安全意识更低。

2.3 我国广告业界整体实力差强人意

广告业在我国的发展历程比较曲折。由于各方面原因的共同作用，我国广告现代市场 1979 年才得以恢复。经历将近 40 年的发展之后，我国已经成了仅次于美国的世界第二大广告市场。根据国家工商总局数据，2017 年我国广告经营额 6896. 41 亿元，同比增长 6. 3%；广告经营单位 112. 31 万户，同比增长 28. 3%；广告业从业人数 438. 18 万人，同比增长 12. 3%。❶

然而，与靓丽的数字相对应的是我国广告行业整体实力的不尽如人意，最集中的表现就是缺少优秀的广告作品，大量缺少文化内涵、制作不够精良、思想导向不健康的、低俗的，甚至还有违法广告充斥媒体，对社会公众造成侵扰，严重影响了广告的效果和广告业在社会中的形象。就在 2018 年俄罗斯世界杯期间，BOSS 直聘、马蜂窝旅游网、知乎网三大客户凭借其简单粗暴、机械重复式的"魔性广告"强制刷屏，引起了公众的普遍反感，更引发了国人对中国广告业创作思路、操作模式的整体质疑。

我国广告业界无法创作高质量的作品不但影响了公众对我国广告的态度，也对广告学专业教师造成了很大的困扰：广告学专业课程的教学过程中，需要大量的广告作品案例用来佐证理论，但本土案例往往只能作为反面典型进行批判，只能借助戛纳、纽约、亚太、克里奥等知名的广告奖项，国外优秀作品却层出不穷。这就不得不让广告学专业课堂呈现出一种"崇洋媚外"的色彩，影响了大学生对我国广告行业的信心。

广告的文化属性要求广告人要保持较高的文化自信，但我国大学广告学专业理论体系本土化不足的问题导致学生对专业理论缺少文化自信，我国广告业界的实践水平又使他们容易对行业产生自卑感。种种迹象都表明，我国广告学专业大学生文化自信的培养工作已经刻不容缓。

3. 广告学专业大学生文化自信的培养思路

鉴于我国广告学专业的实际情况，笔者认为我国广告学专业大学生文化自信培养的思路可以从以下几个方面着手。

3.1 强化课程思政意识

与大张旗鼓进行思想政治教育从而容易引起大学生逆反心理的思政课程不同，课程思政的本质是一种隐形的思想政治教育，强调专业教师在本人负责的专业课程的教学过程当中，要结合专业理论内容，有意识地对学生进行文化倾向、思想观念、价值判断、审美品位等方面的引导，以"随风潜入夜，润物细无声"

---

❶ 权威发布：2017 年中国广告营业额 6896 亿元，几家欢乐几家愁？［EB/OL］. 搜狐科技，https://www.sohu.com/a/228369416_ 228352，2018-04-16.

的方式完成学生的德育工作，将教书、育人融为一体，改变我国大学长期以来思政课程负责德育、专业课程负责智育的状态，从而有效提升大学生德育工作的实际效果。课程思政正是对习近平总书记"要用好课堂教学这个主渠道……使各类课程与思想政治理论课同向同行，形成协同效应"❶ 这一要求的呼应。

文化自信的培养本身就是思政教育的一个组成部分，以课程思政的方式完成文化自信的培养是对广告学专业教师的一个基本要求，因为广告学专业课程大多具有强烈的人文色彩，对与课程有关的中华传统文化的深入阐释、社会主义红色文化的正确解读、中西方各种文化思潮的客观判断本来就是课程的教学内容，这种恰当的结合与融入能够避免传统思政课程形式上的生硬和内容上的僵化，更容易引起学生的共鸣和重视。就广告学专业而言，传播学原理、广告史、广告设计、广告文案写作等课程都能够比较恰当地与文化自信结合起来，成为培养学生文化自信的有效渠道。

3.2 调整专业课程体系

长期以来，我国都非常强调广告学专业应用型学科的性质，从而导致广告学专业在课程体系的设置过程中过于强调技能的培养，而往往忽略了广告人其实更应该是"通才"的客观要求，这就使得很多具有深刻的人文价值、文化内涵的课程从广告学专业的课程体系中被剔除出去，比如文学作品宣讲、艺术作品鉴赏、文学写作等。这种做法不但直接导致了广告专业学生文化底蕴的不足，更导致学生就业之后普遍出现上手很快但发展后劲却严重不足、提升空间受限等问题，制约其职业发展。我国广告业尤其是本土广告行业实践水平不足的问题也与此有着密切的关系。

为此，笔者建议对广告学专业的课程体系进行适当的调整，不要盲目地追着业界热点加入一些昙花一现的技能性课程，微博营销热的时候就赶紧加上微博营销、微信小程序火的时候就赶紧加上小程序制作，这种做法只能让大学的广告学教育成为业界的技能培训班，从根本上丧失了学界对业界问题进行理性思考与研究、将业界经验上升为理论、再为业界提供理论指导的学术研究价值，也导致了学生"有技能无文化"的现状。广告学专业的课程体系中应当加入社会学、文学、艺术、美学等学科内容，既能够深化专业本身的文化内涵，又能提升学生的文化素养，培养其更强烈的文化自信，更能够为其未来的职业发展提供文化储备。

3.3 革新实践教学模式

文化自信，不是单纯停留在口号上、空想上的自信，它需要到社会现实当中去转化为切实的行动才能发挥作用，才能克服当前我国大学生文化自信上"高认

---

❶ 习近平在全国高校思想政治工作会议上强调：把思想政治工作贯穿教育教学全过程 开创我国高等教育事业发展新局面［N］. 人民日报，2016-12-09（01）.

同、低认知""文化冷漠"、文化安全意识模糊等问题带来的危害。因此，带着文化自信的专业实践就成为必要。

对于广告学专业来说，实践教学是常用的教学方法，但这种实践往往是虚拟或者模拟的实践，而不是真正地走出校门、拥抱社会的真正的实践。比如，组织学生参加全国大学生广告艺术大赛、全国大学生广告艺术节，这是很多广告学专业教师采用的实践教学模式，虽然这种模式也能够促使学生更多地去了解、认识和运用中华传统文化、红色文化等内容，但这种不真实的实践却更容易让学生产生一种盲目的自我陶醉，并不利于学生对现实文化问题的思考和判断。因此，笔者认为广告学专业学生应该在教师的指导下走出校门，与真正的广告客户进行直接的沟通，通过与客户、消费者的直接交流感受整个社会的文化氛围和文化需求，将自己在专业课程中学到的知识、技能、文化与当前的社会现实进行连接，在社会的真实刺激面前思考个人的文化倾向和价值判断，这种实践对文化自信的培养才会更为有效地推动。

21 世纪是文化经济的时代，在广告中传承中华民族优秀的传统文化和社会主义红色文化，并进行创造性转化和创新性发展，同时与其他民族的优秀文化进行取长补短，维护民族文化的先进性和凝聚力是每一个广告人的责任和使命。习近平总书记在十九大报告中指出，"青年兴则国家兴，青年强则国家强"。作为未来的广告人，广告学专业的大学生要在专业学习中加强自身文化自信的培养，为中华民族在这个时代的伟大复兴做好准备。

网络与新媒体专业课程教学中的文化融入

陈冠兰❶

【摘要】大学教育不仅是专业教育，更应进行文化和品格教育。融入文化，可以使课程教学变得更加生动丰富。北京联合大学应用文理学院新闻与传播系网络与新媒体专业教师，注重将文化融入课程教学，收到了良好的效果：融入北京地方文化；融入互联网企业品牌文化；融入艺术文化；融入网络文化和新媒体文化；融入课程思政教育。

【关键词】网络与新媒体；课程教学；文化；融入

文化，是一个非常广泛和最具人文意味的概念，古今中外不少人从不同角度给出了不同的定义和解读，众说不一。但不管是在东西方的辞书还是百科全书中，对于"文化"，都有一个较为共同的解释和理解：文化是相对于政治、经济而言的人类全部精神活动及其活动产品。人类生活在文化中，文化作为一种精神力量，影响着人们认识世界、改造世界，对社会发展产生深刻的影响。

现代大学教育，不仅仅是教育学生掌握专业知识，传承文化、熏陶学生品格素质也是大学教育的应有之义。"+文化"教育，是北京联合大学应用文理学院为了更好地服务北京全国文化中心建设，在聚焦文化遗产保护、利用、传承、传播的基础上提出的，是学院一切工作的底色和特色。学院指出，在"课程思政""专业思政""教育思政""服务思政"各项建设中，都要以"+文化"为抓手全面推进各项工作，特别是要重视"+北京文化"，体现"北京味道"。

在学院"+文化"的方针指导下，网络与新媒体专业教师积极探索将文化融入课堂教学的方法与途径，在教学内容设计、教学案例选取、实践教学方法、学习效果评估、课程思政教育等多方面融入文化，收到了较好的效果，课程教学变得更加生动丰富。那么，我们主要融入了哪些文化内容呢？本文试结合网络与新媒体专业多门课程的教学实践，从以下几个方面展开论述。

1. 融入北京地方文化

融入北京地方文化，一直是学院在教学和科研工作中所提倡的一个方向，教师们在教学过程中也主动进行了尝试，取得了一定的效果。例如，陈冠兰老师主

---

❶ 陈冠兰（1977—），博士，北京联合大学副教授。主要从事互联网与新媒体、传播学研究。

讲的选修课《剧本创作》，其中的一个作业是就指定主题进行短剧本创作。教师给定的主题是"北京地方文化传承与保护"，要求构思并创作一个 5~8 分钟的微电影/微视频的脚本。教师在课堂上与学生进行了先期探讨："什么是北京地方文化？"师生热烈讨论，给出了很多案例，例如胡同、四合院、京剧、庙会、京味饮食（涮羊肉、卤煮、豆汁儿、糖葫芦等）、天安门、故宫、鸟巢、长城、北海、798、三山五园、红螺寺、法源寺等，然后学生分组讨论，确定选题和故事大纲，利用课后时间进行剧本创作，课堂上继续讨论修改。最后交上来 14 份剧本，都是围绕着北京地方文化传承保护展开的，其中不乏优秀之作。该门课程通过融入文化，学生们不仅练了笔，提高了实际创作能力，也增加了对北京地方文化的认识，提高了传承保护北京文化的觉悟和意识。

曹莹老师在《网页制作设计技术》这门课的教学过程中，也进行了北京地方文化内容的融入。这门课是实践类课程，需要若干图文影音资料作为演示案例的内容，同时辅助学生完成实践环节的操作，这些素材载体对技术应用本身并无约束，但其展现的内容由于会被反复使用，因此很容易潜移默化在学生头脑中留下印象，不知不觉地被消化吸收，因此在素材选取方面需要格外用心，虽然与核心技术无关，但还是希望学生在使用过程中能够吸收到"营养"。因此在 CSS 及 jQuery 的实践教学中，曹莹老师主要为学生提供了京西皇家园林"三山五园"的组图和文字资料，并根据时间逻辑进行排序，保证文化知识内涵的准确性，学生通过案例解析和不断练习，逐渐掌握关键技能并在此基础上灵活应用。以"三山五园"为主线，提供丰富多样的素材，方便学生弹性组合，同时鼓励他们通过网络查找相关内容进行补充，最终的原创网站紧密围绕核心主题，同时又能充分体现每位学生的个体风格，教学相长、学以致用。这门原本偏于技术实践的课程，也变得更加生动丰富。

2. 融入互联网企业品牌文化

网络与新媒体的课程中经常会讲到当前的互联网企业，在这些课程中融入互联网企业品牌文化，不仅可以使教学内容更加丰满，也可以帮助学生提高实际营销策划能力，增加历史文化知识。例如，马君蕊老师在她主讲的《品牌与策划》课程中，将企业品牌文化渗透到每个部分，她选取了一个有特色的网络品牌——三只松鼠，这是一个中国本土休闲零食品牌，企业创立时间不长，业绩在互联网坚果类品牌中非常突出，得益于其独特的"仆人文化"，企业 logo 是三只萌萌的二维动漫角色——松鼠，有性别、个性、装扮的区别，企业在品牌传播中不断强化三只松鼠的动漫形象和风格，打造互联网企业形象，使品牌深入人心。学生通过视觉形象、生活接触、消费所感，不仅了解了一个品牌的企业文化，也在其中了解了互联网品牌建立、成长、成熟的过程。

除了国内有特色的互联网企业品牌文化，在该门课程的教学中，例如第六章，教师还挑选了四个国际知名品牌为学生进行讲解，分别是法国的路易威登、美国的迪士尼、法国的依云，美国的苹果。这四个品牌在四个行业领域中各有建树，历史较长，都是经典的案例。国外的企业文化与国内企业有很多的不同，体现不同地区的民族商业特色，但这四个品牌在几十到几百年的时间里，都从本土走向了国际，企业文化都被广大消费者所接受，有些还从受冷遇变为被追捧，皆是企业文化塑造和传播成功的典型。很多学生消费过这些品牌的产品，对企业和品牌有所了解，通过与课堂专业知识相结合的讲解，对企业品牌更加了解，对专业知识的理解也更加深刻，这是课程教学中成功的文化融入。一些学生的毕业论文还以相关的互联网企业品牌文化为题，获得了肯定。

3. 融入艺术文化

网络与新媒体专业的课程中，有一些艺术类、设计类课程，这些课程中融入艺术文化，既是必需的，也是有益的。"新媒体的艺术形态涉及各种新技术、新观念和新媒介，包括影像、动画、游戏、装置、虚拟现实、网络交互、数码摄影以及数字音乐等形式，其触角不断延伸到其他领域进行融合，成为反映社会生存体验和认知方式的新兴文化载体。"❶

教师们不仅在相关专业课程中融入艺术文化，还注重对学生艺术观的引导。例如，翟杉老师主讲的课程《艺术概论》，是一门院级平台课，学生涵盖了应用文理学院各专业的学生，学生均非艺术专业，但对艺术有一定兴趣。在起初的授课过程中，不少学生表示，其对"艺术"的认识为：另类、无用、不正常、神经质……而之所以选修《艺术概论》，目的是为了让自己显得比较有"艺术气质"。

教师认为，事实上，"艺术"是一种生活态度，它不只是"艺术家"的事，而是每一个热爱生活、认真对待生活的人的事，是一种即使在最困难的生活中，依然保持积极乐观的态度、不苟且的人生观，尤其在当代，当基本生活需求得到满足后，人们越来越重视产品背后的设计感与审美性，以及——其背后所潜藏的"艺术性"——也即文化含量。基于此理念，为了让学生对此有更深入的认识与感触，在具体的授课中，教师利用大量实例进行对比分析，和学生一起讨论不同艺术作品中所蕴含的文化特性，特别是对重大历史时期具有里程碑意义的艺术作品，如阿尔塔米拉岩洞壁画、命运三女神浮雕、乔托的《博士来拜》、米开朗基罗的《圣殇》、达·芬奇的《蒙娜丽莎》、马奈的《草地上的午餐》……尤其是与学生详细讨论了杜尚的作品《泉》的划时代意义，启发学生思考"泉"所代表的前所未有的艺术观——艺术是一种对平凡生活加括号的过程，是一种有意识与凡俗生活产生距离的态度。

---

❶ 舒怡，郭开鹤. 新媒体影响下的艺术跨界融合. 现代传播［J］. 2016（1）：155.

通过持续不断地融入艺术文化，从学生的课程反馈、每一次的课堂提问、学生的平时作业，以及最终的期末大作业来看，这门课程取得了很好的效果，绝大多数学生不再认为"艺术"只是"他们搞艺术的人"的事，而是可以也应该很接地气，可以提高生活品质、提高思考深度的一种生活方式。更有多名学生开始有意识地主动参加艺术活动，阅读艺术史、艺术家传记，很好地提高了学生的文化修养与审美态度，这些最终都帮助他们有更好的生活态度和工作态度。

4. 融入网络文化和新媒体文化

网络与新媒体专业的课程，与互联网和新媒体息息相关，也会融入非常多的相关案例和议题，例如，网络公共信息的发布、网剧的热播、网络舆论事件等，需要结合比较新的案例来进行融入。例如，刘源老师在讲授《新媒体概论》课程中，结合实际网络文化案例来讲解，以调动学生的学习兴趣和热情，以网络热播剧《延禧攻略》《如懿传》作为案例进行分析，探讨为什么当前传统电视收视率下降，用电脑和手机终端收看视频成为更多网民的选择。陈冠兰老师讲授的《新生研讨课——新媒体时代的媒介素养》，结合微博、微信的传播文化，帮助学生更好地理解不同媒介的传播特点，有针对性地提高自己的信息辨识水平和传播素质。闫琰老师带领学生进行《网络与新媒体调查实训》时，结合具体案例，指导学生关注网络舆情文化。

在其他多门课程中，例如《数据分析》《摄影摄像》《网络营销策划》等，教师也始终将网络文化与新媒体文化融入课堂教学和实践训练，丰富教学内容，引导学生思考和感悟：作为当前的媒体人，应该有怎样的能力和素质。

5. 将文化融入课程思政教育

课程思政教育离不开文化的融入。在学院传达相关精神后，本专业教师召开了研讨会，统一了思想认识，以"+文化"为特色和抓手，推进"课程思政"建设，以文化人，以文育人，在人才培养目标、课程建设、教材建设、科研项目中深入挖掘"思政"元素，力争做到"课程门门有德育，教师人人讲育人"，进而实现立德树人的根本目标。

陈冠兰、翟杉两位老师在其主讲的《国际传播趋势研究》《艺术概论》中融入课程思政教育，并作为案例，撰写相关教案并编入相关论文集出版。其他老师也纷纷在教学中融入文化，并应用于自己主讲课程的思政教育。例如，朱根宜老师在《新媒体技术与应用》课程中，介绍我国的互联网技术，用通俗的案例来讲解专业的技术名词。例如，在介绍"根服务器"概念时，教师介绍，2017年下一代互联网国家工程中心牵头发起的"雪人计划"已在全球完成25台IPv6（互联网协议第六版）根服务器架设，中国部署了其中的4台，打破了中国过去没有根服务器的困境。通过对该名词和概念的讲解，融入了爱国主义教育。

2018年9月10日，全国教育大会在北京召开。中共中央总书记、国家主席中央军委主席习近平出席会议并发表重要讲话。习近平总书记强调，教师是人类灵魂的工程师，是人类文明的传承者，承载着传播知识、传播思想、传播真理、塑造灵魂、塑造生命、塑造新人的时代重任。我们在学习习总书记讲话时，应该继续思考和探索大学教育如何将学生塑造成符合国家、社会需要的人才。爱因斯坦曾经说过："用专业知识教育人是不够的，通过专业教育，他可以成为一个有用的机器，但是不能成为一个和谐发展的人。"❶ 融入文化，将有用的知识、符合社会主义信仰、价值观的有益的东西渗透入学生的内心深处，这是我们大学教师的应尽之责，也是我们在课程教学中一直探索的方向。

❶ 爱因斯坦. 爱因斯坦文集（第三卷）［N］. 许良英，范岱年，编译. 北京：商务印书馆，1979：310.

基于历史学（文化遗产）专业教学语境下的以文化人[1]

吕红梅[2] 顾 军[3]

【摘要】历史学教学与文化育人的关系密不可分。在新的时代下，历史学开始注重应用史学的发展。北京联合大学应用文理学院历史文博系历史学专业在传统史学的基础上，重点进行史学的应用型人才的培养。历史学专业将以文化人的目标用文化遗产为载体，将知识、素养和能力融合，开创了史学的应用之路，也为新时代的人才培养提供了新的路径。

【关键词】关键词：历史学；教学；以文化人

文化是国家和民族的灵魂。中华民族有悠久的历史，文化一直贯穿其中。在经济日益飞速发展的今天，我们更应该注重文化对人民素质的熏陶和影响，让祖国在当今世界的文化软实力竞争中占有一席之地。中华民族的文化腾飞之重任更多在于青年人，尤其是高校中的青年学子。2018 年 9 月 10 日习近平总书记在全国教育大会上指出，"培养什么人"是教育的首要问题。总书记强调要坚定学生的理想信念，通过教育增强学生的中国特色社会主义道路自信、理论自信、制度自信、文化自信，肩负起民族复兴的时代重任。历史学是我国高等教育的重要学科之一，有中国特色的教育和研究体系。历史学教育与文化育人有密不可分的联系。以史为鉴，借古知今，只有让青年学子了解祖国的历史，才能更好地面向未来。吕思勉在《中国文化小史》一书的绪论中写道："居中国而言中国，欲策将来的进步，自必先了解既往的情形。即以迎受外来的文化而论，亦必有其预备条件。不先明白自己的情形，是无从定其迎拒的方针的。"[4]

北京联合大学应用文理学院历史文博系历史学专业历经近半个世纪的发展，坚持历史的传承与创新，在新时代，历史学专业在"以文化人"的道路上不断努力着。历史文博系在传统史学的基础上，重点进行史学的应用型人才的培养。其育人目标是培养具有历史学和文化遗产学基本理论、专门知识和基本技能，具备人文素养、科学思维以及先进的文化遗产保护理念，能够在政府文化遗产管理

---

❶ 本文是北京市哲学社会科学基金一般项目"秦汉廉政制度及其对当下的启示研究"（项目编号 16LSB007）成果之一。

❷ 吕红梅（1979—），北京联合大学应用文理学院历史文博系副教授。

❸ 顾军（1963—），通讯作者，北京联合大学应用文理学院历史文博系教授。

❹ 吕思勉.《中国文化小史》绪论［M］. 北京：中国致公出版社，2018.

与保护部门及相关新闻出版、文教、文创与旅游等企事业单位或领域，从事文化遗产调查、评估、管理、保护、宣传、利用以及教学工作的复合应用型史学人才。历史学专业将以文化人的目标用文化遗产为载体，将知识、素养和能力融合，开创了史学的应用之路，也为新时代的人才培养提供了新的路径。

1. 厚重的历史是中华民族传统文化的重要组成部分

我们经常用的一个词是"历史文化"，虽然学者对于二者的关系有颇多见解，但文化是在历史中形成的，这一点是共识。自从人类在中华大地上活动，人的历史就开始了。五千多年的中华文明发展历程中，历史与文化一直相伴相生。历史学专业倡导以文化人，是最直接的担当和责任。灿烂的中国古代文化就溶于历史的发展中，学习中国通史课程，各个时代的文化是其中很重要的一个内容。文化更多地强调的是一种共同的认知，而这种共同认知，立足于本国的历史的基础上去深入和探究才更可行。

从近代开始，中国教育界就开始重视文化在历史教学中的地位，并且在教材的编排上以文化的演进为标准。梁启超曾强调历史教科书"要以文化史代政治史，以纵断史代横断史，即加强国史教科书的系统性和综合性"。❶ 体现在外国历史的教学上也注重以文化的演进为标准区分国史和外国史，如有研究者认为，民国时期中学教科书中外国史的典型代表作是何炳松的《复兴中学教科书外国史》和陈衡哲的《新学制高中教科书西洋史》。其中何炳松的《复兴中学教科书外国史》代表了民国时期外国历史教科书编写的水平。书中反对欧洲中心论，主张采用综合的眼光，选材上采取综合的标准，内容分配上以世界一般文化史的演进情形为标准，同时注重社会文化生活的叙述。❷

在新的时代，我们注重专业和文化的相互融合，应该是大势所趋。

2. 以课程模块对应文化模块

北京联合大学应用文理学院历史文博系以课程模块为载体，在不同课程群承载不同的文化内容，系统地进行以文化人的教学工作。

课程建设是专业建设的基础，依据目前历史文博系的课程设置，分通史课程、文化遗产保护与利用课程、考古与博物馆课程、文物保护与修复课程四个课程模块来进行"专业+文化"和以文化人的建设，以嵌入不同的文化内容，以下分别论述之。

2.1 通史课程模块对应传统治国理政的镜鉴和道德伦理文化

通史课程模块的课程主要包括中国通史和世界通史。通史课程模块是历史文博系课程体系中的理论课程（其他还有理实一体、集中实践课程）。

---

❶ 朱思颖. 梁启超的历史教学思想与实践 [J]. 历史教学问题, 2001 (1).
❷ 张绪忠. 民国历史教科书研究——文化为中心的考察 [D]. 上海：华东师范大学, 2017.

在中华民族复兴的道路上，要植根历史、面向未来、立足中国、朝向世界，需要系统掌握中国各历史时期的政治、经济制度和相关政策、措施，重大历史事件与重要历史人物，了解文化和科学技术成就，学习运用历史唯物主义基本原理去分析、研究问题，辩证地看待祖国的历史，并理性地古为今用。要使学生做到这些，就是中国通史诸课程的任务了。中国通史从探究中华文明起源讲起，讲中国古代创造的辉煌历史，讲中国近代的屈辱历史，讲新中国成立之后我们发奋图强的历史，从而使学生在了解中华历史源远流长的基础上，坚定理论自信、制度自信、道路自信和文化自信。

结合课程融入思政内容的要求，中国通史课程中可以凝练出大量的思政案例，将中国的廉政文化、孝道文化等与历史结合在一起，对学生进行爱国主义教育。如从汉代的酷吏政治看廉政文化（理论自信）、从魏晋南北朝的分裂看今日和平与统一局面下的各种问题（制度自信），从新中国成立至今中国的飞速发展从而坚定道路自信，等等。

中国近现代史是连接中国古代与当代的一段重要转折时期的历史，包含中国革命以及近代社会转型过程中的所有历史文化信息。通过对近现代革命、社会政治、经济、文化等各方面历史知识的讲解，使学生了解和把握当今国家建设与发展的社会背景，充分认识中国特色社会主义道路选择的历史必然性，对中国共产党领导中国革命和建设的艰难奋斗历程加深理解，树立正确的唯物史观。

回望历史，中华民族多次在废墟中浴火重生，前瞻未来，中华民族也必定能实现复兴大业，实现我们的中国梦。

世界通史诸课程重在使学生了解世界历史发展的脉络以及重大的历史事件和历史人物，探索世界历史发展的规律，从而拓展学生的国际视野，更深刻理解中国政府关于"一带一路"的倡议，借鉴外国的发展经验，争取为我国社会主义政治经济的正确和快速发展献计献策。

2.2 文化遗产保护与利用课程模块对应爱国爱家、珍惜弘扬民族文化遗产的理念

该课程模块包含了很多理实一体课程和集中实践课程，体现了史学的应用性发展。该课程模块旨在通过学习和了解中华民族极其丰富的文化遗产和文化遗产保护利用的基本理论，增强学生的民族自豪感和爱国主义情操，培养学生爱护和保护民族文化遗产的自觉性和责任心。文化遗产是一个民族或国家的传统文化的精华。它们是经过价值衡量过的传统文化遗存，而不是传统文化遗存的全部。保护文化遗产，人人有责！历史文博系认为，作为文化遗产专业的师生，保护文化遗产守土有责，寸土必争，要有永不言晚、永不言败的精神。

该课程模块还体现了新时代历史学的担当和责任。作为文化之都的北京，既融汇了传统文化与现代文化，也是中西文化交融的前沿阵地，留存有大量的文化

遗产。在新时代，充分发挥这些文化遗产的价值，对于弘扬社会主义先进文化、提升中华民族素质具有重要的意义。《北京市"十三五"时期加强全国文化中心建设规划》强调，要注重长城文化带、运河文化带和西山文化带的保护和利用，显示了政府对文化遗产保护和利用的重视。历史文博系的师生在三个文化带建设中做了很多实际工作。如参加西山文化带、永定河文化带的调查和研究，其中顾军老师主持了大量的北京文化遗产调研项目；吕红梅、李自典老师参加西山文脉丛书的撰写；尹凌、吕红梅、李自典等教师参加北京市非物质文化遗产传承人口述史相关丛书撰写。

2.3 考古与博物馆课程模块对应宣传和响应国家"一带一路"倡议，使文化交流成为各国之间交流与合作的纽带，同时配合背景三个文化带建设，挖掘历史文化资源

历史文博系的文物与博物馆专业重在发展考古学的现代应用。主要通过本课程模块的学习，使学生了解中华民族悠久伟大的文明，增强民族自豪感和爱国主义情操，通过对古代各个文明之间交流的研究，为"一带一路"倡议提供考古学方面的学理支撑。

该课程模块注重与内外的重大考古发现和国家战略结合在一起，如在倡导"一带一路"的今天，相关课程从中找到了现实与历史的结合点。如张登毅老师将中原地区早期锡料来源与国家"一带一路"倡议的历史渊源及现实意义作为一个专题讲授给学生："一带一路"是国家借用古代丝绸之路的历史符号，近年来提出的发展与西方各国经济贸易往来和文化繁荣，以达到共赢的国家倡议。因此，对古丝路贸易的具体内涵及传播路线在本科生课程中的展示和诠释，便显得意义重大。

该课程模块还积极进行课程建设。如《文物学概论》课程成功申报校级专业核心课程，通过课堂教学与网络教学相结合，注重课程理论教学与实践教学相结合、课内教学和课外学习相结合，体现学科领域前沿，使教学内容更加完善，教学模式有较大改进，探索翻转课堂、案例教学模式在教学环节中的应用与创新，使教学效果显著提升，加强学生创新精神和实践能力的培养，以更符合社会需求。

2.4 文物保护与修复课程模块对应爱岗敬业，培养工匠精神，并以专业能力服务祖国文化遗产保护事业

该课程模块是最体现历史文博系专业创新和发展的一部分。该课程模块突破传统教学课程体系偏重理论的局限，修订了2015版、2016版的本科生培养方案，新开设多门实践课程，例如《传统手工技艺实践》《文化遗产数字化》《古建测绘与制图》《书画装裱》《文物保护技术实验》《文物保护与修复实践》等，注重对学生实践动手能力的培养，突出文物保护人才培养重视应用型的特点，文物保

护与修复是适应目前行业发展需求设立，希望通过学习让学生掌握文物保护与修复的相关技艺，将来为文保事业服务。

该课程模块引进了大量的行业名师，这些名师不仅技艺精湛，也用自己对文保事业的热爱激发了学生的学习兴趣，使学生以饱满的热情投入文保事业中去。从2015年起，历史文博系聘请了首都博物馆、北京市古建筑研究所、中国艺术研究院等多个单位的行业名师入校教学，组建了包括贾文忠、詹长法等文物修复专家的导师团队，不仅参与校内实践课程教学，同时行业导师与部分学生双选结对，形成师徒关系，对学生的实践能力进行持续地、个性化地指导。

该课程模块的设立，还带动了传统班级设置和管理模式的改变。为了推行育人目标，历史文博系以试点班的方式推进实践教学体系的创新与完善，从2015年起，每年开设文物保护与修复试点班，分组进行传统书画修复技艺传承、陶瓷修复技艺传承、青铜器修复技艺传承等专门的实践训练。

历史文博系用四个课程模块承载不同的文化内涵，有侧重地将"以文化人"融入不同课程中，最终达到全过程、全方位、全员"三全"育人的目的。

3. 以科研辅助教学，提升以文化人的层次

历史文博系在注重课程建设的同时，还注重以科研辅助教学，激活第二课堂，提升"以文化人"的层次。

自2006年以来，历史学先后获得北京市特色专业建设点、北京市校外人才培养基地（首都博物馆）、国家级实验教学示范中心（应用文科综合实验中心，共建）、国家级虚拟仿真实验教学中心（文化遗产传承应用虚拟仿真实验教学中心，共建）等荣誉。教师在学院搭建的平台上，也取得了很多科研成就，并注重以科研辅助教学，带动学生参与多项科研项目。2013—2016年，在北京联合大学"启明星"大学生科技创新项目中，仅文物保护修复类启明星课题就斩获国家级2项、市级15项、校级28项的好成绩。试点班的学生参与的项目曾获得北京联合大学挑战杯三等奖1项、暑期社会实践优秀团队一等奖2项、优秀成果奖一等奖1项、二等奖1项、三等奖1项。自2015年以来参与国家博物馆、中国文化遗产研究院、社科院考古所、故宫博物院等单位进行专业实习20余次，在校外人才培养基地专家的指导下，极大提升了文物保护与修复技艺水平。本科生发表学术论文8篇、核心论文1篇。学生的专业实践得到实习单位的高度认可，相关媒体进行了专题报道，由试点班师生组织的"文物修复技艺文化遗产日"系列活动受到社会的欢迎。

历史文博系的教师将科研成果有机融入教案，有效转化为课堂教学内容，创新教学内容，提高了课堂教学质量和效果。教师们还注重让学生参与自己的科研项目，并将科研项目作为写学年论文和毕业论文的主题，历史文博系近两年来毕业论文的真题率高达90%以上，提高了毕业论文的质量。

　　历史学在专业发展的道路上，未来还会面临很多严峻的挑战。然而，随着国家的发展，人民对文化的认知越来越深刻，历史学承担的文化使命也会深入人心，挑战会变成机遇。坚持"以文化人"，坚持与时俱进，历史学也会一如既往，在实现中华民族伟大复兴的道路上，做出自己的贡献。

文化传承的职责与使命

——历史文博系"学科+文化"的实践与探索

李　扬❶

历史文博系的前身是创办于 1978 年的北京大学分校历史系，在北京联合大学的学科专业化建设方面一直走在前列。历史学专业 2006 年获批专门史二级学科授权点，2009 年历史学本科专业入选北京市特色专业。尤其是近十几年来，我们整合全系的研究力量，重点打造文化遗产研究、保护与传承的研究团队。在此基础上，2013 年我系获批教育部专业综合改革试点专业。我系的文化遗产研究、保护与传承实践主要集中在北京地区，在"学科+文化"方面，已经坚持探索了数年，目前已在全国范围内产生了积极影响。兹略做总结如下。

1. 心系传承——文化遗产的研究与保护实践

我系教师多年来关注北京文化遗产的发掘、保护与研究，在北京的物质文化遗产与非物质文化遗产领域都做出了突出贡献。韩建业老师作为考古学科带头人，出版的《北京先秦考古》一书成为北京史前考古的标志性成果。该书强调考古文化谱系与环境关系的分析，奠定了北京地区汉代以前社会文化研究的理论体系，是近些年来北京考古学界的重大成果，为北京的史前考古与地下文物保护提供了重要参考。顾军老师与他人合作出版的《非物质文化遗产学》一书是国内首部系统研究非物质文化遗产学的著作，初步奠定了中国非物质文化遗产学的基本理论框架与学术范式，在非遗学界反响较大。此外，在顾军老师的带领下，我系师生在北京市属高校中率先开展北京非物质文化遗产的现状调查与研究，指导学生完成《北京城八区非遗调查报告》，该报告获得 2008 年北京市学生课外科技作品"挑战杯"大赛二等奖。此外，我们还出版了《非物质文化遗产传承人口述史》丛书 10 册，奠定了北京非物质文化遗产保护与实践的基础。正是在此基础上，2012 年我系被评为北京市非物质文化遗产研究基地。

在文化遗产的保护实践方面，我们对北京的地下文物的保护做出了应有的贡献。韩建业教师主持的北京市哲学社会科学"十一五"规划重点项目"北京市地下文物保护现状与对策研究"，对北京市地下文物保护的严峻形势、存在问题进行了分析，认为随着城市建设节奏的加快，作为北京悠久历史文化主要物质载

❶　李扬（1982—），历史学博士，北京联合大学副教授。主要从事社会史与北京史的教学与研究。

体的地下文物近年来破坏严重，工程建设造成的破坏已经成为北京地下文物破坏的主要形式，北京历史文化名城的地下基本格局正在迅速消失。该报告提出了五项重要建议。

1.1　完善相关政策法规，尽快颁行《北京市地下文物保护条例》

1.2　让文物保护部门有工程否决权

在政府令或《条例》出台之前和之后，都应将地下文物考古勘探列入建设项目审批的前置条件，文物行政部门必须介入土地的一级开发，有权对一些文物重点地区提出禁止或限制开发的意见，土地只有在取得文物部门的许可证明后才能进入市场流通。必须坚决遏制因工程建设造成的地下文物破坏。

1.3　加强对市场、媒体和收藏界的监管，不得对疑似出土文物进行鉴定并出具证书

严格执行《中华人民共和国文物保护法》，严禁一切出土文物交易，文物商店及拍卖公司合法买卖的文物应实行严格的分级制及市场准入制。加强对媒体及文物鉴定机构的监管，明确规定文物鉴定类节目和一般鉴定机构不得对疑似出土文物进行鉴定并出具证书。加强对艺术品市场、旧货市场及收藏者的监管，加大获取、买卖出土文物违法行为的惩处力度，倡导合法、科学、理性收藏，从根源上截断非法的地下文物买卖链。

1.4　加大地下文物保护专项投入，将考古勘探发掘收费列入行政事业性收费项目

大幅度增加地下文物保护专项经费投入及专业人员编制，同时引入文物保护志愿者制度作为补充。将配合工程建设进行的考古勘探、发掘经费列为行政事业性收费项目，同时严格实行项目实施和经费使用监理制度。

1.5　加大地下文物保护宣传力度

通过宣传，改变文物保护重视地上文物轻视地下文物的误区，将地下文物作为文物保护的重中之重；扩大宣教对象范围，尤其要加强对相关领导及专业人员的宣传教育；加强宣教内容的科学性、针对性和系统性，丰富宣教形式，设立地下文物保护宣传日，在大中学校的法律基础课和党校领导干部培训课程中增设文物法内容。

该报告得到了北京市领导的批示，《北京日报》予以整版报道，有力推动了北京地下文物的保护。这正是我系文化遗产研究服务于保护与传承的重要体现。

此外，顾军老师多年来带领学生从事北京市名人故居、四合院的调查与文物普查。参与了东城区第三次全国文物普查，受到东城区文委的高度评价。近期完成的东城区有价值历史建筑调查、北京内城核心区文物保护单位的调查等成果，都形成了有分量的研究报告，成为北京市文物局各级领导的重要参考资料。

2. 文化引领——树立文化遗产研究与保护的品牌

2.1 举办文化遗产全国性学术会议与文化遗产研究生论坛

文化遗产研究与保护是当今世界的热门话题，也是我们国家实现文化强国、文化兴国战略目标的基础性工作。随着研究视野的不断扩大，从传统的文物保护，到21世纪新兴的非物质文化遗产保护和刚刚肇始的农业文化遗产保护，涵盖的内容越来越丰富，政府和社会保护的力度也在不断加强。但同时也应该看到目前我国文化遗产保护方面存在明显问题，如传统保护模式过于消极、静态、片面，常常割裂了保护与利用、地上与地下、物遗与非遗的辩证统一关系，无法制止旧城改造和城镇化建设给遗产带来的大规模破坏；因"保护"而出现的问题也越来越多，理念偏差、措施失误造成的保护性破坏已经成为一个不可忽视的问题。因此，加强文化遗产项目调研、遗产价值挖掘，进行保护理念、保护原则、保护方法与技术的综合研究迫在眉睫。

为推动区域文化遗产保护与活化研究，借鉴不同国家和地区在文化遗产传承与保护方面的成功经验，研讨文化遗产保护与利用的队伍建设和人才培养模式，北京联合大学文化遗产研究所和应用文理学院历史文博系于2013年11月23—24日在北京联合大学举办了首次全国性的"文化遗产区域保护与活化学术研讨会"，来自北京大学、清华大学、中国人民大学等高校和中国科学院、中国文化遗产研究院、中国艺术研究院等科研院所共40多家单位的100余名学者参会，中国工程院院士、我国农业文化遗产保护的领军人物李文华院士及时任文化部非遗司副司长屈盛瑞、前国家文物局副局长刘曙光、中国民间文艺家协会分党组书记罗杨、北京文物局局长舒小峰、中国文物报总编辑曹兵武等领导莅临并做重要发言。会议产生了良好的学术影响力与社会反响，《光明日报》《中国文化报》《中国社会科学报》、千龙网等多家媒体进行了集中报道。这次会议的主旨，就是强调文化遗产区域保护是一种综合性的、整体性的、活态式的保护，是对特定文化圈的生态性保护，这个"生态"既包括自然生态，也包括人文生态，而文化遗产的活化是充分发挥文化遗产的社会价值、文化价值和经济价值的必由之路。

鉴于当前文化遗产研究和保护人才急缺的形势，全国许多高校都纷纷设立文化遗产保护相关专业。为有志于从事文化遗产保护和研究的青年才俊提供一个展示和交流的机会，本次大会还特设"首届中国文化遗产保护研究生论坛"，经过初选的来自全国各地20余所高校的50余名博士生和硕士研究生分三组做了学术演讲，最终评出6个一等奖，18个二等奖。作为此次会议的重要成果，文化遗产研究生论坛每年举办一次，2015年11月、2017年11月该论坛继续由我系承办，第一届和第二届研究生论坛的论文集已由学苑出版社公开出版发行。第三届研究生论坛的论文集也正在出版过程中。

2.2 举办首届全国高校教师非物质文化遗产培训班

为推动非物质文化遗产的研究与教学，在高等教育出版社、中国艺术研究院等单位的支持下，2014 年 8 月我们在全国高校中首次举办 "全国高校教师非物质文化遗产培训班"，来自全国 50 余所高校的近百位教师参与培训学习。故宫博物院院长单霁翔、中国艺术研究院研究员苑利、中国社会科学院考古研究所原所长与研究员刘庆柱教授、中国艺术研究院音乐研究所所长项阳教授、清华大学建筑学院博士生导师吕舟教授、中国科学院地理科学与资源研究所研究员阂庆文教授、中央美术学院非物质文化遗产研究中心主任乔晓光教授、北京联合大学文化遗产研究所所长顾军教授等 8 位名家先后登上讲台，围绕中国非物质文化遗产 "是什么？为什么？怎样办？" 的三个问题，以及非遗与音乐、农业、建筑、美术、考古之间的关联，全面系统地对学员们进行了培训，为他们在非遗教育工作上指明了方向，并传授了方法。学员普遍反映良好，纷纷表达了对我系搭建这一学术平台的认可。这一培训班的开设也极大地扩大了我系的学术与社会影响力，奠定了我系在全国非物质文化遗产研究与普及领域的地位。

2.3 文物保护与修复贯通式培养模式的探索与创新

近年来，在故宫博物院与首都博物馆等单位的支持下，我系的文化遗产教学开始关注实践教学以及文物保护与修复人才的培养。我们在系内成立文物保护与修复试点班，选拔有兴趣且学业优秀的同学进入试点班，聘请故宫博物院与首都博物馆、国家博物馆等单位的非遗传承人作为我系的外聘教师，承担实践教学的任务。经过努力，我们也尝试进行人才培养模式的探索与创新。

在故宫博物院的推动下，2017 年经北京市教委批准，北京联合大学应用文理学院历史文博系与故宫博物院、北京国际职业教育学校合作，在北京市属高校中率先实现 "3+4"（职高—本科）贯通式培养模式，实现文物保护修复专业学历制教育与师承制教育（故宫博物院传承人担任实践导师）相结合，2019 年正式开始招生。这是北京市属高校中首次尝试的贯通式培养模式，是对高等教育改革的有益探索。这也成了我系在文物保护与修复领域的品牌。

2.4 助力我校高端实践教学平台建设

作为市属本科院校，我校的办学定位为应用性与城市型大学。因此我们的办学方向也一直强调综合应用。我院的文科综合实验教学中心 2009 年被评为北京市级实验教学示范中心，同年申报成为国家级实验教学示范中心建设单位；2012 年通过教育部专家组验收，成为 "应用文科综合国家级实验教学示范中心"。在中心建设过程中，我们大力推动历史学专业的实践教学，相继建设并成立非物质文化遗产实验室、金属文物实验室、陶瓷文物实验室、玉器标本室，同时向全院学生开放，为我校的文科综合实践教学提供了有力支撑。

在文化遗产数字化的教学实践探索方面，我们率先开设了文化遗产数字化的课程。2015年我校成功申报教育部文化遗产传承应用虚拟仿真实验教学中心。该中心的主要平台——文物综合保护与展示虚拟仿真实验教学平台、国家级"非遗"技艺传承虚拟仿真实验教学平台，均依托我系的师资力量加以建设，成为学校文化遗产传承与应用的重要品牌。这背后亦有我系师生的贡献。

3. 深耕北京——城市文化史研究的探索

我系元老朱耀廷教授多年来关注北京，研究北京，尤其开创了北京文化史研究的先河。在朱耀廷教授的带领下，以历史文博系北京文化史市级学术创新团队为主要力量，出版《北京文化史》系列丛书（2007—2016年由中华书局陆续出版），开创性地系统研究北京的物质文化、科技文化、士大夫文化、文学艺术与学术教育，填补了北京史研究的诸多空白，奠定了北京城市文化研究的基础。朱耀廷教授还大力推动北京历史文化的普及，发起并主编了多套北京历史文化丛书，诸如北京文物古迹旅游丛书等，形成了一定的学术品牌。

此外，北京宗教文化的研究亦是我系的一大特色。佟洵教授早年关于北京宗教文化的分类研究在宗教学界有着一定的影响力。左芙蓉教授关于北京近代基督教团体的研究、杨靖筠教授关于北京天主教与伊斯兰教的研究、于洪副教授关于北京藏传佛教的研究都是北京宗教文化的重要内容，构成了我系北京宗教文化研究的主体。在北京社会文化史方面，李自典副教授关于北京警察的相关研究、李扬老师关于20世纪50年代北京城市史的研究等，都围绕着北京的城市社会与文化展开，丰富了我们对北京城市文化尤其是近代北京城市文化的理解与认识。其中，李扬的两篇论文先后被收入中国人民大学报刊复印资料，受到学界的关注，这也是我们今后可以继续努力的方向。

4. 结语

本专业综合改革的理念是"立足首都，服务人文，协同创新，综合育人"。建设思路是本着文化自觉、文化自信、文化强国的战略精神，顺应国家文化事业和文化产业大发展迫切需求大量高素质复合型应用型人才的形势，立足"人文北京"建设事业第一线，结合学校长期立足首都发展"应用性教育"的定位，秉承引领文化建设的使命，以历史学基础为本，以文化遗产保护和利用为用，以学生发展为中心，协同创新，文理交融，综合改革历史学专业，构建特色鲜明的人才培养模式，使本专业成为首都文化遗产高素质复合型应用型人才培养的重要基地。

在此理念的指导下，我们近年来的文化遗产研究与教学都紧紧围绕着"学科+文化"的思路，无论是学术研究抑或人才培养都将其贯穿始终。我们力图在文化遗产的保护传承方面创立我们自身的品牌，从而也能够在众多地方市属院校相关专业中脱颖而出，成为引领文化传承的重要生力军。这需要我们今后的不断努力。

浅谈文博综合实践教学中的文化素质教育

张　雯❶

【摘要】当前，文博考古事业特别是田野发掘工作、公众考古工作方兴未艾，蓬勃发展，数字考古和多学科合作已成趋势，国内高校考古学科明显呈现出加速发展的趋势，考古学专业人才的培养规模也迅速扩大。除了关注学生科研能力的培养，有关考古实习的教学内容、方法及组织等方面的探讨也相继展开，如何从考古实践中加强文化教育的培养也逐渐形成体系，本文从考古文博综合实践的相关话题进行讨论，以期进一步强化考古教学与学生的综合素质、人文素养，进而形成有针对性的管理策略和课程模式。

【关键词】考古文博综合实践；文化教育；传统文化传播；学生素质

田野考古工作是考古学研究的基础，也是保护文化遗产的重要手段。[1]在文博专业的课程群中，田野考古往往被纳入考古文博综合实践教学体系，成为构成其本科教学体系、实施素质教育、开展创新实践的重要组成部分。而对于考古文博专业的学生来说，考古文博综合实践是随着对学生综合素质不断高要求的背景下提出的，实践的过程就是把课堂所学的专业基础知识、间接经验，与田野考古发掘的实际工作相结合，更为深入地了解野外考古发掘的具体工作流程，使课堂知识得到深化领悟，现场适应能力得到有效锻炼，对于学生学习日后的课程、适应未来的工作都将大有裨益。

1. 考古文博综合实践教学的重要性

第一，就教学方法而言，考古实习与理工、农林、财经等学科的生产实习，医科的临床实习，师范类的教育实习一样，都属于现场教学方法中的实习法，或称为实践教学。直观性与独立性是其两大显著特点。在考古实习中，学生可以直接接触认识对象，即古代文化遗产，通过亲身参与考古调查、发掘和资料整理等工作，用自己的双手将沉睡数百年乃至数千年的古代文化遗存揭露出来。这种学习和训练过程无疑是非常直观和具体的，能为学生提供丰富的直接经验，形成在实践中理解、运用、检验并发展理论知识的能力，从而为创新型人才的培养奠定坚实基础。

---

❶ 张雯（1982—），博士，北京联合大学讲师。主要从事汉唐考古、博物馆及考古文博实践教学与研究。

考古实习是真正以学生为主体，独立进行的教学活动。在此过程中，实习生要学会独立进行田野操作并完成一定的工作任务。这种独立工作的意识与能力，既有助于后续课程的自主学习，又是胜任未来工作的基本要求。

当前，多学科合作成为田野考古发展的主流，特别是数字化等高新技术与设备在考古中得到广泛应用。考古发掘中，系统采集土样，进行大规模浮选；对骨骼保存较好的人骨骼进行体质人类学现场鉴别及微量元素、古 DNA 等研究；开展系统性环境采样；对动物骨骼全部按单位收集，并进行种属鉴定、微量元素分析；对出土遗物进行残留物分析、成分分析；对出土金属器进行金相学研究；测年标本的规范提取等。[2]

通过多学科参与，使得实习遗址成为多学科研究的平台。更为重要的是，上述工作的样品采集均有学生参与，这对提高学生的多学科合作意识具有重要意义。

第二，从高等教育的人才培养环节来看，考古实习是毕业生参加工作前的一种社会实践和职业训练。为了实现高级专门人才的培养任务，高等学校的教学必须在坚持以理论知识为主的同时，为学生未来从事相应的职业做好实践准备，因而具有由理论学习向社会实践过渡的性质。在此意义上，考古实习是进入文博工作领域前的一种社会实践和职业训练，对于考古专业毕业生顺利找到合适的工作岗位，迅速进入独立的工作状态，具有重要作用。

考古实习不仅属于教学活动，还是文物保护与科学研究这一社会实践的重要组成部分。实习项目需要依法向国家文物局提出考古发掘申请，经批准后方可进行。[3]在实施过程中，实习生不仅要严格遵守有关文物保护法律法规，还需要处理好与当地民众的关系。实习生既是学生，又是考古发掘队员，具有双重身份。只有通过实际工作的训练，他们才能掌握技能，培养必要的协调与管理能力，形成良好的敬业精神与职业道德修养。而这些恰是当前用人单位最为看重的品质。

第三，从考古专业课程体系设置来看，考古实践属于考古专业本科生的主干基础课程。[4]考古实习这一重要地位，源自于工作在考古学研究体系中所处的基础性地位。就考古学研究过程而言，考古实习是考古学研究的起点，是检验理论解释和科学假说的基本途径。工作理念的变革与提高也是推动考古学持续发展的基本动力。因此，田野实习是考古专业学生深入理解理论知识、发现新知，真正踏入学术研究殿堂的必经之路。它历来被视为考古专业的主干基础课程，具有不可替代的地位与作用。

2. 实践过程中体现的文化教育

2.1 优秀传统文化价值的探究

从考古实习的工作对象来看，它是对古代文化遗产进行揭露、研究、保护与展示的重要途径，具有较强的展示性与公共色彩。古代文化遗产作为考古实习的工作对象，能够以其直观、生动的物质形态，展现过去社会生产与生活的真实场景与面貌。这往往为渴望了解自身历史的社会公众所喜闻乐见，被视为一个国家与地区的名片，并为新闻媒体所广泛关注。而古代文化遗产发现、探索及揭示的过程，同样对社会大众富有强烈的吸引力，也是公众关心的热点。这是包括考古实习在内的发掘工作具有较强公共色彩的重要条件。

但是，考古实习的公共色彩，更深层上还源自于文化遗产本身的公共属性。古代文化遗产不仅与当代人的生产生活有诸多照应，容易被大众理解和认同，而且从本质上讲，它应该是为社会大众所拥有和共享的。从整体上看，包括文化遗产在内的人类遗产被认为是历史的证据以及当今社会的继承物。而文化遗产理念兴起的思想背景之一就是共享意识，即"既然是作为人类的或民族的、国家的遗产……就必须为人民所共同享有。对遗产的保存、管理和公开、展示的出发点及其目的，也就只能是为了尽可能地满足人民（包括其后代）出自这天赋人权的各种需要"。可见，以私有制为基础的西方社会孕育出的遗产理念尚且有此强烈的共享色彩，那么，在以公有制为主体的中国，文化遗产的公共属性无疑更为鲜明。

随着文化遗产理念的传播，近年来中国公共考古有了迅猛发展。

考古工作者和博物馆宣教人员，采用了如建设遗址公园、开放考古工地、改变博物馆展示等方式展示考古、文物保护及其相关知识，为政府决策部门提供建议，宣传相关政策法规，使受众更加充分地享有文化权益。

这些活动为公共考古研究提供了大量案例，可分为如下 4 种形式：

（1）以单一事件为主题开展系列实践。如 2015 年山西省考古研究所对"洪洞坊堆—永凝堡遗址"进行了一次多学科志愿者考古综合调查活动。该调查通过公开方式，吸收水文、地质、历史地理、测绘、民俗等多方社会专业力量加入调查团队，从多角度综合研究该遗址的范围和文化内涵。希望将考古打造成一个开放的平台，各专业学科在考古调查中，从各自的专业角度探讨考古问题。

（2）通史式展示一系列考古、文物保护经典事件。如中央电视台所拍摄的一系列纪录片《考古·中国》《探索·发现》《国宝档案》等。2018 年年初，有影视明星参与、还原文物故事的《国家宝藏》大受公众欢迎。

（3）纯娱乐式体验。2013 年 6 月，吉林大学赵宾福教授带领弟子参加《天天向上》的录制，节目一经播出，各方反响强烈。这种方式比前两种实践形式更加轻松，吸引了各个年龄层、各种文化程度观众的注意，虽然知识传播效果尚需进一步的数据研究支持，但是在扩大知识传播广度上效果明显。

（4）自媒体。主要包括各单位自己的门户网站、微博、微信。在这些媒体上可以发布与自身相关的信息，也可转载行业内的热点消息，内容更加丰富多彩，形式更加多样。但应当警惕泛娱乐化的倾向，把握好知识传播的底线。

除了以《大众考古》这一新创设的刊物为重要阵地外，利用网站、博客、微博以及微信公众号等新媒体手段展示考古发现、普及文化遗产知识等"互联网+考古"方式更是如雨后春笋般涌现。[5]受此影响，高校考古实习也开始摆脱象牙塔的禁锢，以往被视为公众"禁地"的考古实习工地，也越来越多地对大众开放，甚至吸收志愿者参与考古发掘过程。考古实习天然具有的教育属性，更使这种开放显得合理和必要，实现了学校教育与社会教育的有机衔接。因此，考古实习正在成为我国文化遗产展示与宣传教育的一种重要形式和手段。

2.2 文化遗产的传播

中共十八大以来，党把弘扬中华优秀传统文化提升到国家战略高度。习近平在系列重要讲话[6]中要求文艺工作者全面挖掘中华优秀传统文化的当代价值，全面提升中华优秀传统文化的战略地位，全面总结对待中华传统文化的科学方法，全面展示中华优秀传统文化的独特魅力，强调实现中华民族伟大复兴，必须以中华优秀传统文化的发展繁荣为条件。考古学是一门透过研究人类遗留述说故事的学科，这样的特性使考古学成为可以为不同人群发声的学科。不同于历史文献常常只记录特定的人或事，甚至大部分都是帝王将相的历史。但凡是曾经生活在地球上的各式人群，无论种族、性别、阶级、年龄等，都会在地层里留下他们的足迹，考古学家透过其独特的研究方法，便可以尝试把这些不同的故事慢慢说出来。换言之，考古学是很民主的学科，因为研究的对象是社会里所有的人群，也是最有机会让所谓"没有历史"的人群找回他们的过去。

因此，考古学家越来越意识到必须积极与社会沟通，让社会大众认识考古学到底是什么。当前无论是美国考古学学会或是欧洲考古学协会，在其考古工作伦理准则中都强调，考古学家有责任进行大众教育，包括在每个考古计划进行的过程中，要积极且充分地告知大众计划的目的、方法及最后结果。因此，公众考古学成为当代考古学里一门重要的分支，它有系统地研究考古学与公众之间的关系，并思索如何有效地推广考古教育。

从考古实习的工作目标来看，它是一项重要的科学研究活动，是教学与科研的有机统一，具有强烈的探索倾向。考古实习不仅是已有知识与技能的传授过程，更是一项对未知领域的探索与发现过程，甚至还需要不断调整与改进自身的工作理念与方法。就考古学研究过程而言，考古实习作为工作的重要形式之一，处于研究资料的收集、记录和初步整理阶段。这是考古学研究程序中最为基础的一环。考古学中提出的问题与假说，都需要到其中寻求证据并加以验证。因此，考古实习历来被视为考古学研究富有生命力的一个重要源泉。同时，由于地下遗存的复杂与某些不可预料性，以及学科使命的转变，考古实习所应用的方法、技术乃至基本理念，也会处于不断的变动之中，从而导致考古实习教学内容与组织形式的不断调整与变革。因此，与其他专业的实习相比，考古实习不仅仅是一般的技能培训，更是一种真正的探索与不断变革的创造过程。它鲜明地体现出认识已知与探索未知的有机统一，而这正是高等教育教学活动的一项基本特征。因此，考古实习不仅是创新型人才的培养过程，也是推动考古学发展、提升高校考古专业学术水平和影响力的重要途径。

2.3　地方人文环境的滋养

人类创造的文化，是自然环境因素与社会人文因素的复合体，人类文化的形成与发展是多重因素相互作用的结果。[7]

从教学与工作环境来看，考古实习一般属于野外作业，处于社会基层，无论在地理空间还是社会空间方面，都具有一定的边缘性。考古实习地点一般地处乡村，工作环境相对艰苦，生活条件也比较简陋，交通及通信设施远不如城市便利，工作进程受地理环境及气候条件等自然因素影响较大，这会给实习生带来明显的心理落差与不适。由于野外工作时间长，工作强度较大，也会给实习师生的身心健康带来相当大的压力。在这样的环境中，做好安全与后勤保障，尽可能改善生活与工作条件，及时调整实习学生身心不适，做到劳逸结合，就显得尤为重要。

不过，农村独特的人文环境也为学生认识基层社会及不同地区的风情习俗、服务于当地社会提供了很好的机会。例如，结合考古调查开展农村社会调查，利用业余时间为当地学生补课，与当地学校进行交流，开展送知识下乡，主动宣传文化遗产知识等。这些活动不仅可以有效改善与当地民众的关系，也有利于教学实习顺利进行，还对培养学生的社会责任感、提升学校影响力等很有帮助。许多高校对此都有过很好的尝试。

2.4　情商与人文素质的全面培养

情商即情绪智商（简称EQ），作为与智商（简称IQ）相对的一个概念，由美国的心理学家在20世纪90年代初提出，指人所具有的性格和情绪特点，包括自我努力，自我控制的能力，感觉与理解他人，建立良好的人际关系的能力。[8]人文素质是指科学文化素质之外的一种素质，主要是指人的涵养，与人性、情感、欲望、情绪、人际关系等方面密切相连的做人的素质。[9]

在考古实践期间，学生不仅学习基础的、基本的知识"习得"，还要借助知识技能的"运用"培育思考力、判断力、表达力，来解决实习过程中遇到的种种问题。此时，"核心素养"的核心不再只是运用知识技能、解决现实课题，还要有学会思考的"协同""沟通""表现"的活动。

从教学组织来看，考古实习是师生长期密切接触、持续深入交流的过程，很大程度上可视为高校教学活动在校外的延伸。考古实习作为教学活动，自然离不开指导教师和实习学生两个基本要素。当前，无论是参与到其他单位中开展实习，还是高校自己组织实施，实习生的教学指导和管理工作都主要是由考古专业教师承担的。尤其是后一类实习，完全可视为高校教学活动在校外的延伸。这也是考古实习区别于其他专业实习的一个重要特点。

在固定、集中的工作场所与生活环境中，指导教师与实习学生要朝夕相处、共同工作和生活长达一个学期甚至更久，这在高校其他教学活动中是比较少见的。因此，师生之间的联系和交流也远比在校时密切、深入和持久。这种交流不仅局限于学术和工作方面，还会自然延伸到人生阅历以及情感与精神领域的深处。这不仅增加了师生之间的情谊，丰富了师生关系的内涵，而且为实现因材施教、全面育人、增强专业凝聚力等提供了非常有利的条件。[10]

3. 小结

基于以上对考古实习教学属性与学科特色的讨论，高校考古专业要实现可持续发展，以下几个方面值得关注。

首先，考古实习是考古专业创新型人才培养的重要环节，是毕业生走向实际工作之前的必经训练，在考古专业课程体系中占有重要的地位并具有独特的教学优势。这无论是从理论层面还是办学实践，都已经有充分的证明。新设考古专业的高校，一定要给予考古实习足够重视，精心组织实施。

其次，考古实习是文化遗产保护事业的有机组成部分，具有较强的可展示性及公共色彩。高校善加利用，不仅是推动文化遗产保护事业发展、弘扬传统文化、服务社会的重要形式，也是增加人文内涵、提升自身形象与影响力的重要途径。

再次，考古实习是教学与科研的有机统一，是高校考古专业提升学科发展水平与专业实力、培养科研团队的重要途径。考古实习在达到基本教学目标的同时，一定要以科研为导向，进一步提升考古实习教学质量，实现创新型人才的有效培养。同时，还要积极利用师生密切联系的优势，因材施教，真正实现教书育人、全面发展的培养目标。

最后，作为校内教学活动在校外的全面延伸，院系自身往往难以为考古实习提供有效的支撑。高校应当认识到考古实习所处环境的边缘性特征，肯定指导教师的巨大付出，从学校层面给予支持和帮助，为考古实习的顺利开展提供有力保障。指导教师应当重视实习生的身心调整，努力帮助他们克服困难，不断调动其学习的积极性，圆满完成教学任务；并注意培养实习生的社会责任感，积极为基层社会提供力所能及的服务。

参考资料

[1] 国家文物局. 田野考古工作规程［M］. 北京：文物出版社，2009.

[2] 陆航. 多学科联手参与大遗址考古与保护［N］. 中国社会科学报，2014-02-10.

[3] 冯恩学. 田野考古学（修订本）［M］. 长春：吉林大学出版社，2014.

［4］陈胜前. 学贵根底　道尚贯通——考古学课程设置问题与对策［J］. 南方文物（No.02），2011-06-28：38-43.

［5］孙赢，付松聚. 古遗迹文化的数字化传播策略［J］. 青年记者，2018（20）.

［6］习近平在中共中央政治局第十八次集体学习时强调：牢记历史经验历史教训历史警示为国家治理能力现代化提供有益借鉴［N］. 人民日报，2014-10-14（01）.

［7］王会昌. 中国文化地理［M］. 武汉：华中师范大学出版社，1992.

［8］崔成均，丁轶建，卢刚. 构建大学生动商简易测评法的探索性研究［J］. 南京理工大学学报（社会科学版），2018（03）.

［9］康毕华. 传统文化对提高大学生人文素养的促进作用［J］. 佳木斯职业学院学报，2017（06）.

［10］森敏昭. 21世纪学习的创造［M］. 京都：北大路书房，2015.

试论博物馆展陈设计课程中的传统文化教育

张　雯❶

【摘要】 在博物馆展陈设计课程中，必须贯彻传统文化教育，它有利于加深对展品的认识，有利于提高展陈大纲的撰写水平，有利于丰富展陈的形式设计。传统文化教育的内容应包括中国历史、古代文学、古代艺术、古代建筑、文物知识等多方面；教育方式应该以引导学生自学为主，直接讲授和案例穿插为辅；考核方式应该以应用考核为主，尽量避免书面考试形式。

【关键词】 博物馆；展陈设计；课程；传统文化；教育

博物馆是收藏并展示人类文明成果的机构，举办展陈和展览是博物馆的重要职能。展陈"可以被定义为展示或陈列材料以便与观众进行沟通交流"[1]，是博物馆"实现其社会功能的主要方式"[2]。因此，博物馆展陈设计的好坏决定着展示效果。我们开设博物馆展陈设计课程就是要提高展陈水平，使展览物品发挥其最大的功能，传播文化，传承文明。在博物馆展陈设计课程中，不能忽视贯彻传统文化教育。

1. 学习传统文化在博物馆展陈设计中的重要作用

"文化是抵抗灭绝和抹拭的方法。人们在不同的时空中，既受文化的捆绑，也参与了定义、操纵与生产文化。"[3]由此可见文化对于我们的重要性。博物馆展陈设计很大程度上就是在展示我们的文化，那么学习传统文化就显得极其重要了。

1.1　学习传统文化有利于加深对博物馆展品的认识

我国博物馆展陈的物品绝大部分是文物，展陈设计的主要对象也是文物。文物富含深厚的历史、艺术、科学价值，是传统文化的载体，与传统文化有着密不可分的关系。为了更好地进行文物的展陈设计，不可避免地需要加深对文物的了解和认识。我国的传统文化博大精深，影响着中国人的物质和文化生活，学习好传统文化能够加深对文物的了解。例如，在四川眉山江口发现的沉银，有"西王功赏"的金币，只有充分了解明末农民起义、大西政权以及起义领袖张献忠的历史，才能对此文物有更加深入的认识，进而在展陈设计时充分考虑历史背景，做

---

❶　张雯（1982—），博士，北京联合大学讲师。主要从事汉唐考古、博物馆及考古文博实践教学与研究。

出更加合适的展陈形式。

1.2 学习传统文化有利于提高展陈大纲的撰写水平

博物馆的展陈设计一般分为内容和形式设计两个方面,内容为骨,形式为肉。展陈大纲的撰写是内容设计的关键,其要求撰写者能够把握展陈的总体内容,确定展览主题,在展览主题的基础上再确定展陈物品,而并非是由展陈物品去提炼展览主题。展陈大纲的撰写者只有具有了丰富的历史文化知识,才能结合展品,写出优秀的展览大纲。例如某馆收藏有部分清代的官员服饰,但不成体系。策展者计划策划一个清代的官员服饰展览,其在撰写展览大纲时并不是将馆藏的服饰——列入其中,而是应该首先深入研究清代官员的服饰类型、穿着场合以及服饰富含的意义等,再根据这些内容撰写大纲,然后将馆藏的服饰对应列入某一环节中。对这些内容的了解同样离不开对传统文化的不断学习。

1.3 学习传统文化有利于丰富展陈的形式设计

传统文化内容丰富,传统艺术是其中的重要方面。在展陈的形式设计中,我们往往会从传统艺术中得到灵感,或是装饰图样,或是气氛营造。例如,举办古代书画展,在装饰图样方面,展览标题和说明文字可以用展品中古代书法家的字体题写,而说明牌的设计上可以用展览书画的相关元素进行装饰;在气氛营造方面,古人琴棋书画不分家,可以布置一个古人书房的环境,有古人在对弈,时而飘起悠扬的琴声,达到一种穿越时空的效果。如此的展览设计需要策展者对传统文化有深入的认识和切实的感受,只有这样才能在策展时灵活运用到展览设计之中。

总之,学习传统文化能够丰富策展者的历史文化知识,提高艺术修养,自觉地将传统文化融入展陈设计之中,从而设计出具有中国特色的展陈展览作品。

2. 博物馆展陈设计课程中传统文化的学习内容

我国传统文化内容丰富,底蕴深厚,不可能在短时间内完全掌握。因此,必须结合博物馆展陈设计的需要,有针对性地学习,主要有以下几个方面。

2.1 中国历史

学习中国历史是我们了解过去的主要途径。广义的历史指的是一切人类发展的进程,本课程中要学习的中国历史为中国发展的历史概况,更多的是关于王朝更替、政治演进的过程,包括王朝的名称和时间顺序、重要历史事件、重要历史人物、各种制度等。通过学习中国历史,我们能够把握中华民族和中国的起源、发展的总体过程,在展陈设计中,则能够明确展览主题所处的时代和相关背景。例如策划古代科举制度展,就必须了解科举制度的起源、发展和消亡的过程,以及各朝代科举制度的差异,这些知识都需要通过学习中国历史才能获得。如果没有历史知识,展陈则无从谈起,中国历史是每个策展者都必须认真学习的内容。

2.2　古代文学

我国文学形式多种多样，文学家更是灿若星辰，学习古代文学能够提高策展者的文学素养，进而提高展览的文字表达能力。本课程应该掌握：古代各种文学体裁如赋、骈体文、诗、词、曲、小说等的特点；各历史时期繁盛的文学形式；著名的文学家的基本情况；著名的文学名篇名著等。

2.3　古代艺术

博物馆的展品大部分都是艺术品，具有极高的艺术价值，作为策展者应该具备基本的古代艺术知识。古代艺术种类繁多，这里主要指书法、绘画、音乐、舞蹈等，特别是书法和绘画，是当前博物馆展陈的重要题材。本课程应该掌握的内容有：书法方面，各种书体甲骨文、金文、楷书、草书、篆书、隶书、行书等特点；各个历史时期的流行书风；各书法家及其代表作品等。绘画方面，各种绘画手法如工笔画、写意画等特点；各个画家的绘画特点及其代表作等。音乐、舞蹈方面，各个历史时期流行的风格、著名的人物和作品等。

2.4　古代建筑

"建筑即博物馆。"[4]我国有很多博物馆本身就是古代建筑，如何在古代建筑中进行布展，也是展陈设计中需要考虑的问题，因此需要对古代建筑有所了解。本课程中应该掌握的内容包括古代建筑形制和演进、著名的建筑学家、著名的古建筑基本情况等。

2.5　文物知识

我国的文物包括可移动文物和不可移动文物两大类。不可移动文物包括古建筑、纪念建筑、石窟寺、石刻、古遗址、古墓葬、近代现代重要建筑、纪念地等，它们一般体量大，不能或不宜整体移动，不能像馆藏文物那样，可以收藏于馆内，并轻易移动。可移动文物包括石器、陶器、铜器、金银器、瓷器、漆器、玉器、工艺品、书画、古文献等，它们体量小，种类多，博物馆中收藏的文物一般是可移动文物。作为博物馆展陈的设计者，必须对各种文物本身的特性有基本的认识，另外，对文物的收藏、保存、运输等环节也应了解，只有这样才能确定文物布展的方式和环境，防止出现破坏文物的情况。

除了以上内容外，有关科技、民俗、武术等多方面也是需要了解的，但在本课程中不可能一一列举，这就需要在平时的学习中多看、多学、多积累，不断扩大传统文化的知识面，更好地为展陈设计服务。

3. 博物馆展陈设计课程中传统文化的教学方式

如何将传统文化的学习贯彻到博物馆展陈设计课程中，是本课程的一大难题，根据课程特点和学生的实际情况，笔者总结了以下几种方式。

3.1　直接讲授

直接讲授是指在课程中安排关于传统文化的课时，在该课时内对传统文化进行讲授，其适用于传统文化的专题讲授，如古代书画、古代玉器、古代瓷器等。这种教学方式的优势是能够对相关内容做详细的讲解，便于学生掌握，因为是以专题的性质进行讲解，讲解所用课时时间长，讲解的内容丰富，知识性强，学生能够从中获取更多的相关知识，达到在课程中加强传统文化教育的目的。但是它也有明显的劣势，首先是会压缩原来的课时，在讲解传统文化专题时，势必会使展陈设计的课时减少，影响展陈设计学习的内容和质量；同时，因为是专题性教学，不可能面面俱到，影响学生对传统文化广博性的认识。

鉴于这种情况，运用直接讲授教学方式的内容必须符合两个标准：一是内容要有代表性，而且是在展陈设计中常常遇到的问题，例如对各种文物知识学习，可以利用此方法；二是安排的课时不能超过总课时的五分之一，只有这样，才能保证展陈设计课程的完整性。

3.2 案例穿插

案例穿插是指在展陈设计的案例教学中，结合遇到的相关问题进行传统文化教育。如就北京历史这个主题，让学生自己进行策展和展陈设计，在学生策展完成后，可以根据学生的策展情况，来调查他们对北京历史的认识现状，然后再根据现状，开展北京历史的教学。这种教学方式的优点是在教学过程中，带入自然，学生易于接受，能够引导他们主动学习，进而展开讨论，提高了学习兴趣。缺点是内容讲授不够详细，也缺乏系统性。为了更好地利用此方式进行传统文化教育，需要进行更多的案例教学，以扩大学生的知识面，教师则应该积极准备，充分掌握相关的文化知识和学生的实际情况，找到学生的薄弱环节，在讲授时查补缺漏，促进学生的学习。

3.3 引导自学

引导自学是指教师提出关于传统文化的相关问题，利用多种方式，引导学生自己学习和探索相关知识，达到教学目的。这种教学方式适合于直接讲授和案例穿插的后续教学。例如，在直接讲授古代书画、玉器、瓷器之后，可以引导学生自己学习古代建筑、古代金银器等专题；同样，在完成北京历史学习后，引导学生进行其他朝代或地区历史的学习。引导自学的优点显而易见，即不会占用原本的课时；缺点也很突出，即学生个体的学习积极性不同，很难掌握学生的自学效果。

在本课程中，引导自学应该成为对学生进行传统文化教育的主要方式，虽然有困难，教师应积极克服，利用各种方式调动学生学习的积极性，同时要加强对学生的辅导，提供必要的参考资料，还要引导学生进行实地调查，增强对传统文化的吸引力。

4. 博物馆展陈设计课程中传统文化的考核方式

博物馆展陈设计的考核方式以实际操作为主，即学生自己进行策展并做好展陈设计方案。本课程中关于传统文化的考核有两种方式，即书面考试和应用考核。

4.1 书面考试

书面考试的方法是教师根据教授的内容，制定考试题目，学生闭卷答题。这种考试能够直接检验学生对传统文化的学习情况，但是因为这是博物馆展陈设计课程，传统文化不是主要学习内容，与课程目的不符，也会增加学生压力和负担，不建议用这种方式考核。

4.2 应用考核

应用考核指教师从学生的展陈设计方案中考核对传统文化的学习情况。例如教师以北京民俗展为题，考核学生的展陈设计能力，并要求设计中要充分体现传统文化。在这个题目中，教师可以通过展陈大纲的撰写考核学生对北京历史和民俗的学习情况，通过形式设计可以考核学生对北京特有的民居、饮食、服饰、节日等方面的学习情况。这种考核方式同课程本身的考核紧密联系，操作性强，是值得提倡的考核方式。

综上所述，传统文化是学生学习的重要内容，如何在博物馆展陈设计课程中加强对传统文化的教育是一个值得研究的重要命题，不仅需要理论的探讨，更需要在实际教学过程中慢慢探索。只有教师和学生提高学习传统文化的意识，共同努力，才能更好地将我们的优秀文化传承下去。

参考资料

[1] 爱德华·P. 亚历山大，玛丽·亚历山大. 博物馆变迁 [M]. 陈双双，译. 南京：译林出版社，2014：260.

[2] 王宏钧. 中国博物馆学基础 [M]. 上海：上海古籍出版社，2001：246.

[3] 王嵩山. 博物馆、思想与社会行动 [M]. 台北：远足文化事业股份有限公司，2015：58.

[4] 珍妮特·马斯汀. 新博物馆理论与实践导论 [M]. 钱春霞，等，译. 南京：江苏美术出版社，2008：47.

专业 "+文化" 的整体设计[①]

——以国家级特色专业建设点 "人文地理与城乡规划专业" 为例

张景秋[②]　杜姗姗[③]

【摘要】本文探讨了人文地理与城乡规划专业 "+文化" 的整体思路，并从人才培养模式、人才培养目标、课程体系、教学方式方法四个方面探讨了近年来的建设情况和未来设计。

【关键词】课程思政；+文化；人文地理与城乡规划

1. 引言

党的十八大报告提出，"要把立德树人作为教育的根本任务，培养德智体美全面发展的社会主义建设者和接班人"。2016 年年底，习近平在全国高校思想政治工作会议上指出："高校思想政治工作关系高校培养什么样的人、如何培养人以及为谁培养人这个根本问题。要持把立德树人作为中心环节，把思想政治工作贯穿教育教学全过程，实现全程育人、全方位育人，努力开创我国高等教育事业发展新局面。要用好课堂教学这个主渠道，各类课程都要与思想政治理论课同向同行，形成协同效应。" 2017 年 2 月，中共中央、国务院印发的《关于加强和改进新形势下高校思想政治工作的意见》指出 "充分发掘和运用各学科蕴含的思想政治教育资源，健全高校课堂教学管理办法"。2017 年 10 月，在中国共产党第十九次全国代表大会上，习近平总书记指出，"不忘初心，方得始终。高校大学生作为社会主义事业的建设者和接班人，更要勇敢走在时代前列，成为奋进者和开拓者"。2017 年 12 月，教育部发布《高校思想政治工作质量提升工程实施纲要》，提出大力推动以 "课程思政" 为目标的课堂教学改革，优化课程设置，修订专业教材，完善教学设计，加强教学管理，梳理各门专业课

---

❶ 本文是北京联合大学 2018 年度教育教学研究与改革委托项目 "专业思政" 建设方案研究——人文地理与城乡规划管理专业（JJ2018Z012）的阶段性成果。

❷ 张景秋（1967—），博士，北京联合大学教授。主要研究方向为城市地理学、城市与区域规划，在国内外发表学术论文 50 余篇。

❸ 杜姗姗（1978—），博士，北京联合大学副教授。主要研究方向为城乡发展与规划、都市农业、休闲农业与乡村旅游。

程所蕴含的思想政治教育元素和所承载的思想政治教育功能，融入课堂教学各环节，实现思想政治教育与知识体系教育的有机统一。

这一系列文件为当前和今后高校课堂改革和思政工作指明了方向，许多高校正在积极进行"思想政治教育教学体系"的构建探索。北京联合大学应用文理学院以"+文化"为特色和抓手推进"课程思政"建设，"+"是加入、融入，"文化"主要包含优秀中国传统文化、北京地域文化和国际先进文化。通过学科+文化、专业+文化、课程+文化，以文化人，以文育人，通过在教学中融入健康和谐的发展理念，融入中国传统文化、北京地域文化和国际先进文化的文化内涵，使学生具有更明确的文化属性，传承和弘扬中华优秀文化、培养区域文化传承人才，进而实现立德树人的根本目标。

人文地理与城乡规划专业作为国家特色专业建设点、北京市特点专业，深入落实"+文化"教育，积极推进"学科+文化""专业+文化""课程+文化"，本文将就专业"+文化"教学改革的主要内容和成绩进行总结。

2. 人文地理与城乡规划专业"+文化"的整体思路

2.1 指导思想

在党的坚强领导下，全面贯彻党的教育方针，坚持马克思主义指导地位，坚持中国特色社会主义教育发展道路，坚持社会主义办学方向，立足基本国情，遵循教育规律，坚持改革创新，以凝聚人心、完善人格、开发人力、培育人才、造福人民为工作目标，培养德智体美劳全面发展的社会主义建设者和接班人，加快推进教育现代化、建设教育强国、办好人民满意的教育。

2.2 根本任务

立德树人，必须把培养社会主义建设者和接班人作为根本任务，培养一代又一代拥护中国共产党领导和我国社会主义制度、立志为中国特色社会主义奋斗终生的有用人才。

要把立德树人融入思想道德教育、文化知识教育、社会实践教育各环节；学科体系、教学体系、教材体系、管理体系要围绕这个目标来设计，教师要围绕这个目标来教，学生要围绕这个目标来学。

2.3 总体思路

人文地理与城乡规划专业"+文化"重点从人才培养模式、人才培养目标、课程体系、教学方式方法进行"+文化"（图1）。

人才培养模式"+文化"	→	"深造—就业—创业"分类指导，分层教学4+3导师贯通式学生教育引导性管理模式
人才培养目标"+文化"	→	具有良好职业素养，厚载家国情怀，践行社会主义核心价值观，具有勇于奋斗的精神状态、乐观向上的人生态度，能胜任城乡规划建设与管理的德智体美劳全面发展的社会主义建设者和接班人。
课程体系"+文化"	→	三位一体，综合能力，创新思维理论课程体系+实践课程体系+素养课程体系
教学方式方法"+文化"	→	探索启发式、探究式、讨论式、参与式教学，充分调动学生学习积极性，激励学生自主学习

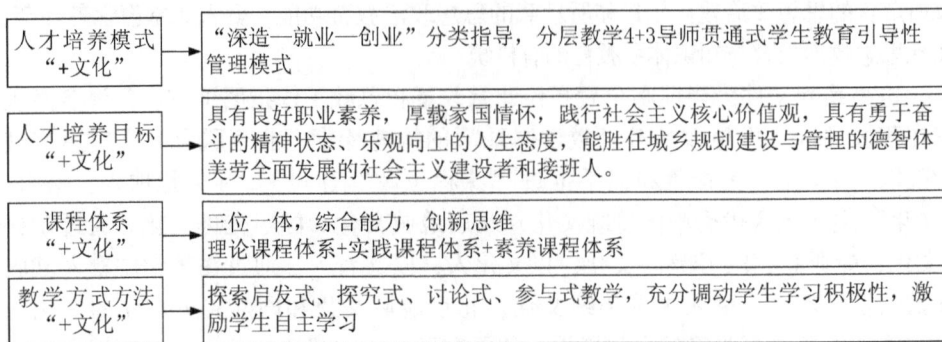

图1　人文地理与城乡规划专业"+文化"的整体思路

3. 人文地理与城乡规划专业"+文化"的具体设计

3.1　人才培养模式：4+3导师贯通式学生教育引导性管理模式

（1）"深造—就业—创业"分类指导，分层教学

学生按照"专业—方向—个性"进行学业分流，再根据学生个性按照"深造—就业—创业"进行课业和职业的分类，实现对学生的分类指导，分层教学。

"三规合一"：指以学生能力培养为主线，采取多源融合教育手段，形成"学生课业规划、学生学业规划、学生职业规划"为核心，最终统一纳入"以生为本"的教育思想和成效中来。

"四年演进"：指学生在校四年循序渐进不断线的阶段性培养目标，即一年级导师制，引导学生课业规划，启动学生自主学习机制，解决教学中"教与学"的问题；二、三年级专业集中实践和科技立项推动学生学业规划，触发学生创新精神，解决教学中"理论联系实际"的问题；四年级毕业实习落实学生职业规划，检验学生实践能力，解决教学中"课上与课下"的问题，最终实践"以生为本"的教育思想。

（2）4+3导师贯通式学生教育引导性管理模式

北京联合大学应用文理学院自2016年开始招收考古学目录外文化遗产区域保护规划专业硕士研究生，自2018年开始招收地理学一级学科硕士研究生，2018年开始在本科生导师制基础上实行"4+3导师贯通式学生教育引导性管理模式"。本科生入学后根据老师们的研究方向和自己的专业爱好选择导师，本科4年参与导师的科研项目，本科毕业后考入本校研究生，继续跟随导师开展科研。

3.2　人才培养目标"+文化"

传承优秀传统文化是大学的重要使命，制定合理的"+文化"人才培养目标是制定人才培养方案的重要基础。经过多轮研讨，确定人文地理与城乡规划专业的人才培养目标——培养掌握人文地理与城乡规划基本理论、基本方法，具有良好职业素养，厚载家国情怀，践行社会主义核心价值观，具有城市与区域调研、空间分析、规划设计和综合应用四个专业核心应用能力，具有勇于奋斗的精神状态、乐观向上的人生态度，能胜任城乡规划建设与管理的德智体美劳全面发展的社会主义建设者和接班人。

3.3 课程体系 "+文化"

瞄准专业发展前沿，面向专业方向应用和经济社会发展需求，借鉴国内外课程改革成果，按照可延续性原则——与之前的课程体系保持相对稳定，持续发展原则——面向专业方向应用和新要求进行调整，更新完善教学内容，优化课程设置，形成具有 "+文化" 特色的专业课程体系。

（1）理论课程群：人文地理与城乡规划的基本理论、基本知识

地方高校作为地方的 "文化高地"，应成为地域文化传承链中的主要阵地、交流和弘扬国际先进文化的重要窗口。理论课程以 "求真理、悟道理、明事理" 为宗旨 "+文化"，重点建设以下课程：

①自然地理学，经济地理学，人文地理学，城市地理学：中国范式

②地图学，地理信息系统：严谨作风

③城乡规划原理，规划设计类课程，土地与房地产类课程：解决问题

（2）实践课程群：人文地理方法手段+城乡规划基本技能

结合专业特点和人才培养要求，改革实践教学内容，改善实践教学条件，创新实践教学模式，增加综合性、设计性实验，倡导自选性、协作性实验。配齐配强实验室人员，鼓励高水平教师承担实践教学。加强实验室、实习实训基地和实践教学共享平台建设。在原有包括鲁东大学、思源房地产公司在内的 7 个校外实习基地的基础上，近两年还与北京市国土局国土资源勘测规划中心签订校外人才培养基地，为学生实践提供线下平台。

作为学校申报国家虚拟仿真实验中心的重要组成部分，城乡规划专业与地理信息科学专业共同完成了历史场景再现实验项目，为保障国家级虚拟仿真实验中心的顺利通过提供了坚实的基础。

专业实践教学课程《城乡规划管理综合实践》作为市级精品课程，在建设过程中，专业在原有递进式、模块化集中实践教学体系的基础上，在科学出版社和学苑出版社 2011 年、2012 年和 2016 年分别出版了《自然地理学野外实习指导—方法与实践能力》《房地产营销策划—案例分析与实践》《土地管理》教材，在 2013—2014 年开始紧扣地理学科专业发展的前沿以及国家对大学教育共享资源库建设和虚拟仿真实践教学示范的倡导，重点建立了线上与线下相融合的实践实习平台，进一步扩展专业实践教学体系，立足全国首个高校 "云 GIS" 平台，整合线下的政产学研用项目资源数据与线上的城市要素时空模拟和虚拟现实教学科研平台，解决了专业实践教学中 "只见课程，不见专业" 的问题。

同时，利用云 GIS 平台，加快教学资源库建设，并购买了部分北京城市专题

数据，建设了北京城市要素资源库和教学平台，2016年建设了首都发展时空模拟与规划设计实验室的线上平台，该平台为专业学生提供集中教学实践任务，完成了圆明园和颐和园相关要素的数据采集、存储和分析等教学任务。

下一步，实践课程群"+文化"主要对北京市精品课程《城乡规划管理实践》建设深化。

①认知实习：厚植爱国主义情怀，树立理想信念；

②生产实习：实践是检验真理的唯一标准；

③毕业实习：社会主义事业建设者和接班人的主人翁意识。

（3）素养课程群：走读北京、人文北京、研究北京

生活在北京，就要爱北京；爱北京，就要了解北京；了解北京，就要认识北京的人文历史与自然地理，人文地理与城乡规划专业根据自身学科优势，开发了北京实践系列素养课程——人文北京、走读北京等课程，《人文北京》赋予北京文化生命力，让学生了解北京、认识北京文化的多元魅力；《走读北京》通过带领学生去实地体验，让北京千年文脉可触可感。

3.4　教学方式方法"+文化"

更新教学观念，注重因材施教、改进教学方式，依托地理信息技术、完善教学手段。积极探索启发式、探究式、讨论式、参与式教学，充分调动学生学习积极性，激励学生自主学习。促进科研与教学互动，及时把科研成果转化为教学内容。支持本科生参与科研活动，早进课题、早进实验室、早进团队。

（1）进行产学合作教学方式方法改革，尝试讨论式、参与式课堂教学改革

近两年，结合人文地理与城乡规划校级专业综合试点改革任务，围绕教育教学方式和产学合作教学模式的改革与讨论，以规划设计类课程群建设和3s技术与应用综合性课程建设为抓手，与中国城市规划设计院城乡研究所、超图公司、中测新图公司等校外单位合作，尝试产学合作教学方式与方法改革，在校外导师+课程专题讲座的基础上，共同编写产学合作教材；同时，借助慕课、微课和翻转课堂等新教学思想的影响，结合专业课程和班级学生的特点，积极探索参与式和讨论式课程教学，以《城市要素调研方法与实务》课程为试点，尝试大班集中进行基本理论与方法教授，按任务分组课上讨论后进行课后调研与分析，再通过课上小组汇报实现课程的参与式与讨论式教学方式改革。

（2）教学科研互动的研究型教学

教师的科研和横向课题是应用地理学人才培养模式改革和教学内容改革的重要保障。专业教师一贯坚持学科专业一体化建设，以"科研促教学"已经成为专业教师明确的教学理念。目前，专业教师主持有4项国家自然科学基金面上项目，2项青年项目，2项市社科规划重点项目，4项市社科规划项目。此外，教师还积极拓展与校外企事业单位的横向合作，为本科生提供实践的机会。

专业支持和吸纳本科生参与教师科研是专业的特色之一，除此之外，还积极指导学生申报大学生科技立项，2014—2018年合计48项（表1）。教师指导本科生发表学术论文数量和质量也有显著提高，2002年以来，共计指导本科生在学术期刊上发表学术论文11篇，并指导学生积极参与中国地理学会、教育部专业教指委、超图主办的学科竞赛并获得优良成绩。

表1 2014—2018年人文地理与城乡规划专业学生科研项目立项情况

年度	"启明星"大学生科技创新项目			文科创新性实验项目	导师制下的本科生科研素养提升计划项目
	国家级	市级	校级		
2014	1	6	4	1	/
2015	1	4	2	3	/
2016	1	7	1	1	/
2017	1	1	9		/
2018	1	5	4	3	4

（3）带领学生参加文化带项目，服务北京文化中心建设

2016年，市发改委委托北京联合大学应用文理学院、北京学研究基地"北京西山文化带发展规划"项目，以此为契机积极参与到北京文化中心建设任务中，2016—2018年，由人文地理与城乡规划专业教师承担的北京文化带横向项目达到8项（表2）。

表2 人文地理与城乡规划专业教师承担的北京文化带横向项目

序号	年度	北京文化带横向项目名称
1	2016	北京西山文化带发展规划
2	2017	北京西山永定河文化带保护发展规划
3	2017	海淀区西山永定河文化带保护发展规划
4	2017	石景山区西山永定河文化带保护发展规划
5	2018	门头沟区西山永定河文化带保护发展规划
6	2018	大兴区西山永定河文化带保护发展规划
7	2018	延庆区长城文化带保护发展规划
8	2018	丰台区西山永定河文化带保护发展规划

人文地理与城乡规划专业多位老师作为主要参加人积极投身北京文化带项目，并带领本科生参加横向项目，辅导学生申报科技创新项目立项，指导学生参与学科竞赛、撰写科研论文、参加学会会议，大幅度地提高了本科生的实际动手能力和知识应用水平。

①指导毕业论文。教师们积极参与西山永定河文化带项目，并将自己对课题的思考设计成毕业论文题目（表3）。

表3　应用文理学院各专业以西山永定河文化带为题目的2018届毕业论文数量

专　　业	以西山永定河文化带为题目的2018届毕业论文数量	占总数量的比例
地理信息科学	3	16.67%
人文地理与城乡规划	9	50.00%
汉语	1	5.55%
历史	3	16.67%
新闻	2	11.11%
共计	18	100.00%

②申报科技创新项目立项

应用文理学院各系很多教师参与"北京西山文化带发展规划"项目，并带领本科生和研究生承担该项目的子课题，学生将自己承担的科研工作申报科技创新项目立项，人文地理与城乡规划专业关于西山的启明星立项有2项，其中国家级1项，校级1项；北京联合大学应用文科综合实验教学中心创新性实验项目3项，其中重点项目1项；导师制下的本科生科研素养提升计划项目4项。

③指导学生撰写科研论文，并参加学术会议

2018年8月28—30日，由中国地理学会主办，陕西师范大学地理科学与旅游学院承办的2018年中国地理学大会"乡村振兴与城乡融合发展"分会场，我校人文地理与城乡规划专业2015级余煌同学以《乡村振兴战略下京西古道沿线乡村发展的策略与路径研究》做学术报告（图2），得到与会专家和学者的一致肯定。

图2　人文地理与城乡规划专业本科生参加2018年中国地理学大会并做学术报告

论应用型大学的"学科+文化"建设

朱建邦❶

【摘要】应用型大学的"学科+文化"建设是一个系统工程，需要以大学文化建设为基础，学科文化建设为条件，教师文化素质建设为手段，从大学领导层的人文精神要求入手，通盘考虑学科专业课程的体系设计中优秀传统文化要素的体现和传承，结合教师群体的人文素养培养等方面，把传统文化的传承同学科知识的传授联系起来，从战略高度将"学科+文化"工作列入高校工作的整体规划，从而不断促进学科教育与文化传承的一体化。

【关键词】学科；文化；建设

大学，作为知识性社会组织，在历史的场域中，持续不断地以学术理性与创新精神在社会公共空间中发挥着独特的批判与监督功能，保持大学学科建设的良性运行和发展，要时刻警惕大学的传统文化萎靡，可以说没有传统，就没有学科，亦没有文化。

文化是知识和价值的历史沉淀，一流大学一流学科的建设需重视学科传统、内在品质的积累，学科本身即在文化之中，每所大学都有基本相同的学科，但学科的发展历程不尽相同，在此基础上逐步形成自己的大学文化[1]。学科与文化两者范畴叠合，相融相通，建设好学科，在学科建设中增加文化内涵，需要三个条件：大学文化建设、学科文化建设、教师文化素质建设。

1. 大学文化建设是基础

大学文化是大学在长期办学实践的基础上，经过历史的积淀、自身的努力和外部环境的影响，逐步形成的一种独特的社会文化形态。它以大学为主体，以知识及其学科（专业）为基础，主要凝聚在大学拥有的深厚的文化底蕴之中，是大学精神文化、物质文化、制度文化和环境文化的总和，是大学作为人类社会知识权威的文化基础，是人类先进文化的重要组成部分。

（1）自由民主的人文精神是大学文化价值的核心。大学文化的真核是自由和宽松的环境，是"为了保证知识的正确与准确"，学科的探索、知识的生产需要自由宽松的环境，不为外部制度和权力所约束，不是庸俗地追求"政绩"的

---

❶ 朱建邦（1964—），北京联合大学副教授，研究方向为公共管理。

功利性的行政指标。

大学是人们可以为了自由探索真理而蔑视一切想剥夺这种自由的人的地方[2]。在知识探究实践中，要确保人类对真理的追求过程具有理性、批判性，进而获得科学真理，这就需要对学科探索活动提供独立场域，赋予学科研究以自由权力。学科自由发展的途径本应不受任何外在压力的野蛮干涉，轻率地割裂或中断底蕴深厚的学科传统的形成，如取消专业、停止招生等，以非文化范畴的手段割离或生硬改变原来的学科生态系统，难以形成稳定学科的意义系统，不利于推动学科的创新与发展，更无从谈起学科文化的积淀和建设。

《大学》开篇所言"大学之道，在明明德，在亲民，在止于至善"，被视为古代思想家的"大学"三纲，体现了中国古代教育为教、为学、为人的"大学"理念，显示了一种强烈的人文意识和人文精神。

蔡元培在《教育独立议》中指出："教育是帮助被教育的人，给他能发展自己的能力，完成他的人格，于人类文化上尽一分子的责任；不是把被教育的人，造成一种特别器具，给抱有他种目的的人去应用的。"

习近平总书记在全国高校思想政治工作会议上强调，要用好课堂教学这个主渠道，各类课程都要与思想政治理论课同向同行，形成协同效应。以学科为载体，加强文化育人功能，教师应主动提高自身文化修养，以润物无声、育化无形的方式在学科教育中渗透文化，尤其是中华优秀传统文化教育。

马克斯·韦伯称发生在西方国家从宗教社会向世俗社会的现代性转型（理性化）中"对世界的一体化宗教性统治与解释的解体"为"世界的祛魅"（the disenchantment of the world）。自世界"祛魅"以后，世界进入"诸神纷争"（价值多元化）时期：对世界的解释日趋多样与分裂，社会活动的各个领域逐渐分立自治，而不再笼罩在统一的宗教权威之下。如今高等教育"文化祛魅"日趋严重，只有以文化心态、文化观念与文化信念成为文化自觉，才可能意识到"祛魅"的残酷和不足，对大学文化"祛魅"进行再次反思，意识到"魅"其实也是自然而然的一种朴实，而"复魅"后的大学文化，则与"祛魅"前有所不同，可以实现大学文化向自身的回归，成为一种精神力量，支持大学从追求行政指标的行政化严重的组织重新回归到具有深厚历史传统与文化底蕴的文化组织，这一过程是一个大学的文化自觉的必需。

（2）有文化传承的领导层是大学人文精神的关键。改革开放四十年，尽管中国的高等教育总在时代的风雨中坚守着大学的文化价值，调整着自己的文化航向，但大学人文精神滑坡现象依然令人担忧。大学领导层的文化素质及对大学文化建设的态度决定着"学科+文化"建设的可能性和可持续性。具有文化修养的领导层，能够切实地认识"学科+文化"在学校整体工作中的地位和作用，因此在学校工作整体规划中，"学科+文化"建设就被确定为一项重要的工作，但这只是做好"学科+文化"建设的一个前提。

2. 学科文化建设是条件

20 世纪 90 年代中期以来，中国高校所开展的文化素质教育是教育部提高大学生人文精神的重要途径。作为以提高大学生人文素质为主要宗旨的文化素质教育，大部分高校主要由教务处以公共选修课的形式组织实施。但由于这是在未触动现有教育理念、内容和方法前提下的一项工作，因此，教育实践中，人们多将文化素质教育简单理解为增加人文领域各门学科知识教学的"补课"。其结果是学生的负担加重，人文素质教育目标未能有效实现。[4]

（1）学科的文化建设是"学科+文化"的突破口。文化意味着共同体的精神生活，文化素质教育虽不忽视知识的重要性，或对知识进行逻辑的阐述，但强调关注知识背后的文化背景、文化根源与价值理性。从教育理念上看，文化素质教育不是将知识的保存、传递和创新作为教育的目的，而是作为教育的手段，通过文化育人来培养全面发展的人。从教育内容看，文化素质教育意味着以人文精神来认识人文科学与自然科学知识，并在教学中实现知识与文化精神的相互交融。

英国学者斯诺把文化分为科学文化和人文文化，这实际上就是两种学科文化。科学文化主要指自然科学领域（如物理学、数学）的文化，其精髓是客观、求实、理性的科学精神；人文文化主要指历史学、社会学、法律学等领域的文化，其核心是"以人为本"，关注人的身心和个性的全面发展，体现对人本身终极关怀的人文精神。

学科文化建设是大学突破传统格局、不断创新发展的源泉所在。自由、宽容、民主同样是一流学科文化的基因特质，需要根据文化特性及学科文化构成，从学科人才梯队、学术生态环境、教学科研条件、治学态度与精神以及学科管理制度等方面遵循学科发展规律，通盘安排学科文化建设各项内容。[5]

（2）先进的教育理念是"学科+文化"的指引。先进的教育理念需要大学的教育活动来实践和体现，"学科+文化"是实践大学办学理念的主要途径，是联接大学理念与培养目标的桥梁。科学作为人类的一种文化活动，强调的是从整个人类文化的背景中来认识科学，从知识的内在联系中来理解科学，"学科+文化"正是强调了这种内在联系，从凝练专业方向、优化课程体系、丰富课程内容、学科竞赛开展、实验实践项目、教学案例、教材开发等方面用创新的方法解决其中的关联问题。同时，应特别注意避免出现学科文化建设中的"格雷欣法则"现象。[6]

美国学者克拉克认为，高等教育是由产生知识的群体以特定的方式构成的学术组织，它既是社会结构又是文化存在，而学科文化正是其组织结构特质和基本内在要素。学科文化既包括学术传统、价值理念、群体风范等精神层面，也包括学科理论体系、技术专长、论文著作等物质层面。离开文化的学科，其发展生命力是有限的；没有文化的沉淀，也不可能形成真正高水平的学科。因此，文化素质教育应当揭示科学中的人文内涵和创新理念，使受教育者了解人类创造科学的知识文化背景，以及这一鲜活的创造过程的科学文化教育，是对科学精神和创新精神最深邃的把握。

（3）学科的教学过程是进行"学科+文化"建设的主渠道。长期以来我们总是不能把传统文化的传承同学科知识的传授联系起来，相反又总是认为它们之间处在一个相互干扰的背景中，因此，把二者界限分明地划分为学校和工作两个部分，在时间上也界定为课内和课外。正因为如此，以往大学的文化建设始终处于消闲的层次上（因为没有知识的参与），也使学科文化建设无法充分发挥塑造人的精神素质的作用。大学教育是教书育人，教书和育人绝不能截然分开，甚至对立起来。学科的教学活动作为学校工作最重要的内容，在传授知识的同时，必须进行文化教育，一方面要对所讲授的知识进行文化意义的扩展，另一方面要对知识的学理内容进行文化提升，只有这样才能够使文化建设在学科的教学中得以实施，这是进行学科加文化建设的导向。[7] 只有在教学的主渠道中贯彻学科加文化建设的内容，才能使学科文化建设深入人心，才能使学生自觉地参与其中。同时，这也是"学科+文化"建设的基础，单纯地就文化讲文化是一种空洞的文化建设，只有通过学科的知识传授进行文化意义的扩展和在对学科知识的讲授中对学理内容进行文化提升，才能够使"学科+文化"建设有知识的基础，使文化脱离空洞走向实在，学生们也才更易于接受。所以，通过课堂进行的文化建设是一种持重而严肃的文化，知识特性显得突出，是对学科文化格调、品位的一种规定。

3. 教师文化素质建设是手段

作为教育目标实现的基本主体，教师是实现大学文化价值的途径。我国教师文化素质教育与世界发达国家比较而言，还有较大差距，当前我国教师文化素质教育建设仍然远远不能适应建设创新型国家的要求，努力提高教师的文化素质势在必行。要搞好"学科+文化"建设，必须首先提高教师文化修养，只有首先在教师队伍中形成文化氛围，才有可能在学校各项工作中推行"学科+文化"建设的目标，"学科+文化"建设与教师本身的文化素质有着不可分割的联系。[8] 他们对于学科教育的理解所浸注的文化内容，无不与他们自身的文化修养互为因果。

如果说文化是人类认识世界和改造世界独特的方式，其基本功能在于引导人与塑造人，那么学科教育作为高校传播传承优秀传统文化的手段之一，其意义在于把具有灌输性特征的教育转化为教育目标明确的"学科+"氛围，通过文化的熏陶，使人文知识转化为受教育者的内在的人文精神。因此，"学科+文化"的理论与实践是人文素质教育系统中的重要教学环节，也应当同基础课、专业课和公共课程一样有科学、完整的体系。教师文化素质建设是其中一个重要的抓手。

（1）加强师德培养，建设德高为范的教师队伍。教师是高道德含量的职业，教师身为人类灵魂的工程师，担负着塑造人的心灵、品格和思想的职责。重视提高教育教学质量，在很大程度上依赖于教师崇高的敬业精神和乐于奉献的道德品德。而具备了崇高职业道德和敬业精神的教师，会赢得学生的尊敬，会在与学生的接触中感染学生，并对学生形成良好的道德修养起到潜移默化的作用。教师是人类灵魂的工程师，是推进教育创新、全面实施素质教育、落实科教兴国战略的主导力量。崇高美好的师德，是做好教师工作的保证。教师的文化修养对"学科+文化"建设产生最直接的影响，一名教师在知识与学理方面的兴趣、倾向和修炼程度决定着其文化修养的程度和方向。这种人格的魅力，在教学过程中以直接的和潜移默化的方式吸引学生，使他们产生尊重感并作为一种样板，在行为中予以效仿。但是，有了相应的知识也不一定就有相关的文化修养，这是因为文化修养虽然是以知识作为基础形成的，但构成文化修养的绝不是单纯的知识，它还包含着诸如思想品性、道德修养以及对待知识的态度等。因而，那些知识储备比较丰厚的人，不一定就是有文化修养的人，其缺少文化内涵的个人行为使学生在效仿他的举止时对文化的参与和接收产生怀疑甚至误解，因此，教师的文化修养，对于"学科+文化"建设的影响是直接的[9]。

"教师的素质就是学校的素质。"教师文化素质建设要求把施力点放置于如何促进教师在学科建设和教育目标的实现过程中将传统文化知识内化的环节，强调将传统文化知识转化为教师自身内在的人文精神，且体现为思想、情感与行动中的一种文化自觉。高校应采取切实有效的措施，加强教师文化素质建设。围绕"培养什么样的人"和"怎样培养人"这两个根本问题，凝练、弘扬优秀传统文化精髓，积极发挥文化育人的作用，督促教师帮助学生提高文化自觉意识，增强文化自信，健康成长、全面发展。

教师的文化素质是经过长期的自修与积淀形成的，是其知识水平、教学艺术、职业道德修养和人格魅力的综合反映。它来源于教师对诸如文学、历史、美学、教育学等多种人文社会科学知识的融会贯通，也来源于教师对科学文化与人文文化融合的深切体悟，更来源于教师兢兢业业地从事教育工作的实践。文化素质的获得，主观上需要教师加强自身修养，客观上也需要建立一种有效的培养机制，以督促教师提高自身修养。教师要知识渊博，并且需要具有较高的人文素质和健全的人格，只有这样才能满足众多学生多方面的探究兴趣和发展需要。

教师的文化素养是一种综合的心理特征，是教师在拥有一定文化知识并加以内化的基础上形成的。教师在人才培养中占主导地位，学生文化素质的高低，在很大程度上取决于教师的文化素养。教师必须具备宽泛的文化基础知识，深厚的专业知识，以及扎实的理论功底。扎实博学的专业知识是教师胜任岗位的基本保证。[10]教师只有完整、系统、扎实、精深地掌握学科专业知识，才能在教学中通观全局，引导学生学习学科知识，才能根据不同对象和内容选择最为合适的教学方法。

（2）关注教师的文化修养，涵养教师队伍的人文情怀。教师的文化意识在教学过程的渗透，对学生文化素质的形成具有导向作用。在学校工作中，教师是与学生接触最多和最为频繁的，因而教师的个人情趣、文化修养等对学生的影响很大。学生对具有文化内涵的教师普遍表现出一种崇拜的心理倾向，教师的一举一动都在他们心里留下印记，因而教师的文化修养就有了特殊的导向作用。学生因对某教师文化内涵的敬重而对其所教课程产生兴趣已不乏实例。而在教师进行课程教学时，对其知识进行文化拓展的基本范畴也往往成为学生的兴趣点。在长期的接触和教学中，这些兴趣、文化修养逐渐变成爱好，专注于爱好之后又自然形成学生文化修养的特点。因而，出于同一师门的学生在许多方面都有一致或相似、相像的地方，其原因就在于此。

相反的一面是没有文化修养的教师的负面引导作用也是自然的，因为他的知识获得学生们的认可，使他缺乏文化的本质被知识所掩盖，学生们在学习他的知识的同时，也认同了他没文化的修养，使学生在接受知识的同时，拒绝了文化。无论哪一种情况，教师的文化修养都对学生文化素质的形成具有导向意义。

文化修养高的教师在具体授课和课外活动的组织及指导中能创造性地理解学科教学活动本身的文化意义，使活动中原有的文化意义得到丰富的扩展，使活动在落实学校的具体文化建设的措施时得到充实和提高，当然也就使其效果得到完善。而低文化素质的教师在具体授课和课外活动的组织及指导中，往往从自己特定的文化修养出发，不能充分释放学科知识的文化内涵，会淡化学科教学活动的文化意义，使知识的传授及课外活动都不能完成学科加文化建设的目标。[11]

在"学科+文化"建设中，无论是在课堂教学中对知识的文化扩展，还是对于理性内容进行文化提升，其程度和效果都取决于教师的文化修养。在大学教育教学活动中形成的文化氛围集中体现着教师整体的文化修养。因此，一个高校教师集体普遍的文化修养决定着"学科+文化"建设的状况和发展方向。

参考资料

[1] 刘铁芳. 大学文化建设：何种文化如何建设 [J]. 高等教育研究，2014，35（01）：11-16.

[2] 胡港云. 大学文化自觉及其提升研究 [D]. 长沙：湖南大学，2016.

[3] 宋伟. 社会主义核心价值观融入高校校园文化建设研究 [D]. 郑州：郑州大学，2016.

[4] 陈锡坚. 重视学科文化建设　提升大学核心竞争力 [J]. 中国高教研究，2008（08）：47-49.

[5] 李永清，朱锡，侯海量，等. 学科文化内涵与学科文化建设 [J]. 大学教育，2015

　　（08）：19-21.

[6] 蔡琼，闫爱敏，周玲.大学学科文化建设中"格雷欣法则"现象及消解 [J].辽宁
　　教育研究，2005（07）：6-9.

[7] 王彦雷.高等教育学学科文化建设研究 [D].兰州：兰州大学，2017.

[8] 张希.大学和谐校园与教师文化素养研究 [D].南昌：江西师范大学，2008.

[9] 李曦，朱勋春，隆莉.提高高校教师文化素养的途径和方法 [J].山西医科大学学
　　报（基础医学教育版），2004，6（05）：542-543.

[10] 胡方.文化理性与教师发展：校本教研中的教师文化自觉 [D].重庆：西南大
　　 学，2013.

[11] 闫秀平，陈龙娟.论大学教师文化素质的提高 [J].中国高教研究，2000（04）：
　　 77-78.

继承传统　学贯中西❶

——论中国传统文化与大学英语教学

时娜娜❷

【摘要】作为中华民族的"根"和"魂"，中国传统文化为我们在世界文化激荡中站稳脚跟奠定了坚实的基础，它有助于大学生提升文化素质，形成正确的价值观，提高跨文化交际能力。因而将其融入大学英语教学是必然的选择。针对国内大学英语教学中传统文化普遍缺失的现状，笔者从四个方面探讨了解决措施，即高校教师要努力提高个人的文化素养；在教学中转变教学理念和教学目标；运用恰当的教学法，在中西文化的比较和互补中提升学生跨文化交际的能力；培养大学生对本土文化的认同感，建立文化平等交流的意识。

【关键词】中国传统文化；大学英语；文化素质；跨文化交际；文化平等

1. 引言

文化是特定时期人们生产生活方式、集体人格与社会精神价值的集中体现，传承性是其最大的特性。而语言是文化的重要载体和有效组成部分，也是文化传承的一种重要方式。中华传统文化历史悠久，博大精深，但在大学英语教学中它处于一种被边缘化的境地。为何要把它引入到英语教学中？怎样才能在教学中实现中西文化的对比、互补和融合？只有深入探讨和研究以上问题，才能更好地继承和发扬中华传统文化，使其获得丰富以及创新性转化和发展。

2. 中国传统文化在大学英语教学中的现状

美国语言学家 Sapir（1921）在《语言》一书中指出："语言背后是有东西的，而且语言不能离开文化而存在。"❸ 同样，美国语言学家 Lado（1957）曾指

---

❶ 项目来源：北京联合大学 2018 年度校级教育教学研究与改革项目（一般项目）"大学英语'课程+文化'融合教学模式探究"（编号：JJ2018Y002）。

❷ 时娜娜（1977—），女，文学硕士，北京联合大学应用文理学院基础教学部讲师，从事大学公共英语教学，研究方向为英语教学、英美文学。

❸ Sapir E.. Language：An Introduction to the Study of Speech ［M］. New York：Harcourt, Brace and Company, 1921：45.

出："如果不能很好地掌握文化背景，语言是学不好的。"❶ 由此可见，语言和文化共生共存，密不可分。从 20 世纪 80 年代开始，"文化教学"的理念就已经出现在国内的大学英语教学中，强调在培养学生语言技能的同时也要注重培养他们的跨文化交际能力。但目前国内英语教学的实际情况是：由于传统的英语教材中缺乏中国文化元素，很多英语教师的传统文化底蕴不足，教学中过多注重目的语文化的输入和语言技能的培养，忽视母语文化教育，使得英语学习者只是知识单一地学习英语国家文化，出现厚此薄彼或顾此失彼的情况，中国传统文化陷入被忽视和被冷落的境地，中西方文化失衡非常明显。这一现象和问题已经引发国内众多专家和学者的关注。2000 年从丛教授曾提出"中国文化失语"的概念❷。他指出很多英语学习者在中西方文化交流和碰撞的过程中无法用英文熟练地表达母语文化，英语教学中对中国传统文化的介绍更是稀少。而后崔刚（2009）、万琼（2011）、李征娅（2013）、彭晓燕（2013）（44 页）、张琨和孙胜海（2015）相继对英语教学中存在的"中国文化缺失"问题进行了不同程度的探讨研究，并提出了各种解决途径和对策。

3. 中国传统文化渗透到大学英语教学中的必要性

3.1　中国传统文化融入大学英语教学是时代的呼唤

中华文化源远流长，积淀着中华民族最深层的精神追求，代表着中华民族独特的精神标识，为中华民族的生生不息、发展壮大提供了丰厚滋养❸。关于它的重要性，习近平总书记曾指出："中华优秀传统已经成为中华民族的基因，植根在中国人内心，潜移默化影响着中国人的思想方式和行为方式……我们决不可抛弃中华民族的优秀传统文化，恰恰相反，我们要很好地传承和弘扬，因为它是中华民族的'根'和'魂'，丢了这个'根'和'魂'，就没有了根基。"❹ 由此可见，中华传统文化具有先进性，能推动中华文化发展、社会文明进步，我们必须继承并将其发扬光大。

随着全球化进程的推进，世界各国之间的交流日渐增多。在这个大发展、大变革、大调整的时代，要保持民族文化精神的主体性，需要继承和发扬博大精深的中华优秀传统文化，自觉地保持中华民族的精神命脉，为我们在世界文化激荡中站稳脚跟奠定坚实的基础。同时，要实现中华民族的伟大复兴，需要以中华文化的发展繁荣为条件，大力弘扬中华传统文化。因此作为高校的基础课程，大学

---

❶ Lado R.. Linguistics Across Culure［M］. Ann Arbor：University of Michigan Press，1957：24.

❷ 从丛. "中国文化失语"：我国英语教学的缺陷［N］. 光明日报，2000-10-19.

❸ 习近平. 把培育和弘扬社会主义核心价值观作为凝魂聚气强基固本的基本工程［N］. 人民日报，2014-2-26（1）.

❹ 中共中央文献研究室. 习近平关于实现中华民族伟大复兴的中国梦论述摘编［M］. 北京：中央文献出版社，2013：42.

英语需要融入中国传统文化，使大学生加强他们对母语文化的鉴赏能力，从而深刻理解母语和目的语文化；同时有助于增强大学生的民族自信心、自豪感和自尊心，使他们能正确对待西方文化的冲击，辩证地看待中西文化的差异，避免盲目地崇拜外来文化。

3.2 将中国传统文化引入大学英语教学可以提升大学生的文化素养，有利于他们形成正确的价值观

1995 年国家教育行政部门就提出要加强大学生文化素质教育，强调文化素质教育的主要内容为文、史、哲的基本知识，艺术的基本修养，我国当代和世界优秀文化成果；强调对文科生要加强自然科学教育，文化素质教育要渗透专业教育之中；注重实践性，将传授知识、培养能力和提高素质融为一体。2014 年 10 月习近平在主持召开的文艺工作座谈会上指出："中华优秀传统文化是中华民族的精神命脉，是涵养社会主义核心价值观的重要源泉。"❶ 中华民族悠久的历史造就了其灿烂辉煌的传统文化，成为中华民族的独特标识。汲取传统文化的思想精华和道德精髓，有助于培育大学生以集体主义和爱国主义为核心的民族精神，培养他们重责任担当、重实用理性、重内在超越、崇尚和平和正义、讲仁爱和求大同的时代价值观；传统文化中关于道德的理论阐述有助于学生深化各种做人做事的观念；古典文学和书画艺术则会培养学生的审美情趣和提高其文化鉴赏力。

为了不断提高当代大学生的综合素质，大学英语课程要向他们宣传中国优秀传统文化，进一步完善他们的知识结构，发挥传统文化的"教化"作用，滋养他们的心智，净化他们的心灵，提高他们的文化素养、文化品位和审美情操。

3.3 将中国传统文化引入大学英语教学有助于培养大学生的跨文化交际能力

要让学习者深入掌握英语语言知识和技能，大学英语教学中必不可少地要引入西方文化，让学生学习相关的文化背景；但如果不渗透中华文化，就没有中西文化的对比，学习者也不可能客观地对两种文化进行鉴赏和评判，从而形成盲目地崇洋媚外，无法抵制西方文化的冲击，导致学习者民族自尊心和自信心不强；同时在全球化趋势下，"用英语传播本国文化是当务之急"。❷ 换句话说，作为英语学习者，大学生也要向国外输出和传播本国文化。但如果英语教学对中国文化及其表达方式的传授没有给予足够的重视，学生在不了解中国传统文化的情况下，就不能有效、适时地表达本国文化，在跨文化交际中就会处于被动交流的地位。

---

❶ 习近平. 坚持以人民为中心的创作导向，创作更多无愧于时代的优秀作品 [N]. 人民日报，2014-10-16 (1).

❷ 文秋芳. 在英语通用语背景下重新认识语言与文化的关系 [J]. 外语教学理论与研究. 2016, (2)：1-7.

由于中西方文化在很多方面都存在巨大的差异，随着全球化的加速发展，跨文化交际显得越发重要。因而，大学英语教师要在课程中适当地渗透中国传统文化，促进学生能学贯中西，传承并能有效地传播中国文化，做到跨文化交流中文化的互补和融合，使学生发展成为知识、能力、素质兼备的全方面应用型人才，从而创新文化"走出去"的模式，增强中华文化的国际竞争力和影响力，提升国家软实力。

4. 如何将中国传统文化与大学英语教学有机地结合在一起

为加强当代大学生对中华传统文化的鉴赏、认同和传承，将它引入英语教学，从而培养学贯中西的人才，笔者认为可以从以下四个方面进行尝试：

4.1　高校英语教师要不断充实自己，努力提高个人的文化素质

在多文化语境下，高校教师既是多元文化的理解者，又是本土文化的传授者，还是多元文化教育环境的创造者。❶ 由此可见，在中西文化结合方面，英语教师在课堂上发挥着至关重要的作用，他所传授的知识会成为学生学习的基础和标杆。但是目前许多英语教师对中国传统文化了解甚少，国学功底不足。由于当前国内英语教学以课堂授课为主，作为文化传递的载体，英语老师自己首先需要认识到中华传统文化的重要性，并能自觉地深入并系统地学习和研究中国传统文化，提升自己在中西文化两方面的业务素质。只有具备了丰富的传统文化储备，英语教师才能结合授课内容恰当地引入中国传统文化，在教学中做到中西文化融会贯通，更好地担当起文化教育者的重任，确保文化教育的可持续性发展。

4.2　高校教师要转变教学理念和教学目标，实现中西方文化输入的平衡性

国内高校传统的英语教学中过多地强调目的语，"词汇和语法的学习是英语教学的主线，文化教学处于从属地位，而且以单向的目的语的文化输入为主"❷。为了防止学生中式英语的出现，刻意避免母语的干扰，更是忽略本国传统文化在课堂上的传播。同时，应试教育的弊端使得高校英语教学将过多的精力和人力投入提高考试成绩和大学英语四、六级通过率上，导致英语教师过分注重学生语言应试技能的培养，学生则把学习重点放在背诵单词和完成试题上，而他们的实际交流能力没得到实质的提高。总之，这种教学理念和目标使学生单一地获取英语语言知识和英美文化，课上接触到中国传统文化因素寥寥无几，因而渐渐疏离了内涵渊博的中国文化，导致他们本族语文化的表达能力明显弱于目的语文化的表达能力，在跨文化交际中处于被动的地位。针对以上问题和现象，高校英语教师需要改变教学理念和目标，把提高大学生的文化素质和实际交流能力作为英语教

---

❶　沈银珍. 多元文化与当代英语教学 [M]. 杭州：浙江大学出版社，2006：53-59.
❷　陈子欣. 大学英语四六级考试中以翻译为载体的中国文化测试对大学英语教学的潜在影响 [J]. 海外英语，2016（6）：105-106.

学的重点。

4.3 运用对比和归纳教学法，实现中西文化的比较和互补，提升学生跨文化交际的能力

笔者认为，英语教师需要在备课和授课中有针对性地引进中华传统文化。一方面，教师可以在英语阅读教学中结合授课内容将中西方文化加以对比，使学生更清晰地了解它们的异同。譬如《大学英语》第三册第五单元 A 篇 *The ABCs of the U.S.A.*：*America Seen with European Eyes*，作者从 26 个方面向读者展示了美国人在外国人眼中的特殊之处，其中不少涉及美国文化元素，如饮食（早餐和垃圾食品等）、个人梦想抱负、宗教、勤奋、英雄主义和社会规范等。作为对比研究，英语教师可以引入中国的饮食文化，指导学生课上分组讨论，从饮食观念、饮食对象和用餐礼仪等方面比较和归纳中美两国的差异。例如在饮食观念上，美国作为一个多民族的移民国家，其饮食文化具有很大的包容性。美国人更看重食物的营养成分和搭配，以保证满足身体营养的需要，因而对于食物的色泽、香味和外观不太讲究，也不过分追求烹饪手法。相比之下，中国人对饭菜的色、香、味要求较高，强调烹饪中各种味道的有机结合。同时在食物上，由于美国长期以来以畜牧业为主，日常饮食中肉类较多，植物性的食物相对少；而在中国，日常饮食以素食为主，这主要包括五谷和蔬菜，其种类也远远胜过美国人的素食。借助这种对比研究，既加深了学生对西方文化的理解，又能让他们深刻了解本国文化，更能提高他们用英语表达本国文化的能力。

4.4 培养大学生对本土文化的认同感，建立文化平等交流的意识

曾宏伟教授（2005）指出，由于在许多场合下中国民族文化的不在场或声音微弱，西方文化逐渐渗入中国文化的整个肌体，显示他者殖民——西方文化对中国强行殖民，而后是自我殖民——中国文化在无意识之中已接受了西方文化的一切并自觉维护后者的利益。由于媒体和教育领域对中国传统文化的宣传力度不够，许多大学生在没有吸收西方文化精华并去其糟粕的情况下，采用盲目地崇拜并完全接受的做法，同时又不敢表达自己的文化内容，从而丧失了民族自尊心和自信心。

针对以上问题，在英语教学实践中教师要善于引导学生更多地接触并了解本土文化，从而形成正确的文化价值观和认识。譬如在《大学体验英语》第二册第一单元 *Oxford University* 这篇短文中，作者介绍了这所久负盛名的学府的历史、院系设置、导师制度、奖学金和助学金项目、教学成就及办学目标使命等。授课前老师可以给学生布置作业，收集关于本国知名学府如清华大学或北京大学的相关情况。从调研中学生能了解到这两所著名的综合性、研究型大学拥有的悠久历史，在人才培养、科学研究、社会服务、文化传承创新、国际合作交流等方面都取得了长足进展，正努力实现建设世界一流大学的长远目标。同时，借助网络可

以得知，2019 年世界大学排名显示中国共有 65 所高校上榜，其中清华大学全球排名第 17 名（2017 年为第 25 名），是中国排名最高的学府，超过了英国爱丁堡大学（第 18 名）和东京大学（第 23 名）；而北京大学排名全球第 30 名，比 2017 年提高 8 名。由此学生能更客观地认识本国大学教育的现状和取得的成就，并对它们产生足够的自信心和自豪感，而不是盲目认为国外教育就是最佳选择。

5. 结语

美国语言学家 Claire Kransch 曾指出："对外国文化的理解必须把文化放在本民族文化的对比中进行，语言教学中的文化切入包含着对目的语以及母语的再认识。"❶ 由此可见，在对外文化交流中我们既要吸收和借鉴外来文化，也要继承和传播母语文化。习近平总书记曾指出："只有坚持从历史走向未来，从延续民族文化血脉中开拓前进，我们才能做好今天的事业。"❷ 作为高校的一门基础课程，大学英语在培养学生英语语言知识和能力的同时，必须弘扬并大力发展中国传统文化，使大学生能学贯中西，在跨文化交际中承担起传统文化传播者的重任，树立起文化自信的观念，为理论自信、道路自信与制度自信奠定深厚的思想基础，从而实现中华民族复兴的伟业。

参考资料

[1] 崔刚. 大学英语英语教学中中国文化的渗透 [J]. 中国大学教学，2009（3）：86-89.

[2] 万琼. 从课堂观察大学英语教学中的中国文化渗透 [J]. 湖北师范学院学报，2011（4）：140-142.

[3] 李征娅. 伦大学英语教学中的中国文化渗透 [J]. 中国成人教育，2013（3）：101-103.

[4] 张琨，孙胜海."中国文化失语"现象对大学英语教材编写的启示 [J]. 内蒙古师范大学学报（教育科学版），2013（7）：105-107.

[5] 张建云. 中国优秀传统文化的根本精神及其时代价值 [J]. 求索，2017（8）：180-187.

[6] 谢中清. 大学生中国传统文化素质的培养 [J]. 江西社会科学，2016（1）：252-256.

[7] 曾宏伟. 大学英语教学与中国文化教育 [J]. 中国大学教学，2005（4）：50-51，59.

---

❶ Claire Kransch. Context and Culture in Language Teaching [M]. Oxford, England：Oxford University Press, 1993：47.

❷ 习近平. 在纪念孔子诞辰 2565 周年国际学术研讨会暨国际儒学联合会第五届会员大会开幕会上的讲话 [N]. 人民日报，2014-9-25（1）.

中国优秀传统文化融入高校教育的探讨❶

时娜娜❷

【摘要】中国五千年传统文化历史悠久，具有鲜明的民族特色，内涵博大精深，是中华民族的"根"与"魂"。它与高校教育的融合不但是时代的要求，而且是高校培育人才的要求。为了将两者有效地在结合一起，高校教师需要不断充实自己，努力提升个人的文化素质，提高传播中国传统文化的意识和观念；高校要改革课程设置，重视传统文化教育；指导学生课外进行海量阅读；营造良好的校园文化氛围，为大学生学习传统文化创造有益的环境。

【关键词】中国优秀传统文化；高校教育；文化素质教育

1. 引言

文化是一种社会现象，也是一种历史现象，是社会历史的积淀物。具体来说，文化是指能够被传承下来的国家或民族的历史、地理、风土人情、传统习俗、生活方式、文学艺术、行为规范、思维方式、价值观念等，是人类之间进行交流的、普遍认可的一种能够传承的意识形态。而中华文化源远流长，积淀着中华民族最深层的精神追求，代表着中华民族独特的精神标识，为中华民族的生生不息、发展壮大提供了丰厚滋养❸。中国优秀传统文化对于高校育人有何重要意义、怎么才能将传统文化有效地渗透到其中，并发挥其提升大学生文化素养的积极作用，这是高校需要深入思考和探讨的问题。

2. 高校教育引入中国优秀传统文化的重要意义

2.1 将中国优秀传统文化融入高校教育是时代的要求

关于中华优秀传统文化，习近平总书记曾反复强调它的重要性，他指出：

---

❶ 项目来源：北京联合大学 2018 年度校级教育教学研究与改革项目（一般项目）：大学英语"课程+文化"融合教学模式探究（编号：JJ2018Y002）。

❷ 时娜娜（1977—），女，文学硕士，北京联合大学应用文理学院基础教学部讲师，从事大学公共英语教学，研究方向为英语教学、英美文学。

❸ 习近平. 把培育和弘扬社会主义核心价值观作为凝魂聚气强基固本的基本工程 [N]. 人民日报，2014-2-26（1）.

"民族文化是一个民族区别于其他民族的独特标识。"❶ "中华优秀传统已经成为中华民族的基因，植根在中国人内心，潜移默化影响着中国人的思想方式和行为方式……我们决不可抛弃中华民族的优秀传统文化，恰恰相反，我们要很好地传承和弘扬，因为它是中华民族的'根'和'魂'，丢了这个'根'和'魂'，就没有了根基。"❷ 2014 年 10 月习近平在主持召开的文艺工作座谈会上还指出："中华优秀传统文化是中华民族的精神命脉，是涵养社会主义核心价值观的重要源泉。"❸ 同时国内也有学者认为，它是"滋养心智、净化心灵、寄托灵魂、激发民族智慧的创新源泉"。❹ 由此可见，优秀传统文化是中国传统文化中具有先进性并能推动中华文化发展、社会文明进步的积极部分，我们必须继承并将其发扬光大。

随着全球化趋势不断深化，各国之间的交流变得更加频繁，人类社会正处在一个大发展、大变革、大调整的时代。在这种大趋势之下，要保持民族文化精神的主体性，为社会主义现代化建设提供民族生命力的精神支柱、民族凝聚力的精神纽带，将成为关系到中华民族复兴成败的关键问题。继承和发扬博大精深的中华优秀传统文化，自觉地保持中华民族的精神命脉，才能为我们在世界文化激荡中站稳脚跟奠定坚实的基础。因此作为一种功能独特的文化机构，高校需要在其课程中渗透中国优秀传统文化，让当代大学生尽可能多地接触到中华文化，加强他们对母语文化的鉴赏能力，增强客观评价一种文化的能力；同时增强学生的民族自信心和自尊心，使他们能正确对待西方外来文化的冲击，辩证地看待中西文化差异，在汲取外来文化精髓和优点的同时，发扬中华传统文化，避免盲目地崇拜甚至全盘接受外来文化。

2.2 将中国优秀传统文化引入高校是培育人才的要求

习近平总书记在听取清华大学工作汇报后曾指出，要坚持理想信念教育为核心，以爱国主义教育为重点，以思想道德建设为基础，以大学生全面发展为目标，不断提高广大学生的思想政治素质和科学文化素质。而中华优秀文化传统在高校文化素质教育中能够发挥至关重要的作用。由此可见，高校教育要以科学发展观为指导，以德育为先，坚持科学教育与人文素质教育相结合，这样才能使得高校毕业生既成人又成才。

谢中清（2016）在"大学生中国传统文化素质的培养"课题组随机调查的

---

❶ 习近平. 完善和发展中国特色社会主义制度推进国家治理体系和治理能力现代化 [N]. 人民日报，2014-2-28（1）.

❷ 中共中央文献研究室. 习近平关于实现中华民族伟大复兴的中国梦论述摘编 [M]. 北京：中央文献出版社，2013：42.

❸ 习近平. 坚持以人民为中心的创作导向，创作更多无愧于时代的优秀作品 [N]. 人民日报，2014-10-16（1）.

❹ 刘芳. 中国优秀传统文化：社会主义核心价值观的精神滋养 [J]. 思想理论教育，2015（1）：23.

数据表明，中国传统文化有助于培育大学生以集体主义和爱国主义为核心的民族精神；培养他们健全的人格，实现自我内在的完善和提升，达到人与自然、人与人和人与社会的和谐统一；此外，中华传统文化中关于道德的理论阐述了各种做人做事的观念和规范，则有助于当代大学生形成正确的人生观和世界观；同时，中国古典诗词、优秀的文化作品、书画艺术、戏曲等独特的中国文化元素则会潜移默化地影响着人的思想方式，感染和净化人的心灵，陶冶人的情操，提高人的审美情趣和文化品位，最终有助于提升大学生的综合素质。

为了不断提高当代大学生的综合素质，高等院校要注重文化素质教育，主要通过专业课程和基础课程，向在校大学生宣传并渗透人类优秀文化成果和中国优秀传统文化，提高他们的文化素养、文化品位和审美情操，努力用中华民族的一切精神财富来以文化人，以文育人。

3. 如何有效地将中华优秀传统文化融入高校教育

中国五千年源远流长的传统文化由中华民族及其祖先所创造的，并为中华民族世代所继承发展，具有鲜明的民族特色，内涵博大精深，传统优良。[1] 如果能将其与高校教学融合在一起，不但可以培养和提升当代大学生的人文素养，使他们形成正确地人生观、世界观和价值观，而且有助于继承、发扬和传播中华民族传统文化。如何使两者有效地结合在一起，笔者认为可以从以下四个方面进行尝试：

3.1 高校教师要努力提升个人的文化素质，提高传播中国传统文化的意识和观念

要培养高素质的现代化人才，高校需要有一支高素质的教师队伍。在多元文化语境下，高校教师既是多元文化的理解者，又是本土文化的传授者，还是多元文化教育环境的创造者。[2] 由此可见，高校教师在文化传播和文化教育中发挥着至关重要的作用，教师传授给学生的知识会成为他们学习的基础和标杆，教师的文化素养、思维方式、审美观念、为人处世的方法等也会对学生产生潜移默化的影响。然而，当前一些高校教师自身就缺乏深厚的文化底蕴，这就影响了传统文化在课堂中的传播，阻碍了传统文化教育的推行。针对这种情况，首先教师要自觉地拓宽知识领域，改善自己的知识结构，在课余时间研读文、史、哲方面的书籍，丰富国学功底。对于专业课老师来说，不但要具备渊博的专业知识，而且要努力提升艺术修养和审美能力；文化素质课老师在强调人文情怀的同时也要兼顾理性，这样才能在教学中把专业教育、传统文化和人文素质教育结合在一起。同时，高校应该加大教师在传统文化方面的培训，例如组织定期的传统文化学习

---

❶ 朱筱新. 中国传统文化 [M]. 北京：中国人民大学出版社，2010：2.

❷ 沈银珍. 多元文化与当代英语教学 [M]. 杭州：浙江大学出版社，2006：53-59.

班、交流会、研讨会、讲座、文化竞赛等，增强教师学习传统文化的热情，确保学习的效果。

3.2 高校要改革课程设置，重视传统文化教育

长期以来，高校教育重视专业教育而轻视通识教育，课程中人文学科占的比重很小，导致文科生缺乏理性思维和科学素养，理科生缺乏人文底蕴。1995 年国家教育行政部门就提出要加强大学生文化素质教育，强调文化素质教育的主要内容为文、史、哲的基本知识，艺术的基本修养，我国当代和世界优秀文化成果；强调对文科生要加强自然科学教育，文化素质教育要渗透专业教育之中；注重实践性，将传授知识、培养能力和提高素质融为一体。因而高校需要制定合理的课程体系，将传统文化教育在学科中所占的比重细化；同时，文化教育要开设通识教育课程，使大学生对人类普遍的知识有全面而系统的认识。美国 20 世纪最著名的大学校长和教育家之一罗伯特·M. 赫钦斯曾指出，通识教育既是大学的一种理念，也是一种人才培养模式。其目标是培养"完人"，即具备远大眼光、通融识见、博雅精神和优美情感的人，而不仅仅是某一狭窄专业领域的专精型人才。借助通识教育，大学本科生能发展成为既掌握科学技术、社会和生活的基本知识，又能够进行合理的伦理和价值判断的公民，接受这种教育的学生能够满足社会各种职业对从业者的基本要求。此外，高校还应该开设有关中国古代传统文化的课程，让学生汲取儒、道、释三家文化，确立正确的"三观"和道德意识，提高文化品位和修养，准确把握审美标准，形成正确的审美观。

3.3 指导学生课外学习，扩大学生课外阅读量

谢中清（2016）在研究项目的调查中发现，只有 8% 的人曾多次读过"四书五经"和四大名著，21% 的人看过，看过其中一两本的只有 36%，15% 的人一本也没看过，39.8% 的人不太了解老子、墨子、孟子、荀子等的生平和主要思想。由此可见，当前大学生传统文化普遍缺失已成为一个既定的事实。这也导致许多大学生变得功利和浮躁，诚信意识缺乏，道德失范，社会责任感低，出现沉溺于网络游戏、网络小说、网聊，以此逃避学习和生活压力的现象。针对这种现状，除了依靠教师在课上向学生传授我国传统文化之外，高校需要设法引导和鼓励大学生平时大量涉猎并仔细研读中国文化经典和文学经典，譬如《论语》《大学》《孟子》《诗经》《尚书》《春秋》等，从中汲取精华，获得精神上的感染，培养自己完善的人格，学习各种做人处事的观念和规范，形成正确的人生观和世界观，从而提升人生境界。

3.4 营造良好的校园文化氛围，发挥隐形教育的功能，为大学生学习传统文化创造有益的环境

校园文化是以学生为主体，教师为主导，以课外文化活动为主要内容，涵盖院校领导、教职工在内，以校园精神为主要特征的一种群体文化。校园文化是社

会整体文化的一部分，一般取自该学校的精神文化的含义。它包括校园环境、校园思想、校园学风、校园的文化生活、教育设施、学生社团等。在校园文化中融入中国传统文化必将对学生产生潜移默化的积极影响。譬如，教学楼的楼道、宿舍、食堂、图书馆刻上或张贴历代文人志士的警句名言或诗句，会让学生时时刻刻感受到中国悠远而深厚的历史文化。此外，学生社团可以定期举办各种诗词比赛、古典文学知识竞赛、书法比赛、国画书法展、传统音乐会等，学校广播站在课余时间播放传统文化常识，校报登载各种传统文化信息。这些途径都有助于学生在校园内随处都能感受到传统文化的气息，从而将传统文化元素与校园文化建设紧密地结合在一起。

4. 结语

2014年10月习近平总书记曾指出："中华优秀传统文化是我们最深厚的文化软实力，也是中国特色社会主义植根的文化沃土。"❶ 要实现建设有中国特色社会主义文化的伟大目标，弘扬中华优秀传统文化，并在此基础上形成民族精神尤为重要，这也是高校教育中不可或缺的文化素质教育内容。通过传承和发扬中国传统文化，高校要发挥它的德育作用，提升当代大学生的文化素质，进而培养出有科学知识、文化品位、文化素养和审美情趣的优秀人才。

参考资料

[1] 谢中清. 大学生中国传统文化素质的培养 [J]. 江西社会科学，2016 (1)：252-256.

[2] 罗伯特·M. 赫钦斯. 美国高等教育 [M]. 汪利兵，译. 杭州：浙江教育出版社，2001：33-39.

[3] 习近平. 牢记历史经验历史教训历史警示，为国家治理能力现代化提供有益借鉴 [N]. 人民日报，2014-10-14 (1).

---

❶ 习近平. 牢记历史经验历史教训历史警示，为国家治理能力现代化提供有益借鉴 [N]. 人民日报，2014-10-14 (1).

基于跨文化交际能力培养的大学英语教学策略

迟　红[1]

【摘要】 新颁布的《大学英语教学指南》明确指出大学英语课程作为高校人文教育的一部分，兼有工具性和人文性双重性质。跨文化交际应成为大学英语教学的教学目标，但目前英语教学的各个方面都偏向于语言文化知识的掌握和语言能力的培养，对跨文化交际能力的培养关注较少。鉴于跨文化交际能力内涵丰富，跨文化交际能力培养导向下的大学英语教学可以从教学目标、教学内容、教学方式、课外活动、教学评价等方面进行系统调整。

【关键词】 跨文化交际；大学英语教学；跨文化交际能力培养

1. 背景

全球化环境下，世界各地联系越来越紧密，文化交流变得日益频繁，理解多元文化和提高跨文化交际能力成为个体在世界范围内沟通交流的前提。但是由于英语教育的意义认知及其他因素所限，之前的大学英语教育一直强调英语语言知识的掌握，同时，长期以来国内的应试教育模式使得大学英语教学被理解为英语语言形式（语音、语义、词义）的讲解和传授，而对英语的跨文化交际能力并没有过多强调。随着近年来跨文化交际学的发展，英语教育的跨文化交际意义越来越突出，跨文化交际能力的培养已逐渐成为各高校大学英语教学的基本目标。

新颁布的《大学英语教学指南》明确指出大学英语课程作为高校人文教育的一部分，兼有工具性和人文性双重性质。就工具性而言，大学英语课程是对基础教育阶段英语教学的提升和拓展，主要目的是在高中英语教学的基础上进一步提高学生听、说、读、写、译的能力。大学英语的工具性也体现在专门用途上，学生可以通过学习与专业或未来工作有关的学术英语或职业英语，获得在学术或职业领域进行交流的相关能力。就人文性而言，大学英语课程的重要任务之一是进行跨文化教育。语言和文化是不可分割的，二者相互依存、相互影响。《大学英语教学指南》中要求把跨文化交际作为一门课程单独列出来，并按照办学的三个层次来加以要求，即基础级别的跨文化交际课程以丰富学生中外文化知识、培养学生中外文化差异意识为目的；提高级别的跨文化交际课程帮助学生提升文化

❶　迟红（1968—），女，硕士，北京联合大学副教授。研究方向为英语教学研究、跨文化交际、英美文学等。

和跨文化意识，提高跨文化交际能力；发展级别的跨文化交际课程是通过系统的教学，增强学生的跨文化意识，扩展学生的国际视野，进一步提升学生的语言综合应用能力和跨文化交际能力。

跨文化交际涉及文化差异、文化陌生和文化心理排斥等问题，因此，跨文化交际能力实际是对跨文化交际中相关问题合理解决的能力，大学英语教学中的跨文化能力培养则是指让学生在英语文化语境中以符合对方文化习惯的方式进行交际，因此，跨文化交际能力的培养主要是指语言知识能力、语言技能、语境选择能力、交际者关系判断能力、社会文化知识能力等方面的培养。跨文化交际能力的目标内涵设定意味着大学英语教学必须以此为原则和准线实施有效的教学策略。

2. 理论依据

Gudykunst 和 Kim 提出了跨文化交际能力的三要素理论，包括情感、认知与行为能力。Spitzberg 和 Wiseman 认为，跨文化交际能力由知识、动机、技巧三个因素构成。Kealey 和 Protheroe 认为，跨文化交际的培养目标是：增加认知能力，即意识到文化的多样性；强调情感能力，即交际和适应性；改变行为方式，实现与来自异文化背景的人进行有效交际。而 Martin 与 Nakayama 提出了另一种跨文化交际能力模式，包括知识因素、情感因素、心智活动特征和情境特征四个要素。Byram 则是把跨文化交际能力划分为知识、运用能力、行为与协调能力和态度四个方面。Ruben 将跨文化交际能力分为 7 种要素：一是向对方表示尊敬和对其持积极态度的能力；二是采取描述性、非评价性和非判断性态度的能力；三是最大限度地了解对方的个性的能力；四是移情能力；五是应付不同情景的灵活机动能力；六是轮流交谈的相互交往能力；七是能够容忍新的和含糊不清的情景，并能从容不迫地对其做出反应的能力。

我国对跨文化交际的研究始于 20 世纪 80 年代，许国璋先生于 1982 年首先发表了有关语言与文化的论文，胡文仲于 1998 年出版了《跨文化交际学概论》，接着又有多部专著问世，包括关世杰的《跨文化交流学》、林大津的《跨文化交际研究》以及贾玉新的《跨文化交际学》。高一虹认为"跨文化交际能力指的是进行成功的跨文化交际所需要的能力或素质"。

当今社会迫切需要的是既有专业知识又有跨文化交际能力的人才，然而，"成功的跨文化交际所需要的不仅仅能说一口流利的英语"，更要懂得遵守 Hyme 所说的"语言的使用规则"。我国学者文秋芳先生在综合了前人理论的基础上，把"交际能力"扩展为"跨文化交际能力"（Cross-cultural Competence）。他认为跨文化交际能力包含交际能力和跨文化能力两部分。其中，跨文化能力是指：①对文化差异的敏感性；②对文化差异的宽容性；③处理文化差异的灵活性。这三个组成部分不是独立存在的，它们之间是相辅相成、层层递进的关系。由此我们可以看出，培养跨文化交际能力，必须从低层到高层，循序渐进。

3. 教学目标

教学目标是学科教学的指南针，也体现了学科教学的任务。英语教学目标所强调的内容便是英语教学中需要突出的部分。学科教学的课程安排、教材选择和教学方式都需要基于教学目标的导向来设置。跨文化交际能力培养是英语教学的最终目标，但不是唯一任务。要通过教学目标创新突出跨文化交际能力培养，主要包括两层意思：一是明确跨文化交际能力培养的表达，而不是用其他含糊的说法或者跨文化能力中的部分能力要求来代替，清晰明确的表述有助于突出教学目标；二是将跨文化交际能力的指向具体化。从上述分析可知，跨文化交际能力内涵丰富，包括认知因素、情感因素和行为因素等，对于相关内容的具体化表述，可以使相关内容在教学中得到更多的关注。在大学英语教学目标中，突出跨文化能力培养自然会促进相关能力的培养。

4. 课堂教学方法

大学英语教学本身就是一种跨文化交际实践活动，这种跨文化交际实践主要表现为课堂教学的英语和汉语之间的转换，而这种转换的成功实施关键在于采取合理有效的课堂教学方法，因此，课堂教学方法的调整是大学英语教学中跨文化交际能力培养的重要环节。传统的大学英语课堂教学方法主要是教师对英语语言及文化知识的灌输，课堂教学以教师为主，学生只是被动接受教师传递的各种信息。这样的教学方法旨在培养学生的语言知识能力，而对于培养跨文化交际能力中的语言技能、语境选择能力、交际者关系判断能力等都没有涉及，因此，从跨文化交际能力培养出发，必须不断改革课堂教学方法。

4.1 预设情景

增加学生的跨文化体验，作为非母语国家的学生学习英语的最大困难在于其学习生活的场景都是非英语场景，导致学生缺乏场景体验，因此，在大学英语教学中教师很难对学生语境选择能力、交际者关系等方面的能力进行有效培养。改革传统的课堂教学方法变得迫在眉睫，需要在课堂教学中预设各种各样的交际情境，使学生通过相应的角色扮演（role play）去获得较为真实的交际体验。

4.2 课堂讨论

不同交际场景要运用到不同的社会文化知识，同时为了交际需要，还需要采用一定的语言技巧，才能使交际氛围更加融洽。仅依靠识记能力，并不能完全使学生掌握这些技巧，要使相关语言技能真正成为学生知识结构的一部分，就需要对某些问题追根究底，组织学生对问题进行深入讨论，使学生深入到英语文化场景中，深刻理解各种语言技能的使用，以及语境选择能力等的实际运用。

4.3 增加互动

跨文化交际能力培养的最终目标是使学生在跨文化交际中要有话可说，才能达成交际目的，英语对话训练是大学英语教学方法改革的重要内容，这就需要英语教师调整之前完全由教师讲授的模式，转变成以"学生为中心"的教学模式，使教学活动转变为教师和学生的英语对话，或者学生之间的英语对话，这种对话训练会使学生的语言组织能力、语言技能等方面得到加强。

4.4　文化比较

以汉语为母语的学生在进行跨文化交流时所采用的文化思维往往为中式思维，其行为模式也是中国人可以理解的行为模式，但由于中西方文化差异，汉语和英语蕴含着不同的文化思维，在汉语思维中所认可的行为并不一定能够在英语思维中得到认可，反之亦然。因此，在跨文化交际中，学生只有不断调整自己的文化思维，改变固有的认知习惯，才能在跨文化交流中正确理解对方的意图，教师可以在课堂教学中通过词汇、句式、表达习惯等方面的文化比较，使学生更多地体验这种文化差异，改变认知习惯。另外，随着社会环境的变迁，大学英语课堂教学不再局限于传统的课堂教学理念，互联网等新兴的教学平台也逐渐成为大学英语课堂教学的一部分，同时也形成了微课程、慕课等新的教学形态，以跨文化交际能力培养为目标的大学英语课堂教学方法的改革也需要延展至更多的平台和途径。

5. 教学内容

语言是文化的载体，每种语言都对应着一个文化系统。语言和文化的紧密联系意味着语言学习也是文化的学习。对于英语中文化的掌握关系着社会文化知识、语境选择、交际者关系判断等能力。因此，突出英语文化内容学习应是大学英语教育的努力方向，也是跨文化交际能力培养的必然要求，通过此方面的创新可以有效促进学生英语跨文化能力培养。从目前大学英语教学来看，虽然大学英语教学的人文性逐渐受到重视并纳入指南中，但是在具体教学中，多数高校还仍然是以传授英语语言知识为主，教学模式也是以英语语言知识的学习为目的，英语文化的学习并没有得到足够的重视。虽然在教学中有关话题会涉及历史地理、自然环境、社交礼仪、学校生活等英语文化知识，但是在教学过程中大部分教师对相关文化知识的教学主要是就话题论话题，对于话题背后的文化关联性缺乏探究，使得大学英语文化的教学只限定于浅层次、有限的范围内。社会文化知识是跨文化交际者向另一种语言系统转换的文化基础，也是跨文化交际必须具备的知识能力，若没有相关文化作为支撑，跨文化交际的话题就无法深入或延伸，跨文化交际就无法延续，基于跨文化能力培养的大学英语教学创新必须在内容上突出英语文化。一方面，教师可从课本教材中已有的话题进行纵向或横向的文化知识延展，以有限的话题内容教学使学生掌握更多的英语文化知识，如对于有关英语文化艺术的话题，可由某个具体的艺术人物或者艺术形式拓展至其他同时代人物或同时代其他艺术形式。另一方面，对于英语词汇知识也不能仅仅限定于字面意思的理解，还需要深入发掘词汇背后的文化内涵，要通过词汇文化内涵的发掘扩展文化知识的学习；同时，可以通过不同文化专题向学生列举书单，开设文化专题方面的讲座，扩大学生的阅读面，增加学生对特定方向的知识了解，使学生通过指导性阅读获得更多的文化知识。

6. 课内外结合

课外活动是英语教学的一个有机组成部分，也是英语教学改进的有效途径。相较于英语课堂教学的知识传授，英语课外活动更多的是相关语言知识的应用。英语学习的目的就是交际应用，通过英语课外活动的开展可以有效培养学生的学习积极性，同时也能使学生在语言应用方面的能力得到提升。在这一点上，英语课外活动和跨文化能力的培养目标是一致的。英语课外活动多种多样，做好课内教学和课外教学的结合是课外活动的关键。课外活动的开展主要是形成各种各样的语言环境，这一点与情境模拟有区别也有一致。创设多样化的模拟情境是通过对西方文化中的各种情境进行模拟，使学生足不出户便可感受到西方文化情境。开展各种各样的课外活动不仅包括对西方文化情境的模拟，同时也有对现实各种情境的创新，如各种英语朗读比赛、单词接龙比赛、说英语比赛等，形成了新语言情境。在这些新的情境中，学生需要充分调动自己的知识储备，灵活运用各种语言技巧，有效培养学生的知识应用、情境选择等方面的能力。英语课外活动形式多样，各种形式的课外活动不仅有助于英语听说读写能力的提升，也有助于各种英语跨文化交际能力的培养。虽然当前英语教学中也会开展一些课外活动，但是相较于跨文化交际能力培养的需求而言，现有的英语课外活动在数量上显然是不够的，因此，积极开展英语课外活动也是跨文化能力培养导向下英语创新的应有之举。另外，由于过去语言知识能力培养的教学目标导引下的英语课外活动主要是为学生的语言知识能力提高服务，在活动形式和活动方法上还有一定欠缺，基于跨文化交际能力培养的英语课外活动还需要在形式和方法方面进一步解放思想，灵活创新。

7. 对交际能力考核评估

考核评估有评定、甄选等功能，教学目标是教学评价的依据，教学目标是方针，考核评估是引领。由于之前大学英语教学被视为语言知识学习，大学英语教学的考核评估自然也是相关英语知识技能的掌握，如当前书面考核和听说考核主要是以语言知识和语言能力为主，因此，当前较为强调的写作考核主要是针对语言词汇的连贯性进行考核，而听力考试则是对学习听说能力的考核，各种方式的考核都是以语言知识能力的掌握为依据。当前，大学英语教学评价体系对于语言知识的重视是由于之前英语教学的语言学习定位所致，因此，随着跨文化交际能力培养成为英语教学的主要任务，英语评价考核也要随之进行调整，如此才能与教学目标相呼应，更好地发挥评价的导向、反馈、激励、鉴定等功用。

　　跨文化交际能力内涵丰富，包括语境选择能力、转变思维能力等，从认知、情感到行为，跨文化交际的多样化和多种形态表现意味着在考核评价体系中对各种能力的考核也需要针对性地设置各种评价指标和标准，使各种能力都能得到具体真实的评价。科学合理的评价可以推动跨文化交际能力的培养，相反，笼统宽泛的指标设置不但不能体现教学对跨文化能力培养的真实状况，同时也不能形成真实的信息反馈，必然会影响英语教学中跨文化能力的提升。从跨文化交际能力培养的目标出发，英语教学的评价体系必须进行合理调整，扩展评价内容，使跨文化交际能力的相关能力都成为评价体系的一部分，另外，还要根据跨文化交际能力的不同能力方向，采用灵活的评价方式，使各种能力都能得到合理客观的评价。

　　综上所述，随着社会意识观念进步，有关英语教学的价值意义逐渐清晰，基于英语的世界通用语的特点，培养学生综合英语应用能力成为英语教学的主要目标，英语教学逐渐向跨文化交际教学层次转变。英语教学是一个由教学目标、教学主体、教学方式、教学策略等教育要素构成的系统化机制，跨文化交际能力培养需求下传统英语教学必须要进行系统化创新，才能使英语教学更好地达成跨文化交际的教学目标。

参考资料

[1] 蔡基刚. 压缩大学基础英语，提高语言学习效率——试论重点大学英语课程设置改革 [J]. 外语界，2002 (5).

[2] 蔡基刚. ESP 与我国大学英语教学发展方向 [J]. 外语界，2004 (2).

[3] 丁琼. 英语教学中跨文化交际能力培养 [J]. 河北理工大学学报，2010, 10 (4)

[4] 廖立夏. 大学英语教学模式创新研究——基于跨文化交际的视角 [J]. 淮北职业技术学院学报，2016, 15 (2)：48.

[5] 汪火焰. 基于跨文化交际的大学英语教学模式研究 [D]. 武汉：华中科技大学，2012：80.

[6] 叶蕾蕾，张迎春. 渗透与突破：基于跨文化交际能力培养的大学英语教学模式 [J]. 黑龙江教育学院学报，2013 (7)：163.

大学英语课堂上讲授中华传统文化的方法探究

崔鲜泉●

【摘要】在大力倡导"课程思政"的今天，针对大学英语教学中中华传统文化缺失的现状，非常有必要在大英课堂上讲授中华传统文化。为此本文重点探讨大学英语教师如何采用诸如比较法、翻译法以及互动法等方法讲授中华传统文化，达到激发学生英语学习的兴趣、提高英语学习效率、培养对外汉语教师等目的。

【关键词】大学英语课堂；中华传统文化；比较法；翻译法；互动法

在大力倡导"课程思政"的今天，针对大学英语教学中中华传统文化缺失的现状[1]，作为大学英语教师应该认真思考在大学英语教学中渗透中华传统文化的传授的必要性[2]，并且利用切实可行的教学模式在大学英语课堂上讲授中华传统文化，这是课程+文化的一个重要方面。

目前有不少论文都论述了大学英语教学中中华传统文化缺失的现状，以及在大英教学中渗透中华传统文化的必要性，在此不再赘述。本文的重点放在大学英语课堂上讲授中华传统文化的具体方法上。

1. 比较法

英语作为一门语言，与文化密不可分。在大学英语教学中不可避免会讲授英美文化，以帮助学生对英语课文有更深层次的理解。可以说离开文化的讲授，英语学习就会枯燥无味，会成为无本之木、无源之水。大学英语教学中讲授英美文化时可以很巧妙地渗透中华传统文化的讲授，并将两种文化进行对比，既有利于学生快速掌握英美文化知识，又可以增加大学英语课堂的趣味性，激发学生学习英语的兴趣以及熟悉掌握中华民族优秀的传统文化。大学英语教师讲授的这一内容是跨文化交际的一个重要方面，这样的讲授还拓宽了学生的视野，使得学生能够有机会分辨东西方文化的差异，思索中华传统文化的特别之处、优秀之处。这样就能在今后与国际友人打交道或去国外旅行、求学时做到有的放矢、举重若轻。笔者曾经在英国的孔子学院工作过一段时间，主要的工作内容就是和对外汉语教师一起向当地人传播中华传统文化，向他们讲授初级汉语、剪纸、书法、太

● 崔鲜泉（1970—），女，北京联合大学应用文理学院副教授。主要从事大学英语教学，主要研究方向为英美文学。

极拳、中国功夫、中文歌曲以及中华民族的饮食文化等。当英国孩子在中文歌曲的伴奏下表演军体拳或者用稚嫩的嗓音齐唱中文歌曲时，笔者不禁热泪盈眶，民族自豪感油然而生。目前，全球有四百多所孔子学院，急需一拨又一拨熟练掌握英文、有着丰富中华传统文化知识的汉语老师前往世界各地的孔院赴任，向当地群众传播中华传统文化。为满足这一需求，大学英语教师有责任培养出这样的人才。比较法就是其中比较切实可行的方法之一。

例如，在讲授一篇与圣诞节有关的英语文章时，给学生介绍西方国家过圣诞节的习俗，并且将这些习俗与中国人过春节的习俗相比较，找出它们的共同点，如家人团聚、交换礼物等。同时也比较它们的不同点。例如：西方人过圣诞节会装饰圣诞树，将礼物放在长袜里，圣诞老人发放礼物，圣诞大餐常常有烤鹅等；而中国人过春节时，会贴对联、剪纸，长辈给晚辈红包，放鞭炮，吃饺子等。再比如在讲授旅行的文章时，可以给学生布置作业，比较东西方的著名景点，北京和伦敦相比、黄石国家公园和张家界相比，这种两个地点的比较可以多种多样，由学生自己拟定。因为是自己喜欢的地方，学生会积极主动、充满激情地上网查询资料，力求用地道好听的英文介绍中国的景点，并且将之与西方的景点相比较。这样的比较教学法让学生印象深刻，既学习了西方文化，也掌握了中华传统文化知识。同时，"学以致用"，只有将所学的知识应用到实践当中时，才能真正地掌握知识。中国学生学英语的悲哀是学习了多年英语，依旧张不开口、无法流利地用英文交流。而利用比较法学习东西方文化，可以给学生提供机会用英文来讲述中华传统文化。当耳熟能详诸如对联、红包、吃饺子等的中文表达用英文讲述时，可以将学生过去掌握的知识与新学的知识巧妙地联系起来，激发出学生的兴趣点。在这样的教学模式下，即使以往不爱学习英语的学生也能兴致勃勃地学习用英文来讲述自己熟知的中华传统文化。这样的做法何尝不是一种兴趣教学法？学生往往能够全身心地投入到英语学习当中。不知不觉中学生就能掌握大量的表达中华传统文化的词汇，毕竟这些表达和自己的生活息息相关、实用性强。

2. 翻译法

虽然，这些年一直在批评翻译教学法，可是翻译是语言教学重要的一环。学习英语，一定要过翻译关。学习外语的目的就是沟通交流，无论是口头的交流，还是阅读外文资料，都必须具备一定的翻译水平。大学英语四、六级考试中翻译试题的设立肯定也考虑到大学生应该必备的英语翻译能力。相比较而言，汉译英比英译汉难度大。大学英语四、六级考试的出题者也煞费苦心，出的翻译试题都与中华传统文化相关。他们出的题目一定也是顺应时代的潮流，想要培养出大批对外传播中华传统文化的英语人才。毕竟，世界上很多地方的人们对中国、对汉语有很深的误解。就拿发达国家英国为例，作为孔子学院教师在英国威尔士地区讲授中华传统文化时，笔者对当地的孩子对中国的孤陋寡闻深深震惊。他们当中有不少人还停留在中国民国时期前后的影响，甚至还有的孩子问中国人是不是留着长辫子，穿着大长袍。作为中国人，我们有义务、有责任让更多的西方人了解中国的现状、中国的文化，这样才能让当地人不会被别有用心的人利用，一味地认为中国落后、中国人愚昧无知。在这样的大环境下，也是为了让学生更顺利地通过四级考试，大英教师给学生讲授汉译英技巧的同时，讲授中华优秀传统文化知识就变得很有必要、很重要。其实，如今中国的大学生，并不是特别了解中国传统文化。毕竟，他们周围有无数的诱惑，电脑游戏、电视综艺节目、国外大片、学习应试、网络视频、小说占用了他们大多数的精力和时间。大学英语教师在了解学生现状的同时，积极引导学生在课外阅读中国文化相关书籍以及翻译中华传统文化的相关资料（包括书籍、期刊、网络资源等），让学生更加了解本民族的传统文化，增强他们的民族自豪感，同时提高他们的汉译英水平。

例如，有一年的四级翻译试题是关于剪纸艺术的，隶属中华传统文化范畴。教师完全可以在大学英语教学中穿插中华传统文化知识。同时，让学生学会如何用英文介绍中国的传统文化，为将来可能有机会去国外传播中华传统文化做准备。学生对翻译教学有极大的热情，因为可以学会把日常生活中耳熟能详的事情用英文表达出来。能够学以致用，是他们梦寐以求的事情。这样的教学能激发学生学习英语的兴趣，英语教学的一些目标也就很容易达成了。当然翻译的讲授也要循序渐进，以防学生望而生畏，有畏难情绪。翻译法比较好的一个切入点是翻译中文菜名。美食是无人能够抗拒的诱惑，而中餐也是大部分西方人喜欢的料理，学生学习到地道的中餐的英文表达，今后一有机会就可以给外国友人介绍中餐，从而加速中华传统文化在西方的传播。

3. 互动法

谚语有云："兴趣是最好的老师。"学好英语的关键是培养学生学习英语的兴趣，而不是遵循以往陈旧的"填鸭式"教学模式。外国教育专家曾经做过研究，通过纯粹的读书或仅仅听老师讲授学生能够掌握的知识量只有24%～32%，而学生通过自己主动参与或展示，知识的获取量高达80%以上，这也是为什么近几年来教学模式改革一直提倡以学生为中心。同样，在课堂上应当设计学生活动以及学生互动的环节，这样能够调动学生的学习积极性、激发学生学习英文的兴趣，从而大大提高教学效率。具体到大学英语课堂上，可以组织学生进行辩论，比如先给学生分发一篇关于中美消费观念比较的文章。文章的作者将美国人比作蚂蚱，他们是即时消费者；将中国人比作蚂蚁，他们善于储蓄。辩论题目可以是：你是愿意当蚂蚱还是愿意当蚂蚁。大学生的思想最为活跃，给他们一个舞台展现才华对他们来说是非常惬意的事情。老师何不在课堂上给予学生这样恣意挥洒、唇枪舌剑的机会呢？辩论只是互动教学的一种模式。此外，互动教学还包括课堂小组互动、生生互动等形式，华中科技大学徐锦芬教授曾经带领教学团队做过一系列大学英语课堂互动的研究，发表了关于大学英语课堂互动策略、生生互动影响、课堂小组互动的支架作用等十多篇论文[3]，是对大英互动教学法研究的重要补充。大学英语教师可以借鉴徐教授教学团队的研究成果，更好地将互动教学法运用到大学英语课堂上，使其发挥最大的作用，达到满意的教学效果。

综上所述，大学英语课堂上讲授中华传统文化是对大学英语教学内容的重要补充，也是新时期、新时代的要求。大学英语课堂上讲授中华传统文化可以采用诸如比较法、翻译法、互动法等多种多样的方式，既可以使学生的英语学习与实践相结合、巩固所学知识，也可以激发学生学习英语的兴趣、调动学生学英语的积极性、提高英语学习的效率。此外，这种做法还可以为新时期中华传统文化走出国门储备人才。总之，中华传统文化渗透进大学英语课堂可以一举多得，大学英语教师应当重视这方面知识的讲授，针对不同的学生人群采用不同的教学模式讲授中华传统文化。

参考资料

[1] 向莉萍. 大学英语教学与中国传统文化的渗透 [J]. 教育教学研究，2014（2）：54-56.

[2] 焦华睿. 论在大学英语教学中应重视中华传统文化的教育 [J]. 外语论坛，2010（35）：903-910.

[3] 徐锦芬. 结对模式对大学英语课堂生生互动影响的实证研究 [J]. 中国外语，2012（5）：65-67.

第三空间理论下大学英语中的文化认同教学研究

封婧超❶

【摘要】本文讨论了大学英语教学中存在的文化认同问题。根据 Kramsch 的第三空间理论，提出了这些问题的解决思路，即在本土文化认同的基础上，中国文化与西方文化教育并重，帮助学习者理解并接受不同文化，鼓励其在跨文化交际过程中以平等的身份建立一个新的交流空间。

【关键词】第三空间理论；大学英语；文化认同

1. 大学英语教育与文化认同问题的出现

大学英语教育是我国高等教育体系的重要组成部分，在日益频繁的国际交流合作大背景下，其教育意义与重要性越来越凸现。大学英语教育是以英语语言为主要教学内容，而"语言是文化的一部分，并对文化起着重要作用"。"可以说，语言反映一个民族的特征，它不仅包含着该民族的历史和文化背景，而且蕴藏着该民族对人生的看法、生活方式和思维方式。"❷ 因此，语言的文化属性决定了大学英语教学必须将其工具性和人文性二者并重，随着时代和社会的变革与需求，大学英语教学改革已经走过了很长一段路程，教师和研究者逐渐意识到学生的英语知识能力与语用能力、文化能力同等重要，也在教学中增加了关于西方文化现象和价值观的内容。但有些学者发现，主要教授英语知识和英语国家文化价值观却引起了学生本国文化认同问题的出现。

文化认同是人类对于文化的倾向性共识与认可。❸ 不同地域、国别、种族的人归属于不同的社会和文化群体，他们之间的文化认同也会存在很大差异。因此文化认同对个人自身身份的认定、社会群体角色的扮演、民族文化和国家意识形态的保持都有着直接的影响，对人类对不同的文化意识形态和价值观体系之间的理解和融合也有着不可估量的作用。作为中国大学生，文化认同的根本在于对本国、本民族主流文化的接受与认可，只有抓住自身文化归属，才能更好地理解和接受其他国家和民族的文化，达到交流互通的目的。但是大学英语教学中关于中国文化价值观和中国文化认同的内容比较少，英语学习者对中国文化认同意识的

---

❶ 封婧超，北京联合大学基础部讲师，主要研究方向为英语语言与文化、大学英语教学。
❷ 邓炎昌，刘润清. 语言与文化 [M]. 北京：外语教学与研究出版社，2011：147.
❸ 郑晓云. 文化认同论 [M]. 北京：中国社会科学出版社，2008.

培养并没有得到足够的重视，大量的英语语言知识和西方文化的介绍甚至分化了学生对本国文化的认同。

2. 当前大学英语中文化认同教学的研究现状和存在的问题

很多学者通过研究发现，在现有的大学英语教育中，无论是从教学理念、教学内容还是教学资料来看，都普遍以西方国家，尤其是英美国家文化的介绍和传播为主，而较少涉及我国本土文化知识的传授与认同意识的培养。❶❷ 而学生英语学习年限越长，学习者越易于认同英美文化❸，换言之，英语学习年限与学习者对英美文化的认同呈正相关。高一虹、周燕❹，胡旭辉❺等学者也得出类似的结论。很多学者认为应该在大学英语教学中大力渗透中国传统文化教育，帮助学生树立中国文化认同观念，但是，尽管学者和教育工作者都注意到这个问题，但是很多学校的大学英语教育还没有系统地、科学地、全面地对中国文化认同教学进行设计和实施。具体问题如下：

（1）教材中中国文化的缺失。虽然早在近十年前，国内已经有学者对当时高等院校大学英语课程所使用的教材进行了统计，结果表明当时几套使用率很高的大学英语教材中涉及中国文化的文章数和主题数所占比重仅为3%左右❻。笔者就本校当前使用的大学英语教材《大学体验英语综合教程》（第三版）1~4册进行统计，发现中国文化内容占比也不超过5%。在听说课上所使用的《21世纪大学英语应用型视听说教程》中口语练习部分加入了一些中国文化的介绍视频，总比重不超过1/4。大学英语课程教学内容是根据教学大纲和教材设定的，教材的内容直接影响了学生对中国文化的了解和认同。

（2）课堂教学内容中中国文化认同的缺失。笔者针对帮助学生提高中国文化认同意识的话题随机访谈了一些在北京和河北两地高校的大学英语教师，发现有些教师虽然意识到这个问题，但由于课时、教材内容和自身教学理念的限制，仅仅在教学内容中增加了一些中国传统文化的英文词汇和表达法，缺乏整体性和系统性，在提高学生文化认同意识方面没有太大的作用。

❶ 杨玉. 英语全球化视野下大学生文化认同现、省略及教学启示——以昆明八所高校为例［J］. 江苏外语教学研究，2013（1）.

❷ 高莉君. 英语全球化思考下的中国文化认同危机与重构［J］. 太原城市技术学院学报，2013（12）.

❸ 任小华. 英语学习与文化认同——基于非英语专业大学生的调查研究［J］. 广西民族师范学院学报，2011（2）.

❹ 高一虹，周燕. 英语学习与学习者的认同变化——五所高校基础阶段跟踪研究［J］. 外语教学，2008（6）：51-55.

❺ 胡旭辉. 中国大学生对外语文化的认同［M］//任育新. 全球化语境下的外语教育与民族认同. 北京：高等教育出版社，2008：36-53.

❻ 王兰. 大学英语教材中的中国本土文化研究［J］. 铜陵技术学院学报，2009（2）：56-57.

（3）对文化认同问题的认识存在误区。随着中国国力的不断增强，"文化自觉"和"文化自信"意识已经被提到了我国社会文化发展的议事日程，有些学者在文化认同问题上主张：①以复兴传统文化来重建文化认同；②将文化认同与现代性相对立；③将文化认同与全球化相对立。❶他们认为应该大力缩减英语课程的课时和内容，更有甚者甚至主张取消英语课程，把对外交流的任务留给翻译。这种孤立地、片面地看待文化认同问题本身就是不客观、不符合社会发展规律的。人类和社会是不断进步的，现代社会不可能完全照搬古代的思想和生活方式，只有立足于当前的主流社会文化，继承和发扬传统文化中的精髓，发挥本民族文化的特点和优势，了解并融合其他民族的优秀文化精神，才能建立起适合全人类的"新"文化认同。

3."第三空间"理论下的大学英语文化认同教学思路

教育部颁发的《大学英语教学指南》明确指出了大学英语课程的工具性和人文性的特点，人文性的核心是以人为本，弘扬人的价值，注重人的综合素质培养和全面发展。该"指南"还明确了大学英语课程的重要任务之一是进行跨文化教育。学生学习英语课程的最终目的是要"增进对不同文化的理解、对中外文化异同的意识，培养跨文化交际能力"❷。由此看来，培养学生的跨文化意识和能力就是大学英语教育的核心任务和目的。跨文化交流是两种文化互动的过程，任何不平衡的、单方面的文化输入和灌输都不能称为交流。所以，在跨文化交流的时候，只有以本土文化认知和自信为基础，才能达到真正平等的交流和互通。

根据 Kramsch 于 1993 年提出的"第三空间理论"，学习者在跨文化交际的过程中，母语/文化和目标语/文化之间会由交际双方通过探索和协商创造出来一个新的空间，被称为"第三空间"，这个空间不是单一的、稳定的，而是动态的，充满矛盾和冲突。在这里，二语学习者的语言/文化和语言使用者的语言/文化不再是固有的、一成不变的，而是在不断加强的基础上逐渐融合，形成一种创新、平等、合理的跨文化交流模式。第三空间理论摆脱了在跨文化交际中以目标语方的语言及文化模式作为交际范式的不平等交际模式，强调交际双方首先都要具备对己方语言和文化认同的基础，然后才能进行平等的交流，并通过批判性地对比不同语言文化之间的矛盾和联系，不断重塑自己在交际过程中的身份，从而创新出兼双方语言文化之长的跨文化交际模式。根据第三空间理论，大学英语课程中的文化认同教学可以从以下三方面来考量：

（1）大学英语中的文化认同教学应该包括中国文化和西方文化两个方面的

---

❶ 百度百科. 文化认同. https://baike. baidu.com/item/% E6% 96% 87% E5% 8C% 96% E8% AE% A4% E5%90%8C/6062258?fr=aladdin，2018/6/9.

❷ 百度文库. 大学英语教学指南（教育部 2017 最新版）. https://wenku.baidu.com/view/a514b9865ebfc 77 da26925c52cc58bd63086936d.html，2018/6/9.

内容。以培养学生中国文化认同意识为基础，同时培养学生的英语语言能力和对西方文化的了解与认知。大学英语中文化认同教学的最终目的是培养学生的跨文化交际意识和能力，能够批判地看待外语背后的不同文化的差异，在接受的过程中始终以平等身份来对待交际双方并完成交际过程。只有坚持本民族文化自信，接受并汲取其他文化的优势和精髓，通过探索和协商创立平等的交际方式与空间，才能帮助学生最终具备跨文化交流的能力。

（2）教材的改革不应仅限于更多地添加中国优秀传统文化的内容，也要涵盖我国当前政治、经济、文化等各方面的内容。只有这样，才能帮助学生有完整的民族文化的认识，才能够使学生建立起充分的文化认同和文化自信。同时，也应科学、系统地设计教材中中西文化对比的内容，使学生能够由浅入深、由表及里、从语言现象深入文化内核，立体、多维度理解中西文化的异同。

（3）在实际教学中，教师的课堂讲授也不仅仅是大力添加关于中国文化的内容，最主要的目的是通过添加中国的文化知识，对比中西方文化的异同，来引导学生树立中国文化自信，并能批判地认识西方文化，对两者进行提炼和融合，最终产生出新的文化理解和认同，从而真正实现跨文化交际。教师可多采用情景式和浸入式教学方法，不必苦于没有原汁原味的英文场景，可以利用周围的环境，比如博物馆、重大会议等模拟中西方跨文化交流的场景，不拘泥于纯正英文语境的限制，使学生能够充分利用自己已有的英语知识基础来表达本国文化，提高语言表达的自信，还可以借助互联网等现代教育手段和技术，帮助学生逐步探索平等、全新的交际身份和交流模式。

浅议英语文化教学的内容和策略

郭大民[1]

【摘要】 在全球化的今天，英语教学中的"唯工具论"依然存在。实际上，英语不仅仅是沟通工具，更是文化交流的重要载体。因为，世界各国在经济、政治、教育等领域的合作和交流越来越密切，英语早已经成为一种国际语言。所以，英语文化教学的内容，不仅仅是单一的英美文化，还应该包括母语文化，以及其他语言的文化。无论是侧重文化知识的传授，还是强调跨文化交际技能的训练，我们都需要从国家、学校和教师三个层面来考虑英语文化教学的策略。

【关键词】 内容；策略；英语文化；英语教学

1. 英语文化教学的重要性

语言是文化的载体，是一面镜子，随时随地在反映民族文化；而文化则影响并制约着语言的发展和语言的使用。束定芳说："每一种语言都与某一特定的文化相对应，该语言的语言结构、语言交际模式、篇章修辞原则等都在很大程度上受到作为该语言上层文化观念的影响甚至制约。"（束定芳，1996：13）[1]英语、汉语也不例外。

有学者（胡文仲，1994 a）[2]通过对我国英语学习者在运用英语进行交际时常常犯的一些"文化错误"进行分析后发现，此类错误，主要是由于我国英语教学重视语言形式而忽视语言在实际场合的运用、忽视东西方文化上的差异所造成的。

在日常教学中，忽视中西方的思维模式差异，就会带来费时低效的结果。一个常见的情景是，老师拼命帮学生改作文，一篇接着一篇，可是下次学生还是绕啊绕啊，才进入主题。归根结底，是中国传统文化中有一个礼貌准则，所以学生就在切入正题之前，铺垫一大堆无关的礼貌词语；而英语国家的文化，提倡不兜圈子，直指主题，甚至第一句话就把主题句说出来。又比如：中国的课堂不提倡学生随意自由发言、质疑老师，英美课堂却希望学生多多发言，参与到所讲的话题中……；汉英两种语言在打招呼、道别、赞扬、道谢、邀请、致歉等很多方面

---

❶ 郭大民（1971—），女，北京联合大学应用文理学院基础部大学英语教研室副教授。主要科研方向：大学英语教学和大学英语课程标准。

的表达，都由于文化因素，存在着巨大差异。这种差异，渗透在阅读、写作、口语等方方面面，影响着英语作为沟通交流工具的使用效果。

因此，我们认为，我国的英语教学必须包含其相关文化。教育部高教司颁布的《大学英语课程教学要求》就有明确的标准：大学英语教学还应有助于学生开阔视野，扩大知识面，加深对世界的了解，借鉴和吸收外国文化精华，提高文化素养。文化和语言有着密切的联系。一定的文化背景知识，有助于促进语言应用能力的提高。有条件时，应安排一定的跨文化交际内容，以提高学生的综合素质。❶

我们的《普通高中英语课程标准》课程目标结构图（2003）[3]，也把"文化意识"培养作为学生语言素养基础上的语言运用能力的标准之一（见下图），这就从官方印证了英语教学中文化教学的必要性和重要性。

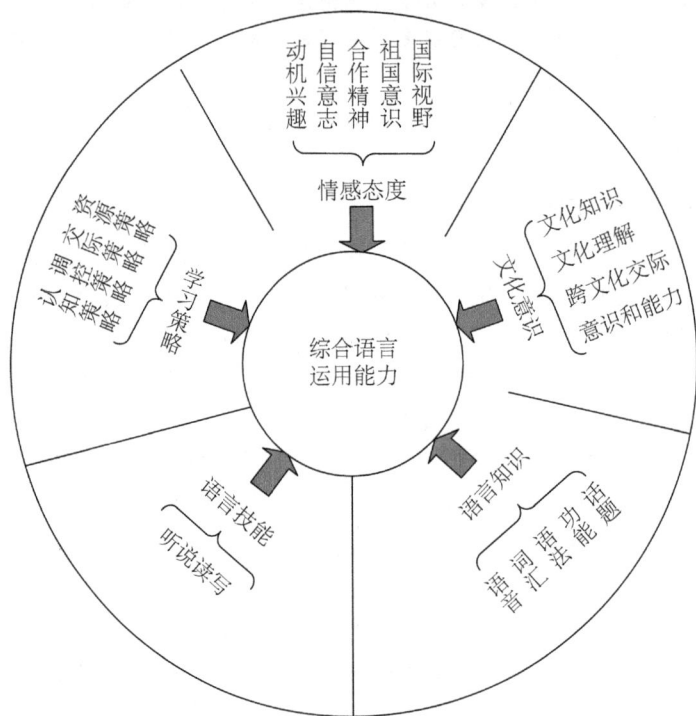

2. 英语文化教学的内容

看待目的语的视角，也即英语学习的目的，决定了文化教学的内容。20世纪八九十年代，一种观点是（1994a：80；1996束定芳等）[1]：越深刻细致地了解英语国家的历史、文化、传统、风俗习惯、生活方式以至生活细节，就越能正

❶ 杨建道. 全球化背景下的英语文化教学［J］. 齐齐哈尔师范高等专科学校学报，2009（6）：121.

确地理解和准确地使用这一语言。束定芳认为，可以从词语文化和话语文化两个层面进行文化导入：前者主要指词语所负载的文化信息，后者主要体现在话题选择、语码选择和话语的组织等几个方面。其中涉及的价值观、交往规则和思维方式的理论性的介绍为宏观视角；对于影响交际的词语、句子及篇章的文化内涵进行分析，则是微观的运用。这种观点的目的主要是能够与英语为母语者进行成功交流，从而能够顺利地学习和吸收目的语文化。

几乎同一时期，以许国璋为代表的学者强调要把英语看作一种国际语言，其交流对象是世界上各民族的人民，其应用功能主要是在双向的国际交流中充当一种中性的信息媒介。那么，英语教学中的文化教学就有两个层次，即文化知识层和文化理解层。为达到文化理解层次，就需要在教学中既涉及英语文化、又涉及母语文化，从而达到双语文化的交叉交际（刘长江，2003：15）[4]。这种交际，既有可能因为彼此缺乏对对方文化的了解而出现交际失误，也有可能因为不会使用外语进行文化表述而导致交际中断。

综上，英语教学中的文化教学，既应该包含英语语言文化内容，也应该包含母语文化内容，甚至其他语种的文化内容。毕竟，"跨文化教学的最高境界应该是帮助学生形成对待世界各民族文化的正确态度和信念"（张伊娜，2000：29）[5]。

3. 英语文化教学的策略

教育的目的是为了培养人、塑造人。英语教育要培养出既有全球视野和跨文化交际能力、又能传承弘扬我们传统文化的现代化人才，并使之树立正确的价值观和责任感，成长为国家的脊梁。因此，英语文化教学策略，需要在全球化背景下进行思考和设计。

从前，我们常常听到的是英式英语、美式英语，现在我们更多地听到日本英语、新加坡英语、泰国英语、印度英语、非洲英语、墨西哥英语……Power[6]指出：在亚洲以及其他地方使用英语的人已经是英语为母语的人的三倍，所以我们把英语仅仅定义为英美英语是不合适的。因此，作为沟通交流工具的国际语，英语不仅指英美文化，也势必包含着非母语国家的文化，如日本文化、非洲文化、印度文化等。英语在被使用的过程中，也吸收了本土的文化，得以改造和重新构建。正如 Nault（2006：316）[7]所说："外围"和"扩展圈"的英语使用者，不仅仅机械地吸收并重复着英语，他们也在积极地对英语口语和书面语进行着重新解释、构建和定义。英语在融入了多元地方文化后，也变得丰富多彩，各种各样的语言变体被广泛接受和使用。英语形式的多样性同时也意味着英语文化学习的多样性。Nault 指出：如果我们接受这样一个事实：即英语已经成为全球语的话，我们必须承认它的发展的多样文化背景（2006：316）。

3.1 国家层面

鉴于英语全球化以及语言与文化的密切关系，教育部门在制定、完善英语教学课程标准的时候,有必要在教学目标、教学内容、教学评估等环节进一步树立全球化英语文化教学的理念;同时加强语言教学与文化教学的融合,引导学校和教师杜绝把语言教学与文化教学简单相加或是简单合并,并注重考核用英语将我国优秀的传统文化介绍给世界,自如地进行文化沟通与交流。目前,我们在一些英语教学的评估考试中,已有这样的设计。比如:近年的大学英语四、六级考试中,就涉及许多我国社会经济、教育就业、民俗文化、历史概况等方面的文章翻译。如何增强大纲标准的可操作性,是我们下一步的目标。国家教育部纲领性的文件,是实现我们高质量英语文化教学的前提。

3.2 学校层面

学校肩负着解读、消化并落实教育部课程标准(大纲)的任务,体现在正确地理解诠释课程标准的基础上,引导、监督、规范、支持、落实英语文化教学工作。比如:开设英语文化专门课程,开设用英语讲解各国文化、包括本族文化的课程;分阶段、按规划地选派英语教师出国体验英语国家的文化及其他国家文化;邀请不同文化背景的教授、学者到校讲座、交流;支持学生创立弘扬本民族文化的英语角、提供并更新现代化设备,以便支持学生教师观看文化相关的视频,或者自己做音频和视频……当然,这一切,需要学校相关领导具有英语全球化的理念。因为在实际的生活和工作中,当你和来自母语为英语国家的人交流时,你所了解的英美文化就会使你的沟通顺利得多;如果同英语非母语者交流的时候,则不能再使用英美文化的传统和习惯,否则对话将会非常尴尬,甚至难于沟通。这时,就必须按照对方国家特有的文化特征进行交流。理解了这一点,学校细化课程计划的时候,就会在行动上支持英语文化教学,要使学生习得多样化的文化了。当然,英美文化和本国文化是主流。

3.3 教师层面

政府、学校意识到文化教学在英语教学中的重要地位,并出台相关指导性文件、相关教学规划,是前提和基础。而教师层面的系统、科学地逐步落实,才是文化教学取得成效的最终保证。

培养学生正确的价值观,首先教师自己要树立科学正确的价值观。教师不可以有"全盘西化"倾向,也不能有夜郎自大、唯我文化独大的倾向。要培养自己面对不同文化时的选择、批判能力。取其精华、去其糟粕,不敌视也不全盘吸收。其次,增强自己对不同文化的交流融合能力。面对异域文化,不能仅停留在对英语文化的表层理解阶段,而要洞悉英语文化与母语文化的异同,实现两种文化的交流交锋与融合。要增强自身的民族文化自信,以平等的态度对待中西方文化、对待世界各国文化;对别国的文化有认同、有吸收、有质疑、有批判,与其进行平等的对话交流。最后,切实提升自己的文化教学水平和策略,培养学生对多元文化的吸收、包容、借鉴、批判、创新能力,最终引导学生以自信的态度与异域文化展开交流。

在正确方向的指导下，教师可以有多种渠道提升文化涵养，提高自身文化教学水平。首先，重视来自书本的主要文化来源。书本教材中包含的英语文化介绍是教师了解、消化英语文化的主渠道，因此，教师要丰富自己的阅读量，从文字信息中直接提取英语文化素材，为自己的文化涵养添砖加瓦。其次，教师要提升自己的现代信息技术运用能力，充分利用网络的便捷性，拓宽自己英语文化习得途径。网络使世界之间互通有无、信息共享成为可能，使人与人之间的瞬间交流成为可能。因此，教师要充分合理利用网络，通过 MSN、E-mail 等聊天工具增加与国际友人进行文化交流与碰撞的机会。再者，教师要积极创造教师个人亲身经历英语文化冲击与碰撞的机会，利用寒暑假到英美国家、到世界各地去体验，积极申请国家基金委等政府部门的出国访问学者项目，增加自己对于英语文化的亲身体认，因为直接的个人接触是教师感受文化差异与冲突的最直接最有效的方式。最后，教师努力汲取中华文化的精华，终其一生，学习并探索中国文化的精髓，努力拥有深厚渊博的母语文化。将本民族的文化传统向外延伸，并与其他多元文化相融合。在国际交往中，保持自身的文化身份。

在教学方法方面，教师可以根据课堂的不同要素，采取灵活的方法。首先，教学前，使用各种文化导入方法，比如试听导入法、启发导入法、背景知识导入法、角色扮演导入法等。尤其是试听导入法，各种电影、演讲和歌曲可以让学生非常感性地认识到东西方文化的差异，比较容易实现文化教学内容的延伸。其次，教学中，可以应用文化体验方法，具体有交际法、语法翻译法、词义挖掘法、对比教学法、认知教学法等，可根据教学内容及学生兴趣灵活选用。比如：在讲解 "A Miserable Merry Christmas" 内容时，教师可通过圣诞节文化传统与春节文化传统的比较，让学生对西方的圣诞节文化有一个全面的了解，对中国的传统文化也有进一步的体会和继承[8]。

教师应采取批判、吸收、再创新的态度教学。利用英语的工具性特征，加大中华优秀文化的英语表达，以积极的心态、自信的文化态度促进中华文化走向世界，促进国际视野中的中国经典文化与英语文化的平等交流，真正提高学生的跨文化交际能力。

4. 结语

长期以来，我国英语文化教学以强调中西文化的差异和英语国家的文化导入，相对轻视中西不同文化之间的相互渗透和影响，忽视外语使用中本族文化导出的意义。这样做的结果是，学生对异域文化来者不拒，而其中国文化素养之欠缺却令人担心（韩红，2002）[9]。他们对本国的传统文化知之甚少，更不知如何用英语去表达，在国际交往中屡屡出现"中国文化失语症"（从丛，1997）[10]。

今天，世界在走向中国，中国也要走向世界。我们与国际社会之间是平等的双向交流。外语学习者既要借鉴和吸收外国的先进技术和文化，又要向全世界介绍本民族的优秀文化和科技成果，成为外部世界了解我们民族文化的窗口之一。

　　因此，在英语日趋国际化和国际交流日趋多元化的今天，如何使得我国的英语教学保持平衡，使其既能追随英语的国际化脚步，又能真正地服务于本民族的经济文化建设，是我们英语工作者面临的又一大课题。

参考资料

［1］束定芳. 语言·文化·外语教学 ［M］//王福祥，吴汉樱. 文化与语言. 北京：外语教学与研究出版社，1994：340-353.

［2］胡文仲. 文化差异与外语教学 ［M］//胡文仲. 文化与交际. 北京：外语教学与研究出版社，1994a：75-87.

［3］教育部. 普通高中英语课程标准 ［Z］. 2003.

［4］刘长江. 谈外语教育中目的与文化和本族语文化的兼容并举 ［J］. 外语界，2003（4）：14-18.

［5］张伊娜. 外语教育中跨文化教学的重点及其内涵 ［J］. 国外外语教学，2000（3）：28-31.

［6］Power C.. Not the Queen's English ［J］. Newsweek，2005（7）.

［7］Nault D.. Going Global：Rethinking Culture Teaching in ELT Contexts ［J］. Language，Culture ad Curriculum：2006：19，（3）：314-328.

［8］高瑞霞. 高校英语文化教学现状及策略分析 ［J］. 基础教育，2016（9）：126-127.

［9］韩红. 全球化语境下外语教学中的跨文化意识 ［J］. 外语学刊，2002（1）：106-111.

［10］从丛. "中国文化失语"：我国英语教学的缺陷 ［N］. 光明日报，2000-10-19.

大学英语教学中体验式跨文化交际能力教学模式探究[❶]

韩　杨[❷]

【摘要】《大学英语教学指南（2015）》明确指出大学英语课程人文性的重要途径就是进行跨文化教育，培养学生能够处理好与来自不同文化的人在文化和价值观等方面的不同，并能够根据交际情景、交际场合和交际对象的不同，恰当地使用交际策略。语言是文化的载体，外语类课程不可避免地会涉及文化内容。传统的大学英语教学虽涉及一些跨文化交际的内容，但仅限于介绍一些简单的文化知识，远远不能提高交际能力，因此，跨文化交际教学也应该将重点转移到对跨文化态度、技能以及思辨能力的培养上。为了在有限的大学英语课时内最大化地提高学生的产出能力，跨文化教学应以"体验式"为核心，在课堂上和课外为学生创造更多真实场景或模拟真实场景加深对跨文化交际的理解，在情感和行为维度帮助学生增强意识和能力。为了配合"体验式"教学模式，大学英语教师应在教学材料、教学内容分配、教学设计、组织实施、教学评估方面做好系统的规划和准备。针对"体验式"教学的特点，展开对"融入式"跨文化交际教学的行动研究，探索跨文化交际能力的培养模式，在大学英语课程改革的现阶段实属必要。

【关键词】大学英语教学；跨文化交际能力；体验式教学模式

1. 前言

跨文化交际能力的培养并不是一个新话题，国际学界对其关注始于半个多世纪前，并于 20 世纪 80 年代引入我国。随着中国在经济全球化趋势中的融入程度不断加深以及作用的不断增强，跨文化交际能力的培养也成为迫切之需，受到各社会人文学科的关注，其中以语言学领域为最[1]。外语类课程作为文化传播最直接的途径，在高等教育跨文化人才培养目标中的作用不可替代。大学英语课程的工具性和人文性不是独立地体现在"通用英语""专门用途英语"和"跨文化交际"三类课程中，而是相互交融，只是教学重点不同，但"都会从不同角度、

　　❶　本文为 2017 年北京联合大学校级教研项目"基于'产出导向法'的应用型大学英语学习者语言产出能力培养研究"的研究成果。项目编号 12205561110-19。

　　❷　韩杨（1979—），蒙古族，内蒙古通辽人，硕士研究生，北京联合大学讲师。主要从事二语习得和外语教学与研究。

以不同方式融合跨文化交际能力培养"[2]，从中可以解读出"大学英语课程的重要任务之一是进行跨文化教育"[3]，"培养学生能够处理好与来自不同文化的人在文化和价值观等方面的不同，并能够根据交际情景、交际场合和交际对象的不同，恰当地使用交际策略"（《大学英语教学指南（2015）》）。这一要求为大学英语课程中跨文化教育的重点落在了可描述、可测量的跨文化交际能力的培养之上，并成为教学实践环节的研究重点，激发了英语教师和学习者的思考与尝试。

2. 文献综述

国内跨文化交际能力教学研究可以分为宏观课程体系的构建和微观课堂教学的实践两大类。任丽[4]构建了"4+2+1"大学英语文化教学模式，将课内和课外、线上和线下结合起来，全方位打造大学英语跨文化教学，同时指出课内教学分为文化现象、文化内涵、文化差异分析和文化实践四个阶段，并证明其有助于提升学生的文化知识和素养，有助于提高学生的英语综合应用能力。付小秋和张红玲[5]在综合英语课程中融入跨文化教学，按照"设计需求评估、确定教学目标、构建合理化框架、明确教学内容、选择并安排教学活动和流程、设计教学评估"六个步骤开展行动研究，发现学生的跨文化交际能力是在不断发现、解决问题的过程中呈螺旋形上升的。此外，一些一线教师进行了行动研究，总结出跨文化交际的教学模式。黄文红[6]在综合英语课中开展过程性文化教学，通过"描述中西文化、开展文化研究、撰写学习日志、反思中西文化"四个环节显著地提升了情感和行为层面的跨文化交际能力。郑萱和李孟颖[7]提出了"反思性跨文化教学模式"，通过组织"观看视频、小组讨论、角色扮演、游戏、反思日记、参与社会调查以及期末研究报告和反思信"等活动，帮助学生掌握文化知识和沟通技能，培养开放、包容的观念和态度。常晓梅和赵玉珊[8]也在大学综合英语课中开展跨文化行动教学，通过"描述文化信息、分析案例、参与交际活动和反思文化差异"四个环节增强了学生的跨文化意识。以上研究均着重于在语言课堂上融入跨文化内容，并以跨文化知识、意识和技能的培养为教学重点。而杨华和李莉文[9]则更强调如何将跨文化教学内容与具体的语言技能教学目标和内容相结合，构建出"产出型语言文化融合式教学模式"，在提升学生目标语言语境敏感度的同时，提高其语言输出能力。

从以上研究可见，现阶段的跨文化教学更着重于引导学生发现、对比、分析、反思文化现象，进而提高跨文化意识。跨文化交际能力最终要以交际参与者的实际行为来呈现。但由于缺少真实的交际实践机会，教学过程中只能用情景角色扮演、转换文化视角等模拟活动让学生体验。但这些活动之间并没有形成一个连续体，将体验式的教学方法贯穿于整个跨文化教学过程当中，将学生置身于一个宏观的跨文化交际语境当中，可以让学生体验到完整的跨文化交际过程，并通过体验式学习积极构建新的知识体系。

3. 体验式跨文化交际能力教学模式

3.1 体验式学习的过程与要素

体验式学习是实现跨文化能力培养目标的适当教学方式[10]。跨文化教学应该创造跨文化体验的机会以促进跨文化能力的内化[11]。完整的体验式学习应该包含四个学习步骤，即体验、观察、概念化和试验。其中，体验是有意义的学习发生的条件，是学习者主动建构新的知识体系的前提。外语学习的最终目的是用于实际交际，学习者会在实践中对语言学习产生需求，提升内在的学习动机。在兴趣和动机的指引下，学习者更容易自发地观察语言知识和语言系统的规律，并通过分析和归纳将其概念化。概念化是学习者将观察到的结果进行认知加工，"对语言从感性认识上升到理性认识"[10]的过程，这不同于被动接受的知识，是学习者通过主动思考"获得经验知识和理论观点"[12]，并在实践中加以验证。在这个过程中，学习者会不断地反思、试验、再反思，最终将语言知识和系统内化，形成经验。整个体验式学习过程都强调学习者作为学习的主体，每一步都是由学习者主动地参与，在体验中发现学习的意义。当然，积极的情绪和主动学习的态度需要一定的外部因素作为刺激，以保障四个步骤的顺利进行。

体验式外语教学中，"参与""愉悦""共鸣"和"环境"四个要素或"4E模型"[13]决定了教学的成败。"参与"强调学习者的主体地位，是成功的学习体验发生的前提。没有学习者的"参与"，就不可能在"愉悦"的情绪中与学习对象"融为一体"，产生"共鸣"。而这三个要素"只有在一定的环境作用下才可能顺序发生"[14]。外语教学中的"环境"既指宏观的教学环境，也指具有"语言学意义上的'语境'"[14]。与自然的社会人文环境下有意义的学习发生不同的是，微观"语境"这一点对于教育环境下有意义的学习发生尤为重要。值得一提的是，学习者在"参与"体验中，并不一定自然产生"愉悦"情绪，这就需要教学组织者在整个教学过程中发挥组织、协调、引导和支持（"脚手架"）的作用，使学习者与客体产生"共鸣"，"更加深刻地认识客观事物，获得对客体认识的成功体验"[14]。

3.2 体验式跨文化交际能力教学模式

"4E模型"可以作为跨文化教学原则，指导体验学习的四个步骤，构建出"体验式"跨文化教学模式。在跨文化交际教学中，教师首先要为学习者创设真实的交际环境，提升学习者主动参与的动机，使其亲身经历母语文化事件、目的语文化事件或两种文化的交融。在尝试完成交际任务的过程中引导学习者注意观察和比较母语亚文化间或母语与目的语文化间的异同，并在反思中分析、总结原因，对语言使用规则和交际规则进行抽象、概括，学习者在一系列"协作"和"会话"活动中产生愉悦的情绪、保持积极的学习兴趣和持久的动机，与语言和文化客体产生共鸣，并愿意主动将探索出的概念化理论运用到新的交际实践中

去，从而内化语言运用能力和跨文化能力，获得成功的学习体验。具体模式见
图1。

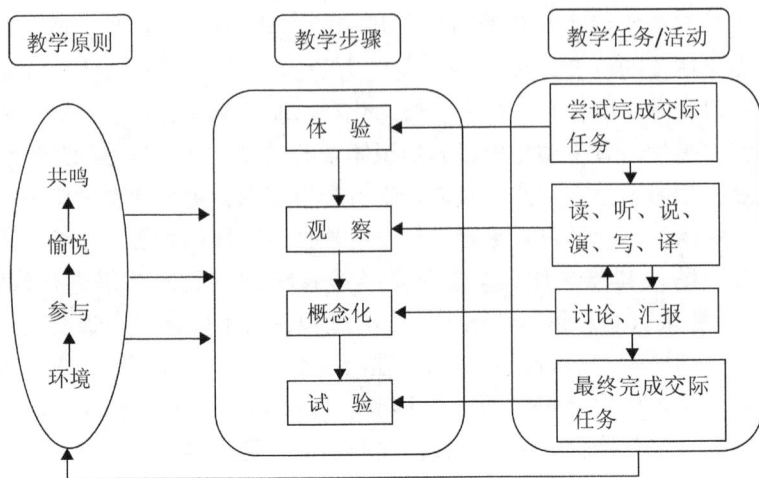

图1 体验式跨文化教学模式

3.3 体验式跨文化教学的内容与目标

语言是文化的载体，在学习语言知识和训练语言技能的同时，文化也潜移默化地影响着学习者，进而不同程度地影响着学习者世界观和价值观的形成。而外国语言学习则叠加在母语语言学习基础之上，使得学习者游走于两种语言和其所承载的文化信息之间。语言是交际的工具，学习外语的最终目的就是运用。因此，语言教学目标和跨文化交际能力教学目标并不冲突，不是非此即彼的关系。相反，它们可以完全融为一体。可以说，"语言交际必然以文化为基础，语言教学本身就是文化教学"[15]。因此，跨文化教学要以提升跨文化交际能力为目标，以语言交际能力的提升为途径之一。跨文化交际能力包含交际能力和跨文化能力，而交际能力中又包含语言能力、语用能力和变通能力，跨文化能力包括对文化差异的敏感、容忍以及处理差异的灵活性[16]。由于学界普遍认同跨文化交际能力包括知识、感情（态度）和行为三个要素，而且需要学习者具有一定的"学习的能力"和"思辨性判断"能力[16]，因此可以说，跨文化交际能力是"外语教学的高级目标"[17]。

跨文化交际能力是对参与主体综合语言能力、世界知识体系、学习力、综合文化素养、文化人格以及交际能力的综合考量，"并非所有人都能获得这种能力"[16]。我们需要认清的是，跨文化交际能力的培养不仅需要多学科相互配合，还需要学校和社会的共同支持。在大学英语教学中开展跨文化交际能力的培养，要认真思考学习主体在语言和交际能力方面的现状和需求，确定在语言教学中可培养的、"可实现的任务目标"[18]。因此，"跨文化外语教学框架强调语言教学应

与文化教学有机结合，且跨文化意识和敏感度培养是文化教学的重点"[5]。值得强调的是，在跨文化教学中，我们必须考虑外语教育中"中国文化教育失语"问题[19]，通过思辨技能的训练，使中国学生反思自己的母语文化，从文化自觉到文化自信，"能发挥语言的力量去说服人、引领团队，能讲好中国故事、传播好中国声音"[20]。

总体来说，体验式跨文化教学模式下，语言教学目标服务于跨文化教学目标，以"培养态度和技能以及批判性思维"[18]为教学重点，在树立母语文化自信的基础上通过思辨性探索强化跨文化意识和提高语言表达能力。这里需要说明的是，思辨能力的培训内容以文秋芳[21]的"思辨能力层级理论模型"为依据，主要包括认知维度中的分析、推理和评价技能以及包括"好奇、开放、自信、正直、坚毅"在内的情感维度。具体思路如下：以提高英语语言技能为手段，以跨文化技能和思辨能力的训练为主要内容，以树立母语文化自信以及提升学习者开放、包容的跨文化态度为主要目标，以"体验的4E理论"，即"参与、愉悦、共情和环境"为主要教学原则，通过"体验、观察、概念化和试验"四个步骤来完成体验式跨文化交际能力的教学。需要说明的一点是，关于跨文化技能，我们借鉴了杨华和李莉文[9]的观点，将Byram提出的"发现""对比""分析"作为具体的、可教性强的跨文化技能。

4. 教学案例设计

基于体验式跨文化教学模式的基本要素，我们以《大学体验英语综合教程》第四册第二单元"Culture"中的Passage A "On Growing Old Gracefully"为例，进行教学设计。授课对象为大学二年级的非英语专业本科生。

这篇文章主要对比中西方文化中对"孝道"和"养老"的不同观念，对中国传统观念的描述着墨较多，对西方人的观念稍加介绍，视为比较。内容难度不大，容易理解；文中引用了一些古代经典中的名言、广为传颂的历史故事以及对妇孺皆知的"尊者"形象的描述，鉴于学生对相关母语文化的熟悉和认可，语言表达难度不大。但由于这一代的大学生接触了大量的西方文化，对西方的传统和习俗比较感兴趣，反而对于中国传统文化只知皮毛，没有深刻的理解和认识。鉴于此，这篇文章的教学重点应该落实在引导学生透过"孝道"文化的表象深刻地分析其根源，客观地看待其优劣，并能思辨地看待中西文化及其观念的异同，培养跨文化意识及能力，并要求学生完成跨文化交际任务。

为了提高学生的学习兴趣和动机值，我们遵循"体验式"学习的四个步骤，首先为学生创设一个宏观的、真实的交际任务，要求学生撰写博文，发表自己对于"送父母去养老院"的看法，鼓励学生主动探知"孝道"的真正内涵。为了帮助学生完成这个交际任务，教师需要通过设计一系列的真实有效的子任务引导学生主动观察学习客体，即语言能力和交际能力中的现象和问题。比如，采访自

己的父母有关 "养老" 的看法，听关于 "孝道文化" 的在线英文讲座，让学生观看反映中西 "孝道" 文化冲突的电影等，让学生不断地对比、分析、总结、归纳，顺利完成交际任务所需要的思想内容、适当的语言表达和交际策略，并用其指导自己的跨文化交际行为。学生在完成交际任务的过程中，会通过评价和反思来检验自己构建的概念化理论，并及时做出调整，并用其完成交际任务，获得成功的学习体验。在整个学习过程中，无论是宏观的交际任务还是子任务都要以创设良好的人文环境、提高学生的参与度、情绪的愉悦程度为原则，以确保学生与学习客体产生共鸣，积极进行体验式学习。良好的人文环境需要鼓励和要求学生进行合作学习，降低学生的焦虑情绪，同时也需要教师适时地给予学生完成任务所需要的语言、内容和技能方面的帮助，降低完成任务的难度。当学生感觉到自己有能力完成学习任务时，愿意主动参与学习，在学习中有所收获能够提高其愉悦的程度，从而进入到一个良性的循环，愿意主动 "管理、驾驭" 学习内容，建构新的知识体系，使学习客体 "为我所用" 来解决实际问题，使有意义的学习发生。具体设计见表1。

表1 体验式跨文化教学流程及设计

学习步骤	体验	观察	概念化	试验
跨文化教学子目标	发现完成任务所需要的内容和语言准备（如：对于 "养老" 观念及其形成原因的认识不够深刻；语言：不会表达或不能准确表达）	识别中国和西方的价值观及其原因	归纳中西方观念的差异，并总结处理差异的方法	检验跨文化交际技巧和指导原则是否能够促进成功、有效的交际。
宏观交际任务	发表博文 "我为什么（不）送父母去养老院?"			完成博文（中文）并发表，阅读跟帖留言并回帖。最终博文要翻译成英文，并在班级内部交流互评，每个小组评选出论述最清晰充分的一份，与其他小组竞争。

续表

学习步骤	体验	观察		概念化		试验
		输入	输出	输入	输出	
子任务		1. 访谈父母：①你们老了去不去养老院？②你们会不会送爷爷奶奶去养老院？2. 阅读课文，摘录出可用于博文的词句。3. 视频课：北京语言大学公开课：中国文化英文系列讲座——儒家文化中的孝道，学习其内容及语言表达。4. 观看电影《推手》，记录中西文化的冲突原因和主人公的矛盾处理方法，以及相应的语言表达。	1. 访谈报告（中国观念现象和原因）2. 口语交际（角色扮演）：西方父母与子女 3. 角色转换：电影中的"公公"给"儿媳"写信（用汉语写并请"儿子"译成中文）；"儿媳"给"公公"写信（用英语写并请"丈夫"译成中文）。	电影《推手》	1. 评价电影中的解决方案，编写"儿子"独白：我是好儿子、好丈夫吗？从中西文化不同角度分析定位，并关注语言的使用。	
跨文化技能和思辨能力中的认知技能	发现	发现、分析、对比		分析、推理		评价、反思

续表

学习步骤	体验	观察		概念化	试验
跨文化意识及思辨能力中的情感维度	好奇	开放、宽容		正直、自信、坚毅	开放、自信
活动组织形式	课前学生独立完成	课前组内成员分别完成	课上小组讨论，课下明确分工、共同完成，课上展示	课前小组共同讨论完成；课上展示	课下独立完成，课上小组讨论

体验式跨文化交际能力教学模式的教学设计具有以下特点：

第一，以真实的交际任务为情境，让学生体验到语言的应用性和跨文化技能的实用性，"学以为用"触发有意义的学习，让学生保持"参与"的热情。

第二，宏观的交际任务以一系列子任务为依托，分步解决、化解困难，让学生愿意参与，并保持良好的情绪。教学目标也要符合由具象到抽象、由简单到复杂的认知规律，循序渐进地引导学生发现、分析、比较、评价和反思，通过积极的思辨活动提高跨文化技能。

第三，针对子任务甄选有效的输入材料，不仅能够拓宽视野，使学生在交际中"言之有物"，也能够为学生提供语言表达的范本，做到"有物能言"，帮助学生完成交际任务。

第四，每一个跨文化交际的子任务都要以语言技能训练为支撑，如学生在撰写访谈报告时，一定要将访谈中的中文表达翻译成英文；在角色扮演时，需要反复演练口语表达；在角色转换给对方写信并请"儿子"翻译时，不仅训练写作技能，更重要的是通过翻译实现两种思维模式与相应的语言之间的转换，提高对思维与语言之间关系的认识。

第五，课上与课下的教学活动要密切配合，课上的教学活动以课下的活动为前提，督促学生自主学习。课上教学活动主要以学生讨论、展示、汇报形式展开，教师通过学生的课堂表现适时调整教学重点，帮助学生认识并解决语言技能和跨文化技能中存在的问题。

5. 结语

跨文化交际能力是集知识、技能、情感、思维和行动于一体的综合能力，是对全球化时代下的大学生的更高要求。"在中外文明全方位交流互鉴的大背景下，可以说当代中国比历史上任何时期都更需要具有跨文化能力的高层次国际化人才。"[11]在外语教学中贯彻跨文化交际能力的培养意识，对外语教师来说是责无旁贷。我们首先要正视跨文化交际能力培养在外语教学中不可忽视的地位，同时也要加强学习、深化对其准确的理解。我们深知，跨文化交际能力的培养并非朝夕之功，但选择正确的教学模式势必会提高教学效率，达到事半功倍的效果。Byram 认为，高层次的跨文化交际能力只有通过实地体验才能获得[16]。"体验式"外语教学极大程度地弥补了实际交际机会的匮乏，同时能够以"环境、参与、愉悦、共鸣"四要素作为组织教学的原则，充分发挥学生主体的优势，主动建构知识体系，确保有意义的学习的发生。体验式外语学习模式是"学以为用"的体现，是学生提高语言综合应用能力的最佳途径。更高级的教学目标要求更大力气的教学投入。为了配合"体验式"教学模式，大学英语教师应在教学材料、教学内容分配、教学设计、组织实施、教学评估方面做好系统的规划和准备。针对"体验式"教学的特点，展开对"融入式"跨文化交际教学的行动研究，探索跨文化交际能力的培养模式，在大学英语课程改革的现阶段实属必要。

参考资料

[1] 史兴松，朱小玢. 我国近十年跨文化交际研究回顾与展望 [J]. 中国外语，2015 (11)：58-64.

[2] 刘承宇，单菲菲. 大学英语课程的跨文化交际能力共核与差异——基于合法化语码理论的《大学英语教学指南》解读 [J]. 外语界，2017 (4)：79-87.

[3] 余渭深. 大学英语应用能力培养的再认识：教学大纲变化视角 [J]. 外语界，2016 (3)：19-26.

[4] 任丽. 构建"4+2+1"大学英语文化教学模式的探索 [J]. 中国外语，2012 (7)：71-81.

[5] 付小秋，张红玲. 综合英语课程的跨文化教学设计与实施 [J]. 外语界，2017 (1)：89-95.

[6] 黄文红. 过程性文化教学与跨文化交际能力培养的实证研究 [J]. 解放军外国语学院学报，2015 (1)：51-58.

[7] 郑萱，李孟颖. 探索反思性跨文化教学模式的行动研究 [J]. 中国外语，2016 (5)：4-11.

[8] 常晓梅，赵玉珊. 提高学生跨文化意识的大学英语教学行动研究 [J]. 外语界，2012 (2)：27-34.

[9] 杨华，李莉文. 融合跨文化能力与大学英语教学的行动研究 [J]. 外语与外语教学，2017 (2)：10-17.

[10] 王海啸. 体验式外语学习的教学原则——从理论到实践 [J]. 中国外语，2010 (1)：53-59.

[11] 孙有中. 外语教育与跨文化能力培养 [J]. 中国外语, 2016 (5): 17-22.

[12] 程琪龙. 体验式外语学习的认知功能探究 [J]. 中国外语, 2009 (9): 66-75.

[13] 刘嫒. 体验式外语教学的实践与理论探索 [J]. 中国外语, 20114: 57-64.

[14] 刘嫒, 邹为诚. 体验式外语教学理论再探 [J]. 中国外语, 2011 (11): 47-52.

[15] 张红玲. 以跨文化教育为导向的外语教学: 历史、现状与未来 [J]. 外语界, 2012 (2): 3-7.

[16] 胡文仲. 跨文化交际能力在外语教学中如何定位 [J]. 外语界, 2013 (6): 2-8.

[17] 张红玲. 跨文化外语教学 [M]. 上海: 上海外语教育出版社, 2007: 193.

[18] 王强. 外语教学中跨文化能力教育理念——Byram 教授访谈 [J]. 中国外语, 2016 (5): 12-17.

[19] 肖龙福, 肖笛, 李岚, 等. 我国高校英语教育中的"中国文化失语"现状研究 [J]. 外语教学理论与实践, 2010 (1): 39-46.

[20] 王守仁.《大学英语教学指南》要点解读 [J]. 外语界, 2016 (3): 2-10.

[21] 文秋芳, 王建卿, 赵彩然, 等. 构建我国外语类大学生思辨量具能力的理论框架 [J]. 外语界, 2009 (1): 37-43.

大学英语"课程+文化"教学模式探究❶

张 艳❷

【摘要】大学英语"课程+文化"教学模式的探索是大学英语教学改革进程中切实贯彻习近平总书记提出的"制度自信、道路自信和文化自信"指示精神的具体行动。结合北京联合大学应用文理学院大学英语教学实际,探索如何在大学英语教学过程中将课程与"文化"有机融合,在提升学生语言应用技能的同时,促进学生有效解读异域文化,增强学生对中国传统文化的自信,提升学生的文化自省能力,实现我校大学生英语技能和跨文化能力的共同发展。

【关键词】课程+文化;大学英语;跨文化交际能力

1. 引言

"语言表述着、承载着,也象征着文化现实,两者密不可分。"[1]语言是文化的载体,也是文化的重要组成部分。文化教学在语言教学中有着不容忽视的重要地位。英语作为目前全球使用最广泛的语言,是国际文化交流的重要工具。进入21世纪,在全球化背景下,大学英语教学要提高学生的综合文化素养以"适应我国社会发展和国际交流的需要"(教育部 2007)[2]。2017 年,国家教育部高等学校大学外语教学指导委员会颁布《大学英语教学指南》,关于大学英语课程的性质,指南中明确指出"大学英语课程是高等学校人文教育的一部分,兼具工具性和人文双重性质"。其中就人文性而言,"大学英语课程重要任务之一是进行跨文化教育",通过大学英语课程"学习、交流先进的科学技术或专业信息以外,还要了解国外的社会与文化,增进对不同文化的理解、对中外文化异同的意识,培养跨文化交际能力"[3]。这表明,在外语教学中提高学习者的社会文化能力和跨文化交际能力成为教育部对大学英语课程改革的核心要求。

国内外对外语教学中的文化教学研究非常重视,成立于 1991 年的美国外语教学研究机构 CARLA (Center for Advanced Research on Language Acquisition) 一

---

❶ 本文是北京联合大学 2018 年度校级教育教学研究与改革项目(一般项目)"大学英语'课程+文化'融合教学模式探究"的研究成果,项目编号 JJ2018Y002。

❷ 张艳(1974—),女,天津人,文学硕士,北京联合大学副教授,主要从事大学英语教学与英美文学研究。

直致力于外语教学和文化教学研究。1996 年，美国教育部出台了一部国家级课程标准《外语学习标准：为 21 世纪做准备》 （Foreign Language Learning Standards: Preparing for the 21st Century），1999 年又发表了《21 世纪外语学习标准》（Standard for Foreign Language Learning in the 21st Century），修改后的外语教学大纲包括 Communication, Cultures, Connections, Comparisons, Communities 五个方面的目标，确定了文化的核心地位。联合国教科文组织颁布的《跨文化教育指南》（SC Organization, 2007）明确指出跨文化教育应该有效融入学校的教育体制和各门课程的教学，尤其是外语教学。[4] 因此大学生跨文化交际能力培养成为国内外学界广为关注的研究课题，主要涉及跨文化交际能力的概念、内容、发展特征、培养途径（Byram, 1989；Schmidit, 1998；Deardorff, 2006；Kramsch, 2011）；外语教学中跨文化交际教学理论、教学模式、对话模式、视角研究（Houghton, 2012；Borghetti, 2013；Osborn, 2014；胡文仲, 2013；庄恩平、萨斯曼, 2014；黄文红, 2015；孙有中, 2016）。学界对跨文化能力的定义基本达成共识，为学者广为接受的跨文化交际能力是指"基于个人跨文化知识、技能和态度，能够有效、恰当地在跨文化情景中交流的能力"[5]，"需要充足的知识、合适的时机以及训练有素的行动"[6]。Byram 指出，跨文化交际能力包含"文化知识、解释和关联技能、探索和互动技能、态度、跨文化敏感度"[7] 等一系列相互关联和相互作用的因素。中国学者胡文仲（2013）将跨文化交际能力归纳为认识、感情和行为三个层面的能力。[8] 顾晓乐（2017）将学界对跨文化交际能力构成维度的共识归纳为态度、知识和技能三个宏观维度。[9] 以上研究成果为进一步开展大学英语"课程+文化"的研究和实践提供了理论基础。在当今中国大学英语教学中，关注文化视角下的文化意识、文化知识、文化交际实践和价值判断等多元文化内涵的渗透与融合，既具有重要的研究价值，也具有重要的现实意义。

2. 大学英语课程教学改革面对的挑战

2.1 教学内容、方法应试化倾向明显

目前，在普通高校非英语专业大学英语教学实践中不难发现：虽然教学大纲中强调学习外国文化、培养文化素养的重要性，认可文化因素是大学英语教学的重要组成部分，但是，在各级各类英语等级考试指挥棒的现实影响下，英语语言知识依旧是师生关注的焦点，教学设计也多是围绕英语语言教学制定的。教师只是在大学英语教学过程中，融入一些零星的文化常识，而绝大部分的课堂教学时间被用于讲解、传授语言点、文化知识和应试技巧，课上课下的相关训练也集中于语言或文化知识的记忆和理解层面。由此可见，文化教学在实际教学中并不能与语言教学占有同等重要的位置，而只能充当教学辅助内容。

值得关注的是，在大学英语教学实践中，教学内容通常只针对目的语言国家的单一文化，对多元文化内涵的分析与评价能力的培养涉及很少。长久以来，我

国大学英语教学中严重存在单方面向一方面学习的现象，即文化知识的传授主要集中在英语国家文化上面，而对于中国文化涉及很少。教学模式单一化会造成学生在大学英语学习中缺乏持久动力。

2.2 教师跨文化意识与敏感度亟待提升

随着社会多元文化的不断融合，作为课堂教学的组织者、发现者和中介者，教师的"跨文化敏感度和自身的跨文化交际能力在某种程度上能够影响学生的跨文化敏感度和跨文化交际能力的培养"[10]。应该说，随着我国大学英语教学改革的不断推进，大学英语教师普遍认识到跨文化交际知识和跨文化教学的重要性，能够意识到英语教学不能只停留在传授学生英语语言知识层面，还应该优化教学资源，实现跨文化能力的培养。但由于自身对跨文化交际理论、跨文化教学方法认知不足，对跨文化思维理解不够，教师在语言技能训练和文化知识教学上，往往存在重语言、轻文化，教学与实践脱节的问题，特别是对学生跨文化态度和跨文化敏感度的培养涉及较少。

2.3 课程评价方式缺失对跨文化思辨能力的考查

传统的大学英语教学由于受应试需求的影响，在评价观念上，侧重学生对语言和文化知识的积累和掌握，对跨文化思辨能力和实践能力的培养有所忽视；在评价方式上，一锤定音式的终结性评价居多，过程监控式的形成性评价比例小；在评价内容上，记忆性、理解性的内容多，实践操作和创造力考查相对少；在评价组织上，教师往往独立承担评价任务，成为评价过程中单一的评价者，学生参与评价过程有限；大学英语测试多为统一笔试，个性化评价方式启用少。

3. 有关应用文理学院大学英语"课程+文化"教学模式改革的几点构想

中共十九大报告提出："文化是一个国家、一个民族的灵魂。文化兴国运兴，文化强民族强。"高等教育的使命之一就是"在文化多样性和多元的背景下，帮助理解、解释、保持、加强、提高和传播民族文化、区域文化、国际文化和历史文化"[11]。为全面贯彻中共十九大精神，全面落实北京联合大学城市型、应用型办学定位，应用文理学院以"崇尚学术、关怀人文、立德树人，培育英才"为目标，积极推进学院"+文化"教育，努力营造校园文化氛围，实现校园文化全域化。

大学英语作为我院一门受众甚广的通识教育必修课，为了更好适应并服务于学院发展，结合我院学生具体学情，笔者提出大学英语"课程+文化"教学模式改革的几点构想。

3.1 文化策略与大学英语教学模式的有机结合

文化教学的有效实施离不开行之有效的文化教学策略，不同的文化内容需要辅以不同的教学策略。在大学英语教学中，通过运用媒体资源、案例分析、文化欣赏、多模态课堂模式等多种教学手段，将文化策略视角下的文化知识、文化意识、文化交流能力和价值判断等多元文化内涵渗透到大学英语课程中，可以培养学生的文化平等意识，有效地提高学生对英语文化的理解，使学生在接受与体验英语文化过程中，不仅了解西方文化的形成与发展，而且学会从文化的多元性去欣赏和接纳不同文化的差异，提升学生判断与澄清不同文化价值的能力，进而独立自主地判别与获取文化价值。

3.1.1 依托网络，创建多模态课堂模式

依托网络，将大学英语教学从单一、传统的教师主导的课堂讲解模式发展成为集图片、视频、文本、网络交互为一体的多模态课堂模式。教师可以利用网络多媒体增设介绍中西方知识文化（社会组织、政治制度、经济制度、学术思想、民族宗教、文学艺术、地理、历史、科学等）与交际文化（社会风俗、风土人情、生活习惯、日常行为准则等）的多元文化教育内容，通过在线互动讨论激发文化意识，以图片、影音资料等形式创设直观、形象的英语语言文化情景，帮助学生想象和理解语言与文化的关系，增强他们的文化能力，以及在社会环境中使用语言的实际能力。

3.1.2 以文化体验和实践为核心，引入文化案例分析与鉴赏

综合运用探究式教学、启发式教学、讨论式教学、情景教学等多元教学方法，教师帮助学生通过"参与、愉悦、共鸣"的学习过程，分析和鉴赏中西文化案例，在习得语言的同时获得语言背后的文化内涵，激发文化意识，感受文化的包容，获得外语学习的良性体验。教师在教学活动中采取关联性和对比的原则将文化意识融入语言教学中，通过营造文化教学情境，突出问题导向：以问题引导作为教学设计的重心，让学生在有意义的情境中主动探索和解决问题，督促学生深入思考和反省中西文化品质的共性与差异，帮助学生以包容、尊重的文化品质进行得体、有效的交流。

3.1.3 强化实践教学环节，实现课内与课外、理论与实践的对接

大学英语"课程+文化"教学模式并非在大学英语教学中进行简单的文化导入，而是在大学英语教学内容的框架下，通过"发现""对比""分析"三个显性跨文化能力的学习体验，培养学生文化思辨、反省、探究的能力，从而实现大学英语语言教学与跨文化能力培养的融合。

组织学生参与各级各类英语竞赛、文化讲座，强调语言实践，打造应用平台。每年应用文理学院大学英语教研室都会积极组织学生参与院、校、市、国家四级"大学英语配音比赛""大学英语演讲比赛""大学英语写作比赛""大学英语阅读比赛"等活动，旨在提高学生的知识综合运用、交流能力，增强学生对语言及其文化内涵的理解，较为成功地实现了语言教学与文化教学目标的融合。

3.2 加强大学英语"+文化"选修课程的建设

学分压缩、课时减少是现今我国各高校大学英语教学面临的共同现实挑战。学

生的英语水平不同、学科专业不同、兴趣发展不同，这些个体差异也决定了大学英语课程体系变革的必然性，选修课的开设势在必行。国家教育部颁布的《大学英语课程教学要求》明确指出大学阶段的英语教学应当根据实际情况，将学习语言和提升大学生的素质尤其是人文素质结合起来。在此背景下，大学英语1~4级的基础教学和应试类选修课程已经远远不能应对社会对高等院校培养具备跨文化知识和能力的复合型人才的要求，这就对大学英语课程体系建设提出了新的要求。

自2010年以来，我院大学英语教研室围绕大学英语基础必修课程，先后开设了包括大学英语听力（中级）、大学英语语法与词汇（中级）、大学英语阅读与写作（中级）、大学英语翻译、大学英语阅读（中级）、大学英语口语、跨文化交际、中西文化比较与翻译、英语短篇小说阅读、英美诗歌名篇选读、圣经文学导读在内的11门选修课程。不难看出，在这11门选修课程中，既有旨在提升我院学生四、六级应试能力的语言水平考试类选修课程，又增添了旨在提升和深化学生人文认知的文化类选修课程。根据《大学英语课程教学要求》以及我院学生具体学情，在课程设置方面，可以在保证语言技能为主的基础课程的课时基础上，适度增加以培养文化素养和跨文化交际能力为主的文化拓展类课程的课时；必修课与选修课相结合，加强"大学英语+文化"选修课程的建设，增设《中国文化概况》《中外经典电影赏析》等选修课程，通过跨文化视角和观点，在输入西方文化元素的同时，提升学生对中国传统文化的认知；课堂与讲座、线下与线上相结合等方式，激发学生的学习兴趣，引导学生对中外文化现象进行思考讨论，充分挖掘大学英语课程丰富的人文内涵，从而真正在大学英语教学中实现语言与文化并举。

3.3 加强中华优秀传统文化的导入

跨文化交际是双向的导入与交流，而不是单向的吸收与传播。随着时代的发展，我国的大学英语教学已经开始从最初侧重知识与技能的语言教学向重视跨文化交际的文化教学转变，但目前的文化教学更多的是进行目的语文化，即英美文化的导入，而对语言输出国的本土文化——中国文化重视不够，有关中国优秀传统文化的教学内容相当有限。中西文化和国情导入在大学英语教学中出现的失衡状态直接造成学生对英美文化的认同超出了对本土文化的认同，他们往往对西方国家的人文地理、风俗习惯、生活方式、政治和经济、文化名人等津津乐道，而对民族本土文化的了解和认知相当有限，无法用恰当的英语准确表达中国文化。与此同时，随着经济社会发展，社会思想观念呈现多样化趋势，正处在世界观、人生观、价值观形成的关键时期的大学生极易受到各种社会思潮的影响，部分学生在文化信仰上不知何去何从，文化自信不断被冲击侵蚀。在这一现状下，大学英语教学中的"中国文化失语"现象亟待解决。

（1）积极推进具有中国特色的中国英语教学，将文化自信充分融入大学英语教学实践。

中华优秀传统文化教育融入大学英语教学活动，可以有效推广和传播中华优秀传统文化，增加学生对中国传统文化的热情和认可，提升学生本土文化意识，培养学生民族认同感，从而形成对本民族文化的自信。汪榕培提出："中国英语是客观存在的，是中国人在中国本土上使用的；以标准英语为核心的；具有中国特点的英语变体。"[12] "中国英语（China English）"是用英语表达中国文化和国情中特有的事物和现象，是国际英语与本土英语的有效结合，而不是在中文负迁移影响下的"中式英语（Chinese English）"。例如，中国的"丝绸之路"（the Silk Road）、"四个现代化"（four modernizations）、"希望工程"（Hope Project）、功夫（Kungfu）、乌龙茶（Oolong）、"一带一路"（The Belt and Road Initiative）等表达通过音译或意译的手段融入英语词汇，并被英美国家所接受和广泛使用。为了适应当代中国在新的历史起点上向新的目标迈进的时代新要求，大学英语教师有必要在教学中适量增加介绍和讲解反映中国历史、文化、现代化建设的相关词汇和知识，让学生学会用英语思维了解和认知中国本土文化，以开放性的姿态，在对比中深化对中西语言文化的理解，向世界传播中国声音，讲好中国文化故事，让世界更加了解中国。

（2）积极探索中华优秀传统文化融入大学英语课内外教学的途径。

大学英语课堂教学是学生学习中西文化知识的主要渠道，随着"互联网＋"时代的到来，翻转课堂、微课、慕课、SPOC 等新型教学模式应运而生。灵活交互的网络学习方式打破了传统教学模式时间和空间的限制，迎合了当下个性化、碎片化、泛在化的学习需求，成为信息化时代高校课程学习的新模式。借助双向、互动的网络平台，大学英语教师可以将中华优秀传统文化中的历史、文化故事、经典作品、风土人情穿插在日常教学过程中，并基于学习者需求提供定制化学习，既尊重了学生的个性需求，也提升了他们的学习品质，使其能够更自主、更多元、更灵活、更深入、更直接、多向度地感受优秀传统文化的魅力。与此同时，网络平台的交流互动性便于学生直观、形象地呈现中西方文化的共性与差异，进行批判性学习。学生可以在主动建构中西方语言、文化知识的过程中，通过讨论、协作的方式解决问题，从而实现语言知识的内化和对多元文化的正确消化，积累一定的审美经验并提高自身文化判断力。

校园文化活动是学生课外生活的重要组成部分，形式多样、健康向上、格调优雅的校园文化活动可以使大学校园更富有生机和活力。目前大学英语课外活动通常包括两类：一是参与类活动，如英语角、大学英语教学特色讲座、英语国家文化讲座；二是比赛性活动，如英语演讲比赛、配音比赛、歌唱比赛、朗诵比赛等。中华优秀传统文化主题融入大学英语课外教学活动是对传统大学英语课外活动的有益补充，如举办以中国文化为主题的英语演讲比赛，组织观看介绍中国文化的英文电影，开展反映中国传统文化和风俗习惯的英文文学作品阅读活动。通过这些课外活动，在丰富学生中国传统文化知识的同时，启发学生思考中西文化的异同，增强他们的思辨能力，巩固文化平等意识，提高学生专业文化素养，营造多元交融的校园文化氛围，为学生搭建跨文化交际能力培养的广阔平台。

4. 结语

大学英语"课程+文化"教学模式的探索是大学英语教学改革进程中切实贯彻习近平总书记提出的"制度自信、道路自信和文化自信"指示精神的具体行动。在我国经济迅猛发展的今天，围绕文化主题，宣传推广祖国的优秀传统文化，充分挖掘大学英语课程丰富的人文内涵，将语言知识与技能的学习与文学、历史、政治、艺术、科技等方面的中西文化教育内容整合融通，将社会主义核心价值观有机融入大学英语教学内容，注重人的综合素质培养和全面发展，开拓了学生视野，实现了大学英语课程工具性和人文性的有机统一，同时，也增强了学生对中国传统文化的自信，提升了学生的文化自省能力。

参考资料

［1］ Kramsch C. Language and Culture［M］. New York：Oxford University Press，1998：24.

［2］ 教育部高等教育司. 大学英语课程教学要求［M］. 北京：高等教育出版社，2007.

［3］ 教育部高等学校大学外语教学指导委员会.《大学英语教学指南》［R］. 2017.

［4］ SC. 2007. UNESCO Guidelines on International Education［J］. United Nations Educational Scientific & Cultural Organization，43.

［5］ Deardorff D.. Identifications and Assessment of International Competence as a Student Outcome of Internationalization［J］. Journal of Studies in International Education，2006（3）：241-266.

［6］ Lusting M. & Koester J.. Intercultural Competence：Interpersonal Communication across Cultures（5th Ed.）［M］. Shanghai：Shanghai Foreign Language Education Press，2007：69.

［7］ Byram M.. Teaching and Assessing Intercultural Communicative Competence［M］. New York：Multilingual Matters，1997：73.

［8］ 胡文仲. 跨文化交际能力在外语教学中如何定位［J］. 外语界，2013（6）：2-8.

［9］ 顾晓乐. 外语教学中跨文化交际能力培养之理论和实践模型［J］. 外语界，2017（1）：79-88.

［10］ Nieto, C. & Booth, M.. Cultural Competence：It's Influence on the Teaching and Learning of International Studies［J］. Journal of Studies in International Education，2010（4）：421.

［11］ 中国共产党第十九次全国代表大会文件汇编［M］. 北京：人民出版社，2017.

［12］ 汪榕培. 中国英语是客观存在［J］. 解放军外语学院学报，1991（1）：5-12.

如何在英语课堂上培养学生的跨文化能力[①]

苗 苗[②]

【摘要】语言文化教育从 19 世纪 80 年代起发展至今，经历了从国家范式到跨国范式的转变，成为很多学科关注的话题。英国教育家 Byram 提出了"跨文化语者"和"跨文化公民教育"的概念，设计了跨文化能力模型，将跨文化态度、跨文化知识、解释和联系能力、发现和互动能力以及文化批判意识纳入其中，比较全面地揭示了跨文化能力的本质。英语教师要在教学中践行跨文化教育的使命，设计行之有效的教学活动，提高学生的跨文化能力。

【关键词】语言文化教育；跨文化能力；英语教学

1. 引言

多数语言教师都已经意识到语言和文化教学是一个有机整体，因为文化维度或者说"背景"很久以来都是语言教学所思考的问题。实际上很多大纲和指南都指出了文化学习（最近称为跨文化能力）的重要性，但仍缺乏良好的实践以及对文化/跨文化维度的充分重视。

在外语课堂上，缺乏去外国的机会以前一直被视为文化维度教学的问题，而这一点不应成为教师和学习者的阻碍。这并不是因为新技术可以代替一手经验，而是因为文化维度已经变为跨文化维度。也就是说，教师的任务不是提供综合信息，努力把外国社会带到课堂上供学习者观察和体验，而是促进学习者与另一个社会和文化的一小部分进行互动，目的是使学习者对自己的文化价值、信仰和行为形成相对化的理解，鼓励他们亲自观察周围的他者，包括直接环境中的他者，也包括国际化和全球化带来的他者。而且，即使有机会去国外，比如去学外语或者进行野外地质考察，也并不能证明仅仅接触不同的文化就会促成对文化的理解。事实上如果这种体验没有做好周到的教学准备，也不会收到预期的效果。

2. 语言文化教育发展概述

语言文化教育有着悠久的历史。19 世纪 80 年代在德国出现了早期的文化教

---

❶ 本文是北京联合大学 2018 年度校级教育教学研究与改革项目（一般项目）"大学英语'课程+文化'融合教学模式探究"的研究成果，项目编号 JJ2018Y002。

❷ 苗苗（1977—），女，辽宁抚顺人，语言学硕士，北京联合大学讲师。主要从事英语教学与英语语言学研究。

育理论，该理论提出文化教育建立在传播"现实知识"（realia）的理论体系基础之上，文化教学的目的主要是传播知识。

20 世纪 60 年代，由于旅游业的发展和劳工移民增加，全球化现象加剧，跨国交流随之增加，语言文化教育变得日益重要。在这一时期，美国三位学者的理论比较有代表性。其中，Lado 受文化人类学和语言人类学启发，建议将两种文化中的"单元"进行比较，涉及"形式""意义""分布"等方面。[1] Brooks 认为语言教学中的文化既不是地理、历史、民俗、社会学、文学，也不是文明，而应涵盖所有学科的范畴。[2] Nostrand 认为语言教学必须有两个目标：跨文化交际和跨文化理解。[3]

20 世纪 70 年代的语言文化教育分化为语言学方向和人文/社会学方向。以语言学为出发点的德国教育家 Erdmenger&Istel 指出语言文化教育以培养语言交际能力、增强人们之间的理解为目标，以目标语国家为导向，以比较为研究方法。[4] 以人文/社会学为出发点的代表人物是美国学者 Seelye 和法国学者 Fichou。Seelye 指出人类行为由文化决定，他主要采取行为主义的研究方法。[5] Fichou 认为文化教学应以认知为导向，强调分析和综合，倾向于社会学和语言历史学的研究方法。[6]

20 世纪 80 年代的语言文化教育分为四种理论。德国学者 Melde 以社会学和语言哲学为出发点，是第一个试图将文化教育系统纳入语言教学体系的学者之一。[7] 法国学者 Zarate 以社会学和人类学为出发点，认为学习外国文化就是从民族中心主义观念转变为相对主义观念，从而正确认识自己的身份。[8] 法国学者 Gallison 采用的是语言学和语义学的研究方法，认为文化包含在语言词汇里面，提出了"语言文化"（language-culture）这一术语。[9] 英国学者 Byram 以人类学和心理学为出发点，强调在整个语言教学过程中都必须将语言和文化融合在一起，设计了语言教学模型，该模型包括语言学习、语言意识、文化意识和文化体验四个组成部分。[10]

20 世纪 90 年代，越来越多拥有语言教育背景的人开始对语言教学的文化方面感兴趣。这一时期语言文化教育领域的代表人物是 Kramsch、Byram、Starkey 和 Brogger。美国学者 Kramsch 认为文化是语言的特点之一，语言实践可以顺利过渡为文化语境，所有的语言材料都包含文化信息[11]。Byram 与 Kramsch 的理论截然不同。他没有假设语言和文化不可分割，没有分析二者的关系，而是将二者视为独立的实体，他更加关注能力的培养，提出了跨文化能力模型。[12] 英国学者 Starkey 认为世界由语言共同体组成，每一个语言共同体都有自己的文化，学习一门语言就是学习另一个文化，但他并没有验证语言和文化的关系。[13] 丹麦学者 Brogger 提出了文化教学的三个步骤：社会分析、文化分析和话语分析。[14]

进入 21 世纪，国家、社会团体以及个人之间的国际交流与合作更加频繁，跨文化教育的重要性也更加凸显出来。近年来的文化教育越来越呈现出跨学科的趋势，然而对于文化教育是一个语言学学科还是一个跨领域的综合学科，学界并没有得出定论。事实上，语言文化教育的历史可以看作是现代主义和后现代主义的斗争史。现代主义强调知识内容，而后现代主义则注重学习过程和学习策略。

3. 什么是跨文化能力

语言教学长期由人们如何学习第一语言的分析理论所控制。语言教师也长期将本族语者作为学习者的范例和衡量其语言能力的基准。涉及语言/语法能力，这可能是有用的。但反思一门语言的本族语者与这门语言的外语者之间交往的本质以及一门语言的不同外语者之间交往的本质，可以发现要求学习者在了解和理解另一文化方面以本族语者为范例既不适宜也不可取。

因此，Byram 提出了"跨文化语者"的概念，用来指那些有能力与"他者"交往，接受他者对世界的观点和看法，协调不同的观点，意识到他者对差异的评价的人。这里的他者来自于不同的社会，使用着不同的语言。学习者既要具备语言能力，又要具备跨文化能力。

跨文化能力指的是在跨文化交往中有效交际应具备的跨文化知识、技能（解释和联系，发现和互动）、态度和文化批判意识。

跨文化态度：好奇和开放的心态，延迟对他者文化的怀疑和对自己文化的信念，愿意接受自己价值观、信仰和行为的相对性，不认为它们是唯一可能和一定正确的，能够明白它们在局外人眼里是不同的。这也被称为"不以自我为中心"的能力。

跨文化知识：交往者自己和他者的文化知识，包括社会进程的知识及解释那些进程和社会发展成果的知识，后者涉及他人如何看待自己的知识和有关他者的知识。事实上，任何教师都无法预计学习者在某一交际时刻可能需要的全部知识。

解释和联系技能：解释他者文化的文献或交际事件以及将其与自己文化中的文献或交际事件相联系的能力。跨文化语者必须了解误解是怎么产生的，如何才能加以解决，这就需要不以自我为中心的态度和比较的技能。

发现和互动技能：获得某一文化和文化实践知识的能力以及在实时交际互动中运用知识、表达态度和操作技能的能力。跨文化语者要具备发现新知识并将这些知识与其原有知识有机结合的能力，尤其要懂得如何向来自他文化的人们询问有关他们的信仰、价值观和行为的问题。

文化批判意识：批判性评价的能力，对自己和他者文化的标准、观点、实践和成果进行评价的能力。跨文化语者要意识到自己的价值观及其对他们如何看待他者价值观的影响，要批判地认识自己和自己的价值观以及他者的价值观。[15]

语言教学的目的不是改变学习者的价值观，而是要使他们理智而客观地评价他者。教师要培养学习者的跨文化技能、包容的态度、价值观意识，帮助学习者了解某一文化或国家的知识。

4. 如何在英语课堂培养跨文化能力

基于国际形势的需要和语言文化教育理论，英语教师要在教学中有意识地培养学生的跨文化能力，开拓其跨文化视野，设计有针对性的教学活动。

4.1 文学文本分析

根据建构主义理论，学生最开始在文本中识别的是他们自己的经历。他们会将材料中的角色遭遇与自身经历相对比，并且会产生移情心理，从而理解材料中人物的性格。他们形成对现实的建构并在必要时加以修正。他们理解的基础是在他们已有建构与材料中与他们相似的建构之间建立联系。这表明在某种条件下，新信息能导致自我怀疑以及新的建构。社会情境和人的真实经历对于个人来说十分重要。如果在教学中能够让学生有切身体会，塑造真实情境，学生的学习兴趣定会大大提高，认知发展水平也会高于一般教学。

文学文本适合于提高任何年龄学生的跨文化能力。文本通过描绘具体的价值观、偏见和固化思维促使读者主观审视某一国家或一个族群，让读者有机会与文本中的人物或叙述者进行文化层面的交流。教师可以引导学习者不仅关注人物和人物行为，而且要与文本互动，推测情节，做出情感反应等。教师不仅在认知层面处理文本，而且在情感层面布置分析和创作型的任务以使学习者更深刻地理解文本。通常创造性的任务有助于实现文学和跨文化双重目标，使学习者有足够的空间体验不同的视角和文化观念，并将自己的文化与文本中的文化加以比较。现以《大学体验英语综合教程4》中的一篇题为 "Cultural Differences" 的文章为例，说明如何引导学生分析文本，增强跨文化意识，提高跨文化能力。

文章作者讲述了自己作为加利福尼亚大学的代表访问俄罗斯的经历。在行程即将结束时，作者应邀与俄罗斯主人和他的朋友一家一起到外面就餐。席间，作者根据自己在到达俄罗斯之前形成的 "俄罗斯是一个非常有礼貌的民族" 的认知，将香蕉剥去一半的皮后递给朋友的妻子。这一做法后来被一个俄罗斯人很得体地纠正，作者也因此意识到文化差异的问题，因此他提出 "那些有关文化差异的文章和讲座可能是害多利少，" 因为它们呈现的 "往往是太多的普遍推论甚至是歪曲的看法"。

在教学中，可以设计如下活动：

（1）指出文本中出现的反映外国文化的因素；

（2）指出并解释故事中的冲突或误解及背后的文化根源；

（3）讨论故事中的人物，他们的问题，考虑他们的不同文化背景；

（4）思考自己对故事中人物的情感或对人物及其行为的不理解；

（5）指出文中的固化思维模式、文化偏见，概括并加以解释；

（6）将自己的观点和态度与其他同学进行比较和讨论；

（7）创作自己的文本，讲述自己亲身经历的或间接了解到的不同文化发生碰撞的故事，表达自己的观点；

（8）以所学课文为参照，评价自己的文本和其他学习者的文本。

通过这些活动，学习者不仅可以学习到跨文化知识，培养跨文化技能，同时也能增强文化批判意识，如果能长期坚持这样的教学，学生必定受益。

4.2　国内外新闻报道分析

无论我们是否愿意，国内外的新闻媒体都影响着我们的生活。英语教师要意识到这一点，并且要使学生成为积极的观众和读者，而不是被动的消费者和接受者，要引导学生比较和对比国内外媒体对同一新闻事件报道的异同，体会其中反映的文化上的差异，从而更好地了解自己和他者的价值观和意识形态。比较的问题涉及：（1）言说主体，即新闻的作者是谁，消息来源有哪些，他们的身份是什么，表达了什么观点；（2）言说内容，即报道的主要议题是什么，这些内容是如何叙说的；（3）文化关系，即这些报道背后是什么样的文化原则在起作用，形成什么样的文化状态。这一教学内容可以根据课程需要采取书面或口头表达的不同形式，也可以指导学生课下完成书面任务，课上进行口头汇报，最后教师点评。

5. 结语

随着经济与政治全球化进程的推进，世界不同文化之间的联系从未像今天这样紧密。外语教师作为语言和文化的传播者和协调者要承担起更多的责任。按照Byram的跨文化能力模型，外语教师要通过课上和课下的教学活动，为学生提供文化知识，提高学生的认知能力，引导学生比较中外文化，增强文化批判意识，最重要的是，要使学生保持国家身份认同，避免在国际交流中盲目追随西方文化而迷失自我。

参考资料

［1］Lado, Robert. Linguistics Across Cultures: Applied Linguistics for Language Teachers［M］. Ann Arbor: University of Michigan Press, 1957.

［2］Brooks, Nelson. Teaching culture in the foreign language classroom［J］. Foreign Laguage Annals, 1968, 1: 204-217.

［3］Nostrand, Howard Lee. Background Data for the Teaching of French［M］. Seattle: University of Washington, 1966.

［4］Erdmenger, Manfred and Istel, Han-Wollf. Didaktik der Landerskunde［M］. Tubingen: Max Hueber Verlag, 1973.

［5］Seelye, H.. Ned. Teaching Culture. Strategies for Foreign Language Educators［M］.

Skokie, Ill: National Textbook Company, 1974.

[6] Fichou, Jean-Pierre. Enseigner les civilisation [M]. Paris: Presses Universitaires de France, 1979.

[7] Melde, Wilma. Zur Integration von Landeskunde and Kommunikation im Fremdsprache-nunterricht [M]. Tubingen: Gunter Narr Verlag, 1987.

[8] Zarate, Genevieve. Engeigner une culture etrangere [M]. Paris: Hachette, 1986.

[9] Gallison, Robert. De la langue a la culture par les mots [M]. Paris: CLE International, 1991.

[10] Byram, Michael. Cultural Studies in Foreign Language Education [M]. Clevedon: Multi-lingual Matters, 1989.

[11] Kramsch, Claire. Context and Culture in Language Teaching [M]. Oxford: Oxford University Press, 1993.

[12] Byram, Michael. Teaching and Assessing Intercultural Communicative Competence [M]. Clevedon: Multilingual Matters, 1997.

[13] Starkey, Hugh. The Challenge of Human Rights Education [M]. London: Cassel Educatoin Limited, 1991.

[14] Brogger, Fredrik Chr. Culture, Language, Text [M]. Oslo: Scandinavian University Press, 1992.

[15] Byram, Michael. Teaching and Assessing Intercultural Communicative Competence [M]. Clevedon: Multilingual Matters, 1997.

在大学英语教学中融入中国传统文化的思考

苗　苗❶

【摘要】跨文化交际能力的培养是大学英语的教学目标之一，然而在英语教学中却存在着单纯输入英语文化知识而忽视中国文化学习和传播的"中国文化失语"现象。要解决这一问题，除了将教学大纲的相关内容具体化之外，更需要英语教师担当起文化传播的重任，将中国传统文化中优秀的价值观、教育理念以及深厚的文化知识融入课堂教学中去，提升学生的文化素养，使其在跨文化交际中展现出文化自信。

【关键词】大学英语教学；中国传统文化；跨文化交际

1. 引言

语言与文化紧密联系，不可分割。语言是文化的重要载体，是文化的基石，同时语言又是文化的一部分，受到文化的影响和制约。自二十世纪八十年代以来，我国的大学英语教学就一直非常重视语言与文化的关系。由教育部办公厅颁布的《大学英语课程教学要求》[1]（2007）（以下简称《课程要求》）在论及大学英语的教学性质和目标时指出："大学英语是以外语教学理论为指导，以英语语言知识与应用技能、跨文化交际和学习策略为主要内容，并集多种教学模式和教学手段为一体的教学体系。"明确将跨文化交际能力纳入大学英语教学内容中。根据《课程要求》，"大学阶段的英语教学要求分为三个层次，即一般要求、较高要求和更高要求"。其中更高要求中对学生的翻译能力提出了"能翻译介绍中国国情或文化的文章"的要求。《大学英语教学指南》[2]（2017）就大学英语的课程性质提出"大学英语课程重要任务之一是进行跨文化教育"，要求学生"了解国外的社会与文化，增进对不同文化的理解、对中外文化异同的意识，培养跨文化交际能力"，除此之外"社会主义核心价值观应有机融入大学英语教学内容"。习近平总书记在十九大报告中深刻阐明，"没有高度的文化自信，没有文化的繁荣兴盛，就没有中华民族伟大复兴"。而青少年的文化自信离不开学校的教育和教师的引导。在大学阶段，大学英语教学对于中国文化的传播起着重要的作用。在英语教学中融入中国文化的内容也有助于提高英语学习者的人文素养和跨文化交际能力。

---

❶ 苗苗（1977—），女，辽宁抚顺人，语言学硕士，北京联合大学讲师。主要从事英语教学与英语语言学研究。

2. 大学英语教学中的中国文化缺失

国内很多学者和高校英语教师已经认识到在大学英语教学中中国文化缺失的现象。跨文化交际是双方的交流，而不是一方向另一方单方面学习。然而，在大学英语教学过程中却存在着大量传授西方文化而很少传授中国文化的问题，导致学生误认为跨文化交际就是单向的基于西方文化的交流，在学习中也仅仅注重英语文化的输入，忽视中国文化的学习，更不能够主动、有效、对等地向外输出、弘扬中华民族优秀文化传统。肖龙福等[3]指出："研究者称中国英语教育中的这种现象为'中国文化失语症'。它对文化生态教学是一种破坏，对学习者全方位的素质培养是一种妨碍，而其背后所折射的隐患更是很多研究者所担心的。"张为民等[4]对清华大学126名非英语专业本科生进行了使用英语转述中国特色文化话题能力的调查，发现多数学生不知如何用英语描述中国传统节日庆祝活动。"大多数受测者不能很好地用英语表述中国特色文化；中国文化在大学英语教学中受到了明显的忽视。"石志华[5]在课堂上要求学生针对某文化主题做口头演讲，发现学生钟爱英美文化题材，"学生喜好的题材有英美传统节日（圣诞节、感恩节、万圣节等）、英美政治体系、英美教育、奥斯卡获奖电影、街舞、芭蕾等"，而只有极少数学生选择了中国文化题材。在访谈中，学生们表示因为对中国文化太熟悉了，没有新鲜感，提不起讨论的兴趣。以上研究表明，英语学习者既不能用英语表述中国文化，也缺乏对中国文化的兴趣，这对于培养文化自信和文化自觉、弘扬中国文化无疑是非常不利的。

3. 如何在大学英语教学中融入中国文化

那么如何改变这种现状呢？研究者们给出了一些建议，其中崔刚[6]提出要从政策制定，相关领域学术研究，教材、教学与课外活动以及社会环境四个方面下功夫，涉及与英语教育相关的各个因素，但这些研究都偏笼统，对于英语教学没有具体的指导。本文则拟从英语教师的角度从价值观、教育理念和教学内容三个方面说明如何将中国传统文化融汇到大学英语教学中。

3.1 传承积极的价值观

中国传统教育是中国传统文化的一部分。中国传统文化的核心是儒家文化，同样，中国传统教育的价值观和教学理念等各个方面都体现着儒家思想。中国传统教育以伦理道德教育为核心，以培养"圣人君子"为目标，强调"修身、齐家、治国、平天下"，将个人的德行修养放在第一位，视为国家统治的基石。这一观点虽然曾经是为统治者服务的思想武器，但其对品行的关注却是适应于当下的，适用于大学教育的。大学英语教育以培养学生英语综合能力为目标，同时也肩负着引导学生树立正确的价值观，弘扬中国传统文化的时代重任。

中国传统文化蕴含着伟大的精神、智慧和价值观，是人格塑造的基础。而其中颇为宝贵的价值理念是作为中国社会人伦秩序规范的孝道。孝文化的社会意识诞生于舜帝提出的"五教"，即"父义、母慈、兄友、弟恭、子孝"，此后在中华民族的文化血脉中流淌了几千年，其理论的形成则始于《管子》。《管子》的孝论涵盖十类人物群体，即父子、兄弟、夫妇、君臣（含君民）、师生（含师徒），这是人类社会中最具广泛性的十类人物群体。书中的《弟子职》篇从汉代直至明清时期一直被视为教育领域的"孝经"，其中提出弟子不仅应该尊敬老师，还应该在接受老师传授知识和技能的同时履行"孝悌"之义。构建师生这一群体的伦理关系，确立相互之间的孝悌之义，扩大了孝论对于社会实践的意义，有利于学术文化和知识艺能在良好的精神环境中传承。

3.2 学习优秀的教育理念

除了价值观之外，中国传统文化中还有很多值得师生学习的优秀教育理念。关于教育的真谛，《礼记》中的《学记》一篇做了明确的阐释。该篇首先提出了"玉不琢，不成器；人不学，不知道"的道理，说明了教育的意义和重要性，体现了"以教育为本"的思想。有关教与学的关系，该篇提出了"教学相长"的道理，说明在教学过程中，学生不能完全依赖教师，而应靠自己努力和思考，同样，教师也不能故步自封，而应补修学业以求精进。这一见解极其难能可贵，值得当代师生学习。作为英语教师，一方面要通过不断学习获取丰富的知识，了解和比较中西方文化，将文化知识传授给学生，加强学生的文化底蕴，提高学生的跨文化交际能力，同时要进行教学研究，将先进的教育理念和教学策略应用于实践。另一方面，教师要发掘学生的潜能，提高学生的自主学习能力。该篇还提出了"因材施教"的原则，指出学生学习时容易犯的四种过失："人之学也，或失则多，或失则寡，或失则易，或失则止"，教师要了解学生的能力和心理特征，教学内容的多少和难易要适合学生的特点。大学英语教师面对的是不同专业的学生，要根据每个专业学生的特点区别教学，分配不同的任务，体现出专业特色，同时也要考虑学生的个体心理差异，与每个学生的交流方式应有所不同。此外，该篇还提出了君子之教重在"喻"，即诱导启发。首先，要引导学生主动去学；其次，重在鼓励学生前进，不勉强推动；最后，注重启发学生，使他们自行思索，反对灌输注入。这种启发式的教学法具有重要的现实意义。英语教师在讲解课文之前，要首先导入话题，引发学生思考，设置的问题要能够培养学生的发散思维能力，教师不要干预学生的回答，避免把自己的想法强加于学生，扰乱学生的思考。在讲解课文的过程中要捕捉文化信息，引导学生体会中西方文化的差异，感受文化之美。有关教育的话题，中国传统文化经典如"四书五经"等多有阐述，其中蕴含的思想精华值得教育工作者借鉴和发扬。

3.3 传播深厚的文化知识

在教学内容上，英语教师可将中国传统文化自然地渗透到教学中去，而不是喧宾夺主将英语课改成中国文化课。基于非英语专业学生的英语基础，可在课堂上适时介绍中国传统节日的英文表达、庆祝活动以及以这些节日为题材的中国古诗及其英文翻译。比如有关清明节的诗《清明》："清明时节雨纷纷，路上行人欲断魂。借问酒家何处有？牧童遥指杏花村。"其英文译文有很多，包括吴钧陶的 "It drizzles thick and fast on the Pure Brightness Day, I travel with my heart lost in dismay. 'Is there a public house somewhere, cowboy?' He points at Apricot Village faraway." 和许渊冲的 "A drizzling rain falls like tears on the Mourning Day; The mourner's heart is going to break on his way. Where can a wineshop be found to drown his sad hours? A cowherd points to a cot 'mid apricot flowers." 在教学过程中，英语教师可以首先让学生比较两个译文的异同，适时补充和解释诗歌中的韵式和翻译技巧，在此基础上，让学生尝试自己翻译。这样，学生不仅感受到中国传统文化的深厚底蕴，也提高了自己的语言表达能力，更加享受英语学习。除此之外，英语教师还可以结合课文内容，向学生介绍与中国传统文化经典相关的词语的英文表达，比如儒家思想（Confucianism）、孔子（Confucius）、《论语》（The Analects/Lunyu）等，还可以介绍中国文化艺术表现形式的英文表达，如书法（calligraphy）、水墨画（ink and wash）、瓷器（porcelain）等。掌握了这些知识，学生才能在跨文化交际中更加自信和有意识地将中国文化传播出去，而不是一味地迎合对方，接受对方的文化影响。

4. 结语

在大学英语教学中融入中国传统文化元素符合大学英语教学的性质和目标。大学英语教师要将中国优秀的教育理念与西方教育理论相结合，丰富英语教学的文化内容，使语言教学成为文化教学的载体。这对于学习者树立正确的价值观，增强文化自信，传承和发扬中国传统文化，进而培养跨文化交际能力都有着重要的价值。

参考资料

[1] 教育部高等教育司. 大学英语课程教学要求 [M]. 北京：外语教学与研究出版社，2007：1-3.

[2] 教育部高等学校大学英语外语教学指导委员会. 大学英语教学指南 [Z]. 2017：2.

[3] 肖龙福，等. 我国高校英语教育中的"中国文化失语"现状研究 [J]. 外语教学理论与研究，2010（1）：39-46.

[4] 张为民，等. 大学英语教学中的中国文化 [J]. 清华大学教育研究. 2002（增1）：34-39.

[5] 石志华. 英语专业学生"中国文化失语现象"之反思 [J]. 教育理论与实践，2013（30）：53-55.

[6] 崔刚. 大学英语教学中中国文化的渗透 [J]. 中国大学教学，2009（3）：86-89.

电影在跨文化交际课堂中的应用[❶]

彭 慧[❷]

【摘要】 大学英语教学目的之一是培养学生的跨文化交际能力，鉴于学生实际的跨文化体验机会较少，本文论述电影在跨文化交际课堂中的使用价值。通过课堂实践证明电影中的跨文化实例有助于学生理解跨文化理论，是学生喜闻乐见的了解不同文化、培养跨文化意识和能力的有效途径。

【关键词】 电影；跨文化交际；优势

1.《跨文化交际》与跨文化交际能力

1.1 《跨文化交际》课程是大学英语课程体系必要的一部分

语言与文化密不可分，大学英语的教学目的不单单是教授一门语言，大学英语课程兼具工具性与人文性双重性质。学生学习英语，一方面是为了沟通交流以及满足未来工作的需求；另一方面，英语学习也是人文教育的一部分，通过英语学习，了解英语国家社会历史文化与风俗习惯，开拓思维，培养思辨能力和跨文化交往的能力。在国际交往日益频繁的大环境下，学生还应具备用英语传播中华文化、传播中国核心价值观的能力，这对于增强我国的文化软实力，促进我国的政治、经济发展，提高在国际上的影响力都具有重要意义。

为适应社会发展的需求，2017 版《大学英语教学指南》中明确规定："大学英语教学的主要内容可分为通用英语、专门用途英语和跨文化交际三个部分"[1]，我们学院近几年也开设了《跨文化交际》选修课，教学内容主要包括跨文化交际涉及的主要要素——文化模式、言语交际、非言语交际、文化与语境、文化适应等，将跨文化理论和跨文化实例结合，使学生对中西方文化差异有大致的了解，增强学生的跨文化意识，在一定程度上提高学生的跨文化能力。

1.2 跨文化交际能力

跨文化交际指"具有不同文化感知和象征符号系统的人们之间进行的交际，这种不同会对他们的交际事件产生影响"[2]。值得注意的是，跨文化交际不单单指不同国家人民之间的跨文化交际，也可以指同一国家中不同内部文化人民之间

---

❶ 北京联合大学 2018 年度校级教育教学研究与改革项目（一般项目）：大学英语"课程+文化"融合教学模式探究（编号：JJ2018Y002）。

❷ 彭慧（1976—），硕士，北京联合大学讲师，主要从事大学英语教学、翻译与跨文化研究。

的交往，这使得我们对学生进行跨文化教育更是具有现实意义。交际双方应具备文化差异的意识，具备一定能力和策略来应对差异，找到解决差异的办法，实现有效的跨文化沟通。伴随着全球化的发展，跨文化交际不但在英语母语者和非英语母语者之间进行，也越来越多地在以英语为中介的非英语母语者之间进行。鉴于此，跨文化交际能力的内涵也发生了改变，陈新仁、李捷把英语作为国际通用语背景下的跨文化交际能力，将其概括为 6 个方面：①平等、宽容、合作、共赢的文化态度；②对异域文化语境的敏感性和判断力；③文化观察、比较与反思的能力；④文化移情的意识、意愿与能力；⑤意义、目标、身份等的磋商能力；⑥准确、流利表达本土文化的能力。[3]由此可见，跨文化交际能力首先是一种开放的态度，愿意去了解对方的文化，能站在对方的角度考虑问题，需要交际者对交际环境、交际对象比较了解，能根据情况的变化随时调整交际策略，同时要熟悉自身文化，并能用英语传达本土文化，对我们中国学生来说，就是要能用英语讲好中国故事。准确把握跨文化交际能力的内涵对指导教学具有重要意义。

1.3 跨文化交际教学

Michael Byram 认为跨文化教学包括学会如何发现他者的价值观、信仰和行为，如何与自身做对比、比较，以及如何分析和评判我们自身以及他者的文化。因此，跨文化教学包括 knowledge（知识）、comparison（对比）、critique（评判）三个方面。[4]孙有中提出了跨文化交际教学的五个原则：思辨、反省、探究、共情及体验。[5]针对跨文化实际教学，不同学者也提出了不同的教学方法，如薛凤敏探讨案例法在跨文化交际教学中的应用[6]；郑萱、李孟颖利用行动研究的方法，构建了反思性跨文化教学模式[7]；马晶文提出项目与案例教学法的互补教学模式[8]。总之，在跨文化教学中，教师一方面给学生提供理论知识，使学生掌握分析问题、解决问题的方法，另一方面要使学生尽可能地参与跨文化体验，针对具体的跨文化事件，通过对比与比较发现文化差异，通过角色扮演等共情手段，对具体问题进行分析，提高学生分析问题的能力与思辨能力。

2. 影视作品在《跨文化交际》课堂的应用

2.1 影视作品作为教学资源的优势

（1）影视作品是了解一国文化的重要途径

影视作品作为一种艺术形式，是文化产业的重要组成部分，作为国家软实力一部分的影视作品也肩负着传播国家主流文化和核心价值观的任务。通过特定时期的影视作品，我们可以了解当时的社会风貌，人们的思想、意识形态和价值观。通过对比不同时期的影视作品，我们可以了解特定社会的文化变迁，是了解文化的比较直观又有吸引力的一种方式。

（2）内容丰富，涵盖面广

随着网络的发展以及中外交流的日益频繁，我们接触到丰富的中外影视作品，这些作品涉及不同年代，几乎触及跨文化交际的方方面面。首先我们可以按国家分类，通过看不同国家出品的电影了解特定国家的文化现象，我们也可以关注跨文化冲突方面的电影，着重了解文化差异，提高跨文化意识；我们也可以按题材，对比不同国家关于相同题材的影视作品，从中找出跨文化交际方面的关注点。总之，基本上我们关注的部分都能从影视作品中找到实例。

（3）案例真实，能反映现实

影视作品来源于生活，反映社会现实，其中有些电影就是基于真实事件拍摄而成，如电影《铁与丝》是基于主人公真实的跨文化体验改编而成。这些真实的例子容易引起观众情感上的共鸣，使得观众可以感同身受，以达到共情的目的。

2.2 选取电影的原则

在课堂教学中我们主要选取两方面的电影：一是集中反映中西文化冲突的电影，如李安导演的《推手》（Pushing Hands）、《喜宴》（The Wedding Banquet），郑晓龙导演的《刮痧》（The Treatment），王颖导演的《喜福会》（The Joy Luck Club），孙小铃导演的《铁与丝》（Iron and Silk）。这些电影集中在中西不同思维方式、不同价值观造成的文化冲突，选取这些电影的重点是使学生更好地认识中国文化。通过这些电影，我们可以看出一种文化中人们司空见惯、认为理所当然的事情在另一种文化的人看来却是匪夷所思、难以理解的。我们对于自己的文化经常会陷入"当局者迷"的情况，会想当然地把自己文化的思维模式带入到不同的文化当中，由此造成很多文化冲突，所以首先要使学生树立起文化差异的意识，相应地关注差异，关注外国人眼中的中国文化。

另一方面，我们也关注外国导演拍摄的反映不同种族、宗教、文化融合的社会中人们之间的相处问题，如保罗·哈吉斯导演的《撞车》（Crash）以及卡伦·乔哈尔导演的《我不是恐怖分子》（My Name is Khan）。这些电影可以唤起学生思想上的共鸣，引发他们对不同种族、不同宗教信仰的人们之间如何沟通问题的思考，树立一种开放、包容的文化态度，以平等的态度对待来自不同文化的人，通过沟通和交流解决现实问题。

2.3 课堂教学设计

课堂设计本着理论与实践相结合的原则，主要分为三个环节：理论介绍、实例分析和反思。下面以爱德华·霍尔的语境与文化理论为例。

第一步，理论介绍。爱德华·霍尔是美国的人类学家，被称为系统地研究跨文化传播活动的第一人，20 世纪 50 年代，确立了"高语境文化"与"低语境文化"的概念。高语境文化是指在交际过程中大部分的信息靠交际人本身传递，如通过手势、空间距离，甚至是沉默来传达，只有少量信息被明确地用语言的形式传递，表达含蓄、隐晦、间接。而在低语境文化中，大量的信息通过明确的语言编码被传递，表达直接、坦率。按国别排列，日本、中国、朝鲜排在高语境文化的前列，而法国、美国、德国排在低语境文化的前列。[9]

第二步，电影片段展示与讨论。因为课堂时间有限，教师就电影情节做简单介绍，事先截取电影中的一些片段，这些片段应集中体现文化差异或冲突，作为学生讨论分析的素材。如本次课选用李安导演的《喜宴》。《喜宴》里的主人公高伟同是一位同性恋，他的恋人是美国人 Simon，因为担心父母接受不了，高伟同对父母隐瞒了这个事实，所以父母一直给他介绍对象，催他结婚。后来为了给父母一个交代，也是为帮非法移民顾威威留在美国，高伟同与顾威威假结婚，结果高伟同父母一定要来美国主持婚礼，喜宴由此而来。在此，首先让学生通过对比与比较发现文化差异：如 Simon 与高伟同人际关系的对比；高伟同父母送给顾威威礼物与 Simon 送给高伟同父母礼物之间的对比，高伟同与顾威威西式婚礼与中式婚礼的对比，高伟同父母与 Simon 在表达反对意见时的对比等。通过对比与比较，学生首先对文化差异有直观的认识，如西方人的直白与中国人的含蓄。然后引导学生对中西不同的表达方式背后的文化根源进行分析：美国人讲究自由、独立、不拖泥带水；中国人要面子与给人面子，人际交往讲究看人眼色，听话听音。通过对比讨论使学生理解什么是高语境文化，什么是低语境文化，以及不同文化模式的根源以及对人际交往的影响。

第三步，反思。在讨论结束后，教师可提出一些相关问题，供学生进一步思考。如针对《喜宴》，可以引导学生对现代中国社会的婚姻家庭话题进行进一步讨论，如中国的父母替子女相亲，对大龄未婚女性的态度等。学生应该认识到，文化不是一成不变的，而是会随着社会的发展而发展变化，我们对自身文化的认识也要基于动态、发展的角度，做好对传统文化的继承与创新。

3. 结语

基于学生参与实际的跨文化体验的机会有限，作为文化传播方式之一的电影，是我们了解不同文化模式的重要手段。通过电影，学生可以针对不同的信仰、价值观与行为模式进行对比与比较，并对由不同情感、态度引起的文化冲突进行反思，通过小组讨论对跨文化问题进行分析，并试图找到解决问题的方法。这些活动有助于提高学生的跨文化意识和跨文化能力，对学生思辨能力的提高也有益处。由此可见，电影是跨文化交际课堂的有益补充，是满足学生对异域文化的好奇心、了解自身文化的有效的且有趣的方式，有助于培养学生宽容、平等的文化态度，以便未来有效地参与跨文化交际活动。

参考资料

[1] 王守仁.《大学英语教学指南》要点解读 [J].《外语界》，2016（3）：6.

[2] 萨莫瓦（Samovar, L. A.）等. 跨文化交际 [M]. 北京：外语教学与研究出版社，

2000：48.

［3］ 陈新仁，李捷. 英语作为国际通用语背景下的跨文化交际能力培养刍议 ［J］. 当代外语研究，2017（1）：21-22.

［4］ Michael Byram. Recent Developments in Intercultural Language Teaching. http：// ucourse. unipus. cn/course/148.

［5］ 孙有中. 外语教育与跨文化能力培养 ［J］. 中国外语，2016（5）：19-21.

［6］ 薛凤敏. 案例教学法在跨文化交际教学中的应用 ［J］. 教育教学论坛，2018（4）：192-193.

［7］ 郑萱，李孟颖. 探索反思性跨文化教学模式的行动研究 ［J］. 中国外语，2016（5）：4-11.

［8］ 马晶文. 项目与案例教学法的互补教学模式研究——以 "影视作品中的跨文化交际" 课程为例 ［J］. 兰州交通大学学报，2017（4）：108-111.

［9］ 严明. 大学英语跨文化交际教程 ［M］. 北京：清华大学出版社，2009：215-218.

大学英语教学中的文化平等意识培养❶

石文静❷

【摘要】语言是表明民族特征和归属的重要标志之一，是民族文化体系当中最基本的元素。目前中国大学英语教学中，教材编写大多围绕西方文化，课堂教学也以介绍西方文化展开，这在一定程度上导致中国学生本土文化意识的缺失。大学英语教师要意识到，作为全球通用语言，英语的学习不仅仅是为了了解他人，也是为了表达自己。大学英语教学并非单纯地向学生灌输西方文化，而是既要了解西方文化，更要保持本民族文化身份。大学英语课堂应该培养学生的文化平等意识，从语言、文化的角度让学生了解中西方的差异。让学生在了解西方文明的同时，自觉比较"本我文化"和"他者文化"，适应文化多元化，能够感悟和传播优秀中华文化。

【关键词】文化平等意识；大学英语教学；跨文化交际

1. 引言

《大学英语教学指南》（以下简称《指南》）指出，大学英语的教学目标是培养学生的英语应用能力，增强跨文化交际意识和交际能力，同时发展自主学习能力，提高综合文化素养。[1]

大学英语教学并不仅仅是语言教学，而是语言与文化相结合的教学，英语学习的最终目标是培养学生的跨文化交际能力。而跨文化交际本身就要求学生同时掌握目的语文化和本族语文化。在熟悉中华民族文化的基础上，学生能够探讨本民族文化中的价值观、传统、习俗之后，才有可能认真思考与本民族文化存在诸多差异的英美文化，进而做到理解和包容，才能真正达到增强跨文化交际的学习目标。

全球化带来各种文化的融合和创新，但同时国际的文化影响也在造成文化多样性的减少。一些弱势语言面临着强势语言的冲击。在这个全球化背景下，大学英语教师必须意识到文化交际并非单纯地以某一种文化为中心，而应该是双向的文化交流。[2]而语言与文化密不可分，是表明民族特征和归属的重要标志之一，

❶ 本文是北京联合大学 2018 年度校级教育教学研究与改革项目（一般项目）"大学英语'课程+文化'融合教学模式探究"研究成果，项目编号 JJ2018Y002。

❷ 石文静（1975—），女，四川人，文学学士，北京联合大学讲师。研究方向为英语教学，文学。

是民族文化体系当中最基本的元素。作为全球通用语言，英语的学习不仅仅是为了了解他人，也是为了表达自己。在全球化形势下，英语教师要有意识地保护中国本土文化，引导学生意识到英语学习可以让中国走向世界，让世界了解中国。教师应避免简单地向学生灌输西方文化，而是要在大学英语课堂上从语言、文化的角度让学生了解中西文化的差异，适应文化多元化；倡导目的语文化和本土文化有着同等的地位，培养学生文化平等意识；让学生运用英语这门工具，在了解西方文明、理解英语文化、具有国际意识的同时，也学习中国丰富多彩的传统文化，自觉比较"本我文化"和"他者文化"，提升自身鉴赏文化的能力和品位，从而在跨文化交际中既能洞察了解西方文化，又能保持本民族文化身份，感悟中国文化、认同本土民族身份，并能够用英语传播中华民族优秀文化，最终增强学生的跨文化交际意识，培养其跨文化交际能力。

2. 中国文化在大学英语教学中的现状

对于大学英语课程的性质，《指南》明确指出："大学英语课程是高等学校人文教育的一部分，兼具工具性和人文性双重性质。"

目前我国大学英语教学中存在中国本土文化的缺失和不足，很多学生无法用英语表达中国文化。表面上看来似乎是词汇的缺乏，但背后的原因却是相关知识的匮乏和中华文化修养的不够。

有些大学英语课堂，在教授英语语言知识的同时，在文化层面的引导上仅仅导入英美国家文化知识，使得很多学生深受英美文化影响而对本国文化了解甚少，有些学生认为学习英语就应该仅仅关注英语世界的文化，从而最终导致学生更加认同英语国家文化，对中华民族的优秀文化缺乏了解。长此以往，学生很容易盲目地接受英美文化的行为习惯甚至是价值观，进而对于他文化产生盲目崇拜、迷失自我，对于本民族的文化产生漠视。而失去了文化平等意识的学习者是无法做到在他文化面前不卑不亢的，更无法从容不迫地面对他文化的冲击。

英语教育如果在强调语言工具性的同时，忽视了英语的社会性和文化性，忽视了语言习得者文化价值观乃至他们思维模式的变化[3]，学生就很容易忘记或疏远自己民族的文化习惯和传统，造成母语失语，跨文化交际就无从谈起，这显然与《指南》中的培养目标相背离。

究其原因，主要体现在教材和教师两个环节上。

首先，大学英语教材缺乏本土文化内容。目前，中国大学英语教学中，教材几乎全部选自英美报刊、广播电视节目，教材中的文章大多是在介绍西方文化，尤其是英美文化，极少涉及中国文化内容。

其次，教师本土文化意识薄弱。文化教学并非一门独立的课程，而是语言教学的重要组成部分。然而，在实际教学中，大多数大学英语教师一方面还是习惯把重点放在语言形式的教学上，注重学生"听、说、读、写、译"等技能的培养;[4]另一方面课堂上文化教学也大多聚焦英美文化,以介绍英美文化展开,这在一定程度上导致中国学生对英美文化的主题比较熟练。

大学英语课堂中,教师往往疏于对中国文化的介绍,或者认为学生对中华民族文化已经相当了解,没必要在大学英语课上介绍中国文化及其内涵,或者认为中国文化的传播不是大学英语教学的内容,与自己无关。还有些教师本身对英美文化没有一个较为客观的认识,在导入英美文化时不分良莠,不做客观分析和评价,误导了学生,导致学生缺少本土文化意识,既对中国文化的主题内容不了解,同时由于语言输入不足,无法用英语表达中国文化。零碎的、缺乏系统的文化教学并不能真正地培养学生的跨文化交际能力。

3. 大学英语教学中提升文化平等意识的策略

加强中国文化教育,迫在眉睫。鉴于英语教育的特殊地位,大学英语课程必须找到一个合适的切入点来传播中华优秀文化,培养高度的文化自觉和文化自信,使学生在学习、理解英美文化的同时,探索本民族文化、认同本民族文化身份、树立文化平等意识,以正确的态度审视多元文化及其差异性,而不是在学习他文化的同时,越来越英美化、西方化,甚至迷失自我。[5]

中国优秀传统文化教育体现在大学阶段英语教学上的主要任务是,在英语语言文化教学的过程中,必须融入本土文化,补充、丰富和充实中国文化知识,加强学生中国传统文化精神的培养,使他们成为既具有中国文化精神又熟悉英语语言和英美文化的人才。

3.1 利用现有教材,挖掘本土文化

在英语教学中,篇章是学习语言知识和文化的重要途径。因此,大学英语教师可以通过篇章将中西方文化有效地结合并加以介绍,使学生从中体会中西方文化的差异。[6]探讨中西方文化差异是大学英语文化教学不容忽视的客观现实,大学英语教师要充分利用篇章的原有资源,将本土文化渗透其中,使教材在情境中的适应性最大化,从而达到使学生用英语传递中国传统文化的目的。

3.2 提升教师素养,培养多元视野,传播本土文化

大学英语教师是我国文化教学的主要实施者之一,教师对本土文化教学的观点、态度和意识起着至关重要的作用。[7]只有当教师具有多元文化视野,才能够培养学生的文化平等意识和提升学生对于本土文化的归属感[8]。因此由教师在大学英语课堂中来传播中华优秀传统文化是切实可行的办法。教师理应在现有教材和教学条件下,最大限度地合理利用教材,挖掘现教材中的中国文化内容,体现中华文化精神的精髓,最大限度地将中国文化教育融入英语课堂中。

首先,在教学过程中,大学英语教师要把语言知识的讲解与文化知识的传授协调统一,使学生在掌握语言能力的同时,提高对中西方文化差异的敏感性。这也对教师自身提出了要求,教师必须具备终身学习的精神,要切实地转变自身的

教学观念，提高自身的跨文化交际能力，要有意识地去提高自身的中国文化素养和用英语表达中国文化的能力[9]，及时了解并更新中国文化的英语表达方式，将语言训练与文化教学紧密结合起来。

其次，大学英语教师还应掌握一些比较文学的原理与理念。大学英语教材篇章都包含丰富的人文精神价值，教师在教学过程中，应该做到从中西文化不同角度去解读并升华主题，根据其主题进行中西方文化的对比，使学生了解不同文化语境下同类事物的不同表现形式、表达方法及内涵。这样，在讲授西方文化的同时，自然地导入中国文化内容，加强本土文化的渗透。教师在课堂教学中对于他文化和本土文化的差异进行适当地引导、解读和分析，有利于培养学生的批判性思维和文化平等意识，而不是全盘接受英美文化观念。这将有利于学生顺利实现跨文化交际。

除了课堂上的文化传播，大学英语教师还可以通过布置中国文化学习任务来直接影响学生的课外学习内容。

4. 结语

教师是外语教育的关键因素，在外语教育过程中引领着主流文化与意识形态及核心价值观的导向，无论是外语教材内容的筛选取舍上，还是教学内容的安排把握上，教师的导向作用非常关键；同时，教师对学生人格的塑造、健康成长成才也起着至关重要的作用。外语教师在跨文化教育的同时，完全可以将爱国主义、集体主义、国情教育等内容渗透其中，引导学生正确看待改革发展中遇到的现实问题，以良好的心理状态调整行为。[10]教师还需要不断提高受教育者对社会主义核心价值观的认知和认同，帮助学生树立正确的世界观、人生观和价值观，促进学生自由而全面的发展。

大学英语教学要导入中国本土文化，使学生对卓越的民族文化产生认同感和自豪感，使他们既能吸收西方的优秀文化，又能秉承我国的民族文化，并发扬光大，在跨文化交际过程中彰显出文化大国学者所应有的深厚文化素养和独立文化人格。

参考资料

[1] 教育部高等学校大学外语教学指导委员会. 大学英语教学指南 [M]. 北京：外语教学与研究出版社，2015.

[2] 代礼胜. 论外语专业学生多元文化认知能力与跨文化交际能力培养 [J]. 外国语文，2009，25（5）：116-120.

[3] 杨维东. 外语教育中存在的文化与意识形态问题及应对 [J]. 外语教学，2015，36（5）：73-76.

[4] 李桂苓. 大学英语教学中本土文化导入及策略 [J]. 教育理论与实践，2014，34

（18）：57-59.

［5］陈庆．英语教学中的国际理解与本土文化［J］．上海教育科研，2011（1）：87-89.

［6］罗玲．在大学外语教学中有机融入中华优秀传统文化［J］．中国高等教育，2015（21）：51-53.

［7］陈素琴，张丽红，王金生．跨文化交际模式下的英语教师本土文化意识［J］．现代教育管理，2010（6）：85-87.

［8］章光洁．多元文化社会中的教师角色及其对教师教育的启示［J］．西南师范大学学报（人文社会科学版），2002，28（6）：68-72.

［9］于巍．大学英语教学中的"中国文化失语症"［J］．读与写杂志，2015，12（7）：30，35.

［10］杨盈，庄恩平．构建外语教学跨文化交际能力框架［J］．Foreign Language World，2007（4）：13-21，43.

论文化背景对中国学习者英语写作的影响

石文静[①]

【摘要】很多公开发表的文献都讨论过文化背景对于非母语学习者英语写作的影响，在文献综述的基础上，本文认为逻辑并非普遍适用的，而是受文化限制的。正是由于文化意识的缺乏，一些在中国原本合格的英语学习者去英语母语国家留学时，却在学术写作上屡屡失利。一篇好的英语写作作品应该是结构清楚、主题鲜明、论证有力；而传统的中文写作往往更注重完美的文字表达而非独创性和客观性。很多研究表明文化背景和文化意识对于中国英语学习者的英语学术写作往往有不利影响。因此，在他们的海外求学过程中会产生理解失误和跨文化交流失误。本文建议中国教师应该提升文化意识，进而调整教学策略，以便更好地服务于那些未来有志于海外留学深造的学生。

【关键词】文化影响；英语写作；中国学习者；文化意识

1. 导论

笔者的一位同事曾经有点担心她在美国读本科的女儿，她女儿说教授对于她论文的评价是"too flowery"。作为一名有经验的大学英语教师，同事对女儿的那篇论文却很满意，因为那是她亲自为女儿润色过的。而她的女儿是很多中国海外学子的一个缩影。当中国学生去英语为母语的国家，尤其是美国留学时，希望得到世界承认的教育学历，他们往往发现自己的写作不能达到英语为母语的教授们的要求。而值得注意的是，很多这样的留学生都在国内通过了大学英语四级考试，并且达到了中国高等教育对于英语的要求。这些留学生往往具备一定的词汇量和语法、句法知识，相对来说具备一定的英语语言能力，但却不能达到英语母语国家标准的学术写作能力。同时，笔者同事的反应也表明了部分中国高校英语教师的困惑。是什么造成了合格的中国学习者在海外留学时英语写作的失利？原因是多样的，但本文仅仅旨在探索文化方面的因素。本文中所指的中国学习者是指那些生活、学习在中国大陆的学生。本文的潜在读者是中国高校英语教师。通过分析中国高校目前英语写作课程的现状，意在帮助教师提升文化意识，从而调整教学策略，以便能够更好地为那些未来希望在海外留学的中国高校学生服务。

---

❶ 石文静（1975—），女，四川人，文学学士，北京联合大学讲师。研究方向为英语教学，文学。

2. 文献综述

Kaplan（1966）在他开创性的研究中指出社会学家和人类学家都普遍认可的常识，即逻辑不是普遍适用的而是受文化限制的[1]。从那以后，很多研究人员都进行过理论研究或者实证研究，探讨在英语文化和亚洲文化，尤其是中国文化中，对于好的写作的不同标准。

Kaplan（1966）认为英语的思维模式传承于古希腊家，具有柏拉图—亚里士多德式直线型特点。因此，母语为英语的环境下，好的写作作品的评判标准是结构清楚、主题鲜明、论证有力。某些研究人员同意 Kaplan 的这一观点。例如：Mirshafiei（1994）和 Reichelt M.（2003）在研究中也写道，在英语写作评价标准中，结构清楚是一个重要评价因素。[2][3] 在 Kaplan 之后的几十年中，某些研究人员更加详细地描述了英语写作评价标准。在对 11 名美国学生和 219 名外国学生的实验中，Mirshafiei（1994）指出，美国教师在写作评价标准中十分看中准确性和客观性。Fu 和 Townsend（1998）提到，能够清晰地表达观点是一篇好作文的重要特征。[4] Reichelt M.（2003）则提出，美国教师重视写作中表达是否准确、推理是否合理以及论证是否有力，因此会对逻辑连贯并具有独创性的作文给以更高的分数。

研究人员们一致认为，英文思维逻辑是线性发展，强调清晰、客观和独创，而亚洲文化对于好作文的评分标准则与此呈现巨大差异。Kaplan（1966）在他影响深远的研究中分析了 600 名外国学生的作文，并指出东方作者文章的开展是围绕着一个主题，"然而作者从不直接看待主题"（P. 10）。除了这个不直接的特点以外，Fu 和 Townsend（1998）在对于中国学习者的研究中指出，受过良好教育的中国学习者往往倾向于使用语言的固有表达模式而不是使用自己独创的表达方式。这能够显示他们在古典文化方面的渊博，在中国文化价值观中，这代表着艺术修养。事实是，根据 Wang 等（2002）和 Marambe 等（2012）的研究表明，这不仅仅是中国文化的特征，而是亚洲文化共同的特征。[5][6] 他们的研究进一步确认，比起批判性思维和新颖的观点来，亚洲学习者更钟爱华丽的辞藻。

学者中普遍承认，文化背景会影响非英语母语学习者的英语写作，而且通常是负面影响。很多针对亚洲学习者、尤其是中国学习者的实验结果都证明，这些学习者在英文写作中遭遇的困难和失败要归因于他们之前在母语文化下接受的教育的影响。一方面，很多亚洲学生被鼓励去背诵经典文学作品而不是去挑战教育中的权威（Wang 等，2002）。而另一方面，亚洲学生和他们英语母语的教师之间缺乏沟通，双方都没有意识到这种写作评判标准的差异，从而导致学生在英语写作中的失利（Fu 和 Townsend，1998）。

很多研究人员和学者（Fu 和 Townsend，1998；Matsuda 和 Silva，1999；Wang 等，2002；Reichelt，2003）承认，文化意识是解决问题的关键。[7] 他们强

调这种差异不应该被看作是缺陷。Fu 和 Townsend（1998）强调母语为英语的教师的价值观。他们建议母语为英语的教师应该接受培训，使自己的思想更加开放、具有多元文化视角，这样才能区分哪些是写作标准中的文化差异，哪些是学生的能力不足、无知和水平有限。同时，母语为英语的教师有义务帮助非英语母语的学生认识到美国写作评判标准和学术写作中的逻辑，以便学生能够成为二元文化的学习者和有能力的写作者。

同时，非英语母语的学生如果能够得到恰当的支持，他们的学习模式并非固有不变，而是可以改变的（Marambe 等，2012）。很多研究人员提出了实际的建议来解决这一问题。例如：通过描述在普渡大学进行的一门跨文化写作课程，Matsuda 和 Silva（1999）提出了一个调节方式来促进 ESL 学习者的有效学习。在这门课程中，ESL 学习者被要求记周记，并完成五项主要的写作任务。研究人员认为，这门课程对于 ESL 学生来说并没有降低要求，同时也不让学生感到害怕，而这就是 ESL 写作能够成功的重要因素。

从这些研究中我们可以看到，很多研究者研究的非英语母语学习者，都是在英语母语国家留学，师从母语为英语的教师。而对于那些在本国学习英语、师从非英语母语教师的学习者来说，情况可能会有所不同。例如：在当代中国，越来越多的中国学生准备出国留学深造，在这些学生到海外留学之前，中国的英语教师能够做些什么来降低中国文化对于中国学生在英文写作中的负面影响呢？笔者相信在这个领域的研究对于中国学生和中国英语教师都是有意义的。

3. 英语写作课程在中国的现状

中国教师和学生都不太关注独立思维的发展。正如 Marambe 等在 2012 年指出的那样，亚洲文化价值观可以追溯到儒家文化的影响，而这不会鼓励学生质疑权威或者表达自己的思想。大学英语课程中在英语写作训练模块上的设计是适合大学英语四级考试的要求的。从 1987 年以来，大学英语四级考试就是公认的全国性英语考试，该考试针对大学本科生和研究生，要求学生能够在半小时内，根据规定题目或者大纲写出一篇作文。不按规定题目写作或者与写作评分模板相悖的写作则很可能不能及格。

新颖的观点并不是中国写作评分标准中最重要的因素，而文字表达优美则是素养良好的证明。Wang 等（2002）提出，"The purpose of Asian writing is to show the beauty of words and expressions. Asian students consider writing to be like painting. They spend most of their time selecting words and polishing structures rather than speculating, questioning, and exploring ideas（p. 99）."在这种标准下，背诵和演练是中国英语教师的重要教学策略。中国英语教师鼓励学生引经据典以便在四级考试中获得高分。有些学生会死记硬背，喜欢背诵一些所谓的"好句子"，而这些"好句子"指的是那些精致经典的表达方式，证明他们读过经典作品并且记住了里面的重要部分。

虽然中国高校英语教师对于独立思想和新颖的表达有一定程度的忽略，但是大多数老师能够意识到英语文化中的直线型思维模式和中国文化中的螺旋形思维模式的不同。他们高度重视用清晰的例证直接表达观点。同时，他们也重视运用过渡词来确保写作的连贯性，认为这也是好文章的保证之一。遗憾的是，中国对于写作的传统评价标准深深影响着大多数中国学生的思维模式，虽然这种影响是在潜意识中的，但是学生们却习惯于不明示思想之间的逻辑关系，使读者不得不去完成本该写作者完成的任务——使思想连贯起来。

4. 中国英语教师教学策略的变化

在对非英语母语学习者的文化影响研究中，很多研究者（Kaplan，1966；Fu & Townsend，1998；Matsuda & Silva，1999；Wang et al.，2002；Reichelt，M.，2003）都承认英语为母语的教师自己具有文化意识的重要性，只有教师有文化意识才能够帮助非英语母语的学生认识到文化上的差异。我们完全可以得出结论，教师教学策略是与学生的学习方法紧密相连的。这不仅仅适用于英语为母语的教师，也同样适用于非英语母语的英语教师。事实上，可以说这适用于所有非英语母语的英语教师。为了帮助中国学习者更好地为将来在英语世界的学术写作做好准备，中国的英语教师应该首先重塑自己，使自己具有二元文化思维。只有教师和学生双方共同努力才能改变现状。

除了文化意识以外，还应该设计特殊的训练，给学生以充足的支持。Matsuda 和 Silva（1999）描述了普渡大学开设的一门跨文化写作课程，这门课程作为一种调节方式能够促进 ESL 学习者的有效学习。在这门课程中，ESL 学习者被要求记周记，并且完成五项主要写作任务。普渡大学的这一实践做法也可以适用于中国的 EFL 学习者。教师可以开设一门《英语世界学术写作》选修课，作为传统大学英语写作课程的补充，这样的课程可以促进 EFL 教师和学习者的成功。学生可以从简单的写作练习入门，比如日记和周记。此外，教师也可以为学生列书单供学生阅读，并且要求学生从最基础的学术写作开始练习，比如转述、引用、概括以及写反思报告等。同时，也需要培养学生一些学术写作的基础技能，如文章框架的构思、文章发展的连贯性和一致性、过渡词语的使用等。学生们急需培养批判性思维和独立思考的能力。教师可以推动学生对权威理论进行挑战和表达创新思想。

5. 结论

中国英语教师应该认识到文化背景对于中国学习者英语写作的影响，这首先有利于教师意识到中英文写作的差异，进而能够提升学生的二元文化意识，认识到英文学术写作和传统中文写作在诸如哲学起源、思维模式、表达方式、逻辑推理和论证等各方面的差异。

此外，学校如果能够开设一门英语学术写作的补充课程，对于中国学习者来说将是一个有力的支持。

同时，中国教师和学习者应该认识到在写作评判标准上并无优劣之分，只有思维表达方式上的不同。我们在写作中做出的每一种选择都与我们所处的文化相关，也都值得我们理解和欣赏。

参考资料

[1] Kaplan R. B.. Cultural Thought Patterns in Intercultural Education [J]. Language Learning, 1966, 16 (1-2): 1-20.

[2] Mirshafiei M.. Culture as an Element in Teaching Technical Writing [J]. Technical Communication, 1994, 41 (2): 276-282.

[3] Reichelt, M.. Defining "Good Writing": A Cross - Cultural Perspective [J]. Composition Studies, 2003, 31 (1): 99-126.

[4] Fu, D., & Townsend, J.. Cross-Cultural Dilemmas in Writing: Need for Transformations in Teaching and Learning [J]. College Teaching, 1998, 46 (4): 128-133.

[5] Wang, Y., Martin, M., Martin, S., & Martin, S.. Understanding Asian Graduate Students' English Literacy Problems [J]. College Teaching, 2002, 50 (3): 97-101.

[6] Marambe, K., Vermunt, J. j., & Boshuizen, H.. A Cross - cultural Comparison of Student Learning Patterns in Higher Education [J]. Higher Education, 2012, 64 (3): 299-316.

[7] Matsuda, P., & Silva, T.. Cross - Cultural Composition: Mediated Integration of US and International Students [J]. Composition Studies, 1999, 27 (1): 15-30.

融合中国文化、深化大学英语教学❶

王凤荣❷

【摘要】大学英语是一门重要的通识教育必修课。它的教学目的不仅仅是教授语言知识，也要培养学生的跨文化交际能力。中国文化在大学英语课堂中处于缺失状态。在课堂中引入中国文化，让学生深入了解中国文化的博大精深并学会用英语表达，不仅有利于帮助学生树立正确的人生观和价值观，也有利于中国文化的对外传播。

【关键词】大学英语教学；中国文化；融合

大学英语是一门重要的通识教育必修课，大学一、二年级的学生都要学习。这门课程对学生未来发展十分重要。英语在跨文化交际中扮演着重要作用。把中国文化渗透到教学之中，让学生学会用英语表达本民族文化是十分必要的。Kramasch 说"语言表述着、承载着、也象征着文化现实。语言与文化两者密不可分"[1]。《大学英语教学大纲》也强调："大学英语课程的重要任务之一是进行跨文化教育。语言是文化的载体，同时也是文化的重要组成部分；掌握英语这一交流工具，不仅可以学习和交流先进的科学技术和专业信息，而且可以了解英语国家的社会文化，理解不同文化及其异同，培养跨文化交际能力，可以倡导以人为本，将社会主义核心价值观融入大学英语教学，充分挖掘大学英语课程的丰富人文内涵。"我们课程的教学目的不仅仅是传播语言知识，更重要的是把中国的文化传统和价值观融入其中，通过教师的引导，让学生树立正确的人生观，加强学生的文化自信，并适时地把我们的文化向外输出，弘扬中华民族的优秀文化。

1. 英语课堂中中国文化的缺失

长期以来，英语教学中的文化传授主要集中在英语国家文化方面，对中国本土文化很少涉及。有人对我们使用过的两套大学英语教材进行过语料文化背景及内容的分析，结果发现《大学英语综合教程》1~4 册，共 64 篇阅读材料，其中关于英美国家文化的语料有 44 篇，占总数的 68.8%，仅 1 篇与中国文化相关，

───────────────

❶ 项目来源：北京联合大学 2018 年度校级教育教学研究与改革项目（一般项目）：大学英语"课程+文化"融合教学模式探究（编号：JJ2018Y002）。

❷ 王凤荣（1966—），北京联合大学讲师，从事大学英语教学工作，研究方向为英语语言学与语言教学。

占总数的 1.56%。《大学体验英语综合教程》1～4 册，共 96 篇，其中关于英美国家文化的语料共 51 篇，占总数的 53.1%，仅有 4 篇章与中国文化相关，占总数的 4.2%。[2]学生从中学到大学在英语课上学习的文章基本上都出自英语国家，虽然教学语篇的真实性得到了保证，对学习语言的基本知识，如词汇、语法、句法、语篇来讲有很大帮助，但这样的文章承载的是英语国家的文化，我们母语文化的内容得不到体现。南京外国语学院从事博士生英语教学的从丛教授把这种情况称为英语教学中中国文化的 "失语"。[3]

这种情况造成的一个直接影响就是学生不会表达母语文化。尽管学生曾经学习过语文课，但英语教材中没有学习过这方面的内容。从丛教授指出中国文化的失语对于国际交流的负面影响非常严重，"当西方同行怀着敬意探询 Confucianism/Taoism（儒/道）的真谛时，我们的学者却心有余而力不足，只能顾左右而言他。有些博士生有较高的基础英语水平，也有较高的中国文化修养，但是一旦进入英语交流语境，立即呈现出中国文化失语症"。记得 2017 年端午节前，笔者提问学生端午节怎么说，多数学生不知道，问到端午节有什么习俗时就更不会表达了。

此外，大学英语课程中中国文化的缺失还有另一个深层的负面影响，就是它可能会造成西方文化左右年轻人的思想和行为理念的问题。学生们思想都比较单纯，对西方文化十分好奇，甚至盲目崇拜。目前青年人中过西方节日的习惯越来越盛行恐怕就是一个例子。文化没有高低贵贱之分，我们通过中西文化的对比，要让学生了解不同文化的差异，认识到中国文化的博大精深，对自己的文化感到自豪，并将其发扬光大，而不能让西方文化左右我们的价值观、生活方式和行为理念。在大学英语课程中注重中国文化的融合是十分重要的。

2. 在大学英语课程中融入中国文化的探索

把中国文化融入英语课堂主要在于两个方面，一个是文化内涵，另一个是中国文化术语的英文表达。一般来说，学生学了十几年英语，已经基本具备了英语语言语法知识，能够就一般性题材进行叙述和表达思想，在掌握了中国文化术语的英文表达法后就很容易进行课堂讨论、问答等活动。近来笔者对于在课程中渗透中国文化进行了一些尝试，发现学生对于如何表达母语文化十分感兴趣，争相记笔记，积极参与活动。笔者目前主要尝试通过两个途径把中国文化引入课堂。

一个途径是发现教学材料中的文化现象，进行中西文化对比，把中国文化有机地融入教学材料，并通过问答、讨论、翻译等形式给学生提供实践应用机会。例如，这学期笔者所教的学生要进行四级考试备考，在做听力辅导过程中听到一段英语国家生日习俗的对话：

M：David told me you had a special birthday coming up.

W：Oh…yeah that's right. This year will be my golden birthday.

M：What does that mean? I've never heard of a golden birthday.

W: I've actually just learnt this concept myself. Fortunately, just in time to celebrate. A golden or lucky birthday is when one turns the age of their birth date. So, for example, my sister's birthday is December 9th and her golden birthday would have been the year she turned nine years old. Come to think of it, my parents did throw her a surprise party that year.

材料中提到了西方的 lucky birthday 以及如何过生日, 这是学生比较熟悉的一个话题, 于是笔者问学生英语国家的人们如何过生日, 学生总结得很全面, 如: throw a party, eatbirthday cake, blow out the candles 等等。之后笔者又问中国人过生日有什么传统, 学生只说出中文长寿面, 于是笔者给出 long-life noodles /longevity noodles 并提问长寿面有什么讲究, 学得好的学生基本能说出 eat a single long noodle, not break into pieces, the longer the noodles are, the longer the person lives 等。之后针对这个话题笔者又给出了一些英文表达, 如: the year of zodiac animal in which one was born (本命年); 60ᵗʰ birthday: (60 大寿); Longevity Peach (寿桃); longevity banquet (寿宴) wear red (穿红) 等。在这之后为了锻炼和加强学生的应用能力, 笔者又给学生布置了一段有关中国生日传统的翻译练习: "六十大寿被认为是人生中极为重要的一次, 因此经常要举行盛大的庆祝活动。在此之后每隔 10 年就要举行一场生日庆祝, 也就是 70 岁、80 岁等。" 学生对这个活动很感兴趣, 发言很热烈, 翻译活动进行得也很顺利。

另一个途径是用英文讲时事。我们生活中出现的新鲜事或国家大事, 学生一般都有所了解, 但是并不知道用英文怎么表达。如果给学生补充一下这方面的术语, 让学生能够用英语讲述, 也是加强中国传统文化和价值观传播的一个途径。通过课堂实践, 笔者发现学生对这种事实方面的术语也是很感兴趣的。例如, 这学期开学初 "两会" 正在进行, 于是笔者给了学生一些相关术语, 如: 全国人民代表大会 (National People's Congress); 中国人民政治协商会议 (the Chinese People's Political Consultative Conference); 工匠精神 (the spirit of workmanship); 创新型国家 (a country of innovators); "十三五" 规划 (the 13ᵗʰ Five-Year plan) 等。2018 年 4 月 10 日博鳌亚洲论坛在海南举行, 会上习主席做了主旨发言。于是在课上笔者根据习主席讲话的英译稿总结了一些表达法教给学生, 如: strengthen protection of intellectual property rights (加强知识产权保护); lower import tariffs (降低进口关税); the Belt and Road Initiative ("一带一路" 倡议); energy conservation and emission reduction (节能减排); build an open global economy (构建开放型世界经济) 等。

在教学中增加中国文化元素并不偏离教学重点, 而是对课堂教学的深化, 也是英语教学大纲的贯彻实施。这一点从大学英语四、六级考试要求中就可以看到。大学英语四、六级考试的段落翻译部分要求学生就有关中国的历史文化、经济、社会发展等各个方面的短文进行翻译。2014年6月的六级考级翻译题中有一段："第三份报告呼吁加强顶层设计，以消除工业升级中的结构性障碍，并促进节能减排"，其中就考到了"节能减排"这个表达。可见在大学英语教学中融入中国文化有利于深化课堂教学效果。

3. 大学英语教师应加强中国文化修养

把中国文化融入大学英语教学，对教师提出了很大挑战。大多数长期从事大学英语教学的教师对英语国家文化都比较了解，但是对于中国文化领域很少涉足。对中国文化没有深入的理解，就无法对学生进行渗透与传播。大学英语教师应深入学习中国文化的精髓，增强自己的文化修养，加强对中国文化的研究，提升对中国文化的理解力。学校也应鼓励英语教师参加此类的科研和业务进修活动。此外，大学英语教师也要多关注国内时事，关注这些时事的英文表达。只有这样才能做到在思想上和语言文化上正确引导学生，让学生对自己的文化感到自豪，担负起文化传播的重任。

4. 结语

在大学英语教学中，文化是不可缺失的一部分。把中国文化融入大学英语课堂教学之中，有利于学生深入了解中国文化，树立文化自信，使学生在跨文化交际中能自信地用英文表达中国文化，用英语向外国人推介中国文化，增强中华文化的国际影响力。"在高校英语教学中渗透中国文化的内容，并不是高校英语教学重心的转移，而是语言教学的深化，也是我国高校英语教学发展的必然趋势。"[4]作为大学英语教师，我们应该丰富自己的本土文化知识，积极研究本土文化，更好地完成文化传播的任务。

参考资料

［1］Kramasch C.. Language and Culture ［M］. Oxford，New York：Oxford University Press，1998.

［2］王菲. 我国大学英语教材中的文化选择与配置——以两套大学英语《综合教程》为例 ［J］. 西安外国语大学学报，2010 (6)：101-104.

［3］从丛. "中国文化失语"：我国英语教学的缺陷 ［N］. 光明日报，2000-10-19.

［4］周敏. 在大学英语教学中融入中国文化的思考 ［J］. 宁波大学学报（教育科学版），2011 (6)：121-124.

文化型大学英语口语课程的实践与研究[1]

王　钰[2]

【摘要】现有普通高校非英语专业大学英语口语课程开设较少，我院从 2014 级针对文科大类学生开设为期一年的英语口语课程，进行了一系列的实践和探索。本文从学习语言与文化的关系入手，阐述口语教学中进行中外文化教育的必要性，结合语言结构"词块"的学习，提出了开展文化型大学英语口语课课堂的应用方法。

【关键词】文化型；英语口语；词块

1. 背景介绍

我院自 2014 年新生入学至今，针对普通高等院校非英语专业的文科大类学生开设了英语口语课，课程设置为每学期 32 学时，共计 64 学时两个学期。该课程属于大学英语通识教育必修课程，其教学目标体现为：通过系统的国际音标知识的学习，进一步规范、完善自己的语音语调；通过口语课程的学习实践，学生能够以口头描述、报告、解释、复述、概括、磋商、讨论及辩论等方式传达信息；就日常生活事务和偶发事件进行基本的交谈，表达自己的观点，判断和把握说话者的态度。课堂教学话题（subjects）涉及当代青年学生日常生活的方方面面，如兴趣爱好、文化差异、人生目标、道德观念、友谊与爱情、家庭关系、工作与就业等；也可涉及与当今社会密切相关的主题，如经济全球化、环境保护、冲突与和平、教育公平、犯罪与处罚等问题。课堂讨论主题具有强烈的时代性、趣味性和挑战性。课程采用突出主题的交际、任务型教学模式，并突出"以内容为基础，以学生为中心，以测验促学习，以竞赛强实践"的教学手段。做到充分满足当代大学生在知识、智力、情感、个性发展等方面的需求，组织和引导他们围绕日常生活、所学专业、社会焦点方面的特定主题进行循序渐进、由简入繁的英语口语交际活动。教学活动以语言功能使用为切入点，指导学生在各种有趣的任务和活动中实现对特定语言表达法的练习和使用。教学内容遵循语言材料的真实性和多样性原则，且强调教学内容的趣味性，激发学生的学习热情。

---

[1] 项目来源：北京联合大学 2018 年度校级教育教学研究与改革项目（一般项目）"大学英语'课程+文化'融合教学模式探究"（编号：JJ2018Y002）。

[2] 王钰（1966—），女，北京联合大学副教授，从事大学英语教学与研究工作。

2. 教学内容设置

2.1 课程安排

我们采用每个学期4段制（sessions），即四周为一个阶段，其中三周时间是专项内容学习与练习，第四周为测验考查，测验形式为一对一、一对二、一对多人小组等"以测验促学习"。通常在每个阶段我们都会适度开展口语教学的文化层面拓展，比如语音阶段安排朗读、背诵、影视角色扮演等活动，旨在了解英美文化在文学及影视作品中的体现。又比如在第二学期的第三或是第四个阶段重点进行由外教所做的文化讲座、文化比较，开展对比、学习中西文化等教学活动，帮助促进学生主动了解中国文化与西方文化呈现的不同方式方法，并在此专项练习之上组织演讲比赛、影视角色扮演比赛等活动，"以竞赛强实践"。

2.2 教学内容

我们安排了8个板块：语音语调的规范、影视角色扮演、闲聊技巧（small talk）、描述及讲故事、演讲技巧、跨文化交际、辩论以及提问；与之对应的测验内容有：朗读背诵及音标拼读、影视配音、闲聊技能运用（包括谈论天气、爱好、运动、家乡、食物等）、看图讲故事、演讲实操、对话不同文化的了解、就时事热点等话题辩论（包括交友恋爱、外语学习、教育资源、环境保护、网络欺凌、死刑判罚等等）以及委婉客气提出抱怨、请求或要求等。

3. 文化型大学英语口语

文化是一个非常广泛的概念，是凝结在物质之中又游离于物质之外的，能够被传承的国家或民族的历史、地理、风土人情、传统习俗、生活方式、文学艺术、行为规范、思维方式、价值观念等，是人类之间进行交流的普遍认可的一种能够传承的意识形态。[1]大学英语口语课堂的文化教学，更应被处理为语言交流的一部分，而不是空洞的语言学习形式。因此，现有的大学英语口语课堂都非常重视文化教学的内容。教师要特别留意英美文化与中国文化的差异，并进行比较，使学生了解两种文化的区别。学生通过学习后，既能用英语这门外语描述自己熟悉的本土文化生活、风土人情，又可以用英语表达他们对问题的看法和观点，进而感受不同文化的差别，避免两种文化的冲突。在大学英语口语教学中，教师可以根据不同教材遴选出恰当的内容，酌情适量地引入英美文化的知识，并适时引导学生对中国文化和英美文化进行对比，让学生感受到英美文化的不同，领略到语言是文化的体现，同时学生可以学习用英文表达自己的母语文化。

3.1 文化型课堂的必然

文化的两大要素：语言（声音）和文字（符号）。口语课程是语言学习的形式，文化的表达与传递则是内容。对于中国学生而言，英语并非母语，需要大量接触学习而获得并掌握，受环境条件限制，无法人人有机会融入英美文化当中去感受，因此，寓西方文化于课堂、寓中西文化比较于口语课程是非常有必要的。

通常，在中国文化里长大的年轻人所受到的教育是关心国家大事、关爱家人朋友等，在与人打交道的谈话（small talk）中，不自觉地会与对方讨论政治主张，或是对方家庭生活等，无意识地将谈话偏向隐私话题，造成相互误解或是交际失败。只需简单将文化差异甚至是禁忌介绍给学习者，有意识地在课堂上引导话题方向，就会达到事半功倍的效果。因此，文化型课堂、文化的输入是英语口语课堂不容忽视的内容。

3.2 "词块"学习模式输入语言文化

（1）"词块"在口语教学中的运用

人们使用的语言中，存在着一种固定的、成串的语言结构——"词块"（chunk）。Lewis（1993）将这种词汇组合称为"词汇组块（*lexical chunk*）"[2]，这种语言结构是一种兼具传统词汇（lexis）与语法（grammar）特征之间的语言构块，通常由多个词构成，并具有特定的话语功能。这些语言出现的频率非常高，在口头表达中尤为明显。对于这些语言，人们既可脱口而出，不需任何的思考，亦能即时理解。Nattinger 和 Decarrico 认为，"人们使用语言的流利程度不取决于学习者大脑中存储了多少生成语法规则，而在于存储了多少预制词块。说话者需要以一定的速度，将一系列表达自己意图的相关命题转换成一个个相互衔接的短语，形成流利的口头语言"。[3]例如："What do you think of when you hear the word movie?"，"I just wonder if you could do me a favor?"，"Pass me the ketchup, please！"，"A-I'd like to see the manager. B-Do you have an appointment?" 又比如：在使用的教材《大学体验英语口语教程1》第一课 "The Guy with Green Hair" 中 "I believe people who are unusual make trouble." "I don't agree with you，… hair color is an important part of a person. You can't force people to change the color of their hair." 在人们的日常话语中，词块占据的比例是惊人的。当说话者想表达某种思想时，如果他已经熟练地掌握了所需的词块，那他就可以直接调用或稍微加工后使用。大脑对语言的这种处理机制缩短了单词间临时匹配的时间，极大地提高了英语语言输出的效率，使说话者能够立刻对所听到的语言做出反应，并按自然语速表达自己的思想，因此，英语口语教学不仅要注重单词教学，更要注重"词块"教学。这就要求教师善于利用课堂设置特定情景——教室、图书馆、餐厅、办公室等，引导学生使用并掌握较多的英语词块进行表达和交流。

（2）加强"词块"的延展学习和运用

在课堂学习之外，教师应该"鼓励学生参与第二课堂的学习，并为学生创造更多的英语学习环境"[4]，比如我们开展的英语讲座、英语沙龙、影视角色扮演比赛、演讲比赛等专项活动，或者使用多媒体语言实验室欣赏英文原版的电影、动画、教学片、名人演讲等，就语言及文化相关内容进行讨论、交流看法。另外，在一些特殊的场合或节日，如西方的圣诞节、复活节，以及中国的清明节、春节等，教师可以相应地指导帮助学生准备各种活动，使学生加深对英美文化及中国文化的了解和比较，对口语表达产生兴趣，进而将口语学习从浅层次的打招呼、介绍自己向深层次的主题探讨、文化交流、意见传递等阶段过渡。教师亦可以进一步鼓励学生听英语新闻，了解国内外的政治经济、生活趣闻，并尝试与外国友人谈天说地，不断培养学生流利自如地表达自己思想的能力。当然，口语表达的精准度的提高需要一个循序渐进的过程，不能一蹴而就。

3.3　学习中、英文表达在文化层面上的差异

（1）从常见表达中学习

朋友相见，英美常用"How are you doing today?"（你今儿过得怎么样?）"How is everything going?"（诸事顺利吗?）"Hello!"（你好!）"What's up?"（最近怎样?）等表达；而中国则常见"干吗去?"（What are you going to do?）"吃了吗?"（Have you had your meals?）"您遛弯啊? /下班了?"（Are you taking a walk? / Are you coming home from work?）。招呼语中中文的表达相较于英美更含有说话人与听话者之间的亲密关系，并传递出探究他人隐私活动的意味。在应答上面的招呼用语时，英文用一两个字"good""fine""hello""not much"即可，而中文则常有多种灵活回答："去买个菜/去趟医院/去理个发"，"吃了炸酱面/吃了饺子/吃了烙饼"，"嗯，带孙女出来遛遛弯/今儿下班早点儿"。学习外语的根本目的在于与不同文化背景、操不同语言的社团的人进行跨文化交际。如打招呼、谈天气、问候健康等，在不同的国家，有着不同的社会含义。[5]

（2）从教材中的文化信息去体会

以《大学体验英语口语教程1》中第五课"Who Pays?"挖掘中西文化在年轻人交男女朋友上的差异。教材中提到外国女生被男朋友提出共同分担两人账单的要求，这种情况在国外是常见不鲜，而在中国男女朋友出门娱乐消费通常是由男生买单，这也是不争的事实。但是近些年，随着中西文化的交流融合，一些西方式的方式方法已为中国人接受采纳。"Go Dutch"虽源自16—17世纪终日奔波的意大利、荷兰商人们，因流动性大，为了大家不吃亏，彼此分摊便是最好的选择了，聚时交流信息、散时各付资费习俗由此而来。而荷兰人因其精明、凡事都要分清楚，逐渐形成了let's go Dutch（让我们做荷兰人/各付自己的费用）的俗语。中共中央总书记、国家主席习近平与台湾方面领导人马英九于2015年11月在新加坡会晤，多家媒体报道："Mr. Xi and Mr. Ma go Dutch in historic dinner in Singapore"（Bloomberg Business），"Splitting the bill：China's Xi and Taiwan's Ma balance delicate diplomacy in Singapore talk"（South China Morning Post）等等，'Split the bill'（账单均分），亦深入了中国文化。

（3）从特定的语言情景中去了解

大学生们普遍熟悉校园日常生活或各种社团活动，相比较社会这个大范围所

涉及的文化内容了解并不充分，适当补充课堂内假定的学习情景十分必要。例如，我们给学生假定常住美国一年，需要开立银行账户并办理存储或提取业务。这就需要我们的学生去了解美国银行所提供的账户类别以及功能，了解美国银行账户主要可分为 Saving Account（储蓄账户）、Checking Account（支票账户/活期账户）和 Certificate of Deposit（定期存款账户）三种。学习到 Saving Account 与 Checking Account 的区别，以及与我们在中国的银行所能开立的账户从名称到功能上的不同，让学习者接触不熟悉的领域并学会用语言表达，体验中西语言和文化层面的差异。

4. 结语

大学英语口语的教学应将语言教学同文化教学较多地结合，在笔者教授英语口语课程过程中，并未发现某一部教材做到了两者的完美结合。所以，在选用任何一部教材之外，适当补充涉及中外文化内容的素材十分必要。引入英美文化，与中国的文化进行对比，激发学生学习英语的兴趣，并有效地与外国友人互动交流，是十分必要的。语言学习的过程是一种文化和另一种文化交流的过程，仅仅学到地道的发音和表述，难以达到语言学习的真正目的。只有在英语口语学习中加入文化知识，培养学生的文化意识，才能提高他们的文化素养，最终以提高他们的跨文化交际能力、提高他们的语言应用能力为长远目标。

参考资料

[1] https：//baike. so. com/doc/5366095-5601798. html.

[2] Lewis M.. The Lexical Approach [M]. Hove England：LTP. 1993：337-344.

[3] James R. Nattinger，Jeanette S DeCarrico.. Lexical Phrases and Language Teaching [M]. London：Oxford University Press，1992：113.

[4] 祝询. 课外监督机制在大学英语口语教学中的应用研究 [J]. 外语界，2005：4.

[5] 连淑能. Contrastive Studies of English and Chinese [M]. 北京：高等教育出版社，1993.

英语口语的教学策略及文化导入

夏　耘❶

【摘要】大学英语口语教学一直是大学英语教学中的薄弱环节。现在英语教学中存在"重语言形式，轻文化培养"的现象，针对这一点，本文从语言与文化的关系入手，阐述英语口语教学中进行文化教育的必要性以及应注意的问题，提出了英语口语在课堂上文化导入的应用方法。

【关键词】大学英语；英语口语教学；应用性；文化导入

引　言

随着中国与世界的广泛融合，英语这项国际通用语言越来越凸显出其重要性。国家、社会和经济的发展对人才提出了更高的要求。对非英语专业的学生而言，培养适应社会经济发展的具有英语实践能力和复合知识结构的应用型、技能型人才已成为当务之急。目前国内师生对大学英语口语的重视有所提高，但苦于找不到方法和出路，收效甚微。在目前学生口语水平参差不齐的情况下，如何提高口语教学对英语老师来说无疑是一种挑战，我们不得不寻求更有实践操作意义和有价值的教学方法。随着对交际理论的研究及英语在口语教学中的应用，越来越多的教师认识到把实用型英语教学引入课堂不失为一种有益的尝试。

1. 大学英语口语教学中存在的问题

就目前现状而言，国内的英语教学尤其是口语教学，多年来一直是大学英语教学中颇为薄弱的环节。大部分学生的口语能力无法跟上现代社会快速发展的步伐，也达不到国家针对大学英语教学提出的目标和要求，"哑巴英语"的存在和大量的跨文化交流中的语言语用失误的发生，使得我们不得不寻求更有实践操作意义和有价值的教学方法。

目前的大学英语口语课堂中，教学时间有限，且大部分时间都被教师的讲解占用，学生被动接受知识，缺乏口语表达的机会，课堂气氛沉闷，许多学生认为口语课可有可无，经常缺席。下面主要从教师、学生、教学环境三方面来分析造成当下大学口语课教学效果不佳的原因。

1.1 教师的教学模式无法适应学生的需求

"中国学生的口语练习主要通过课堂教学习得，课堂上教师讲授的语言知识

---

❶ 夏耘（1965—），女，北京联合大学讲师，从事大学英语教学，研究方向为英语教学。

仅仅是陈述性知识，只有通过在具体真实的交际活动中获得某种意识，这些知识才能自动转化为语言技能，纯粹知识的讲解对获得实际的语言交际能力基本起不到关键作用。"[1] 然而在当前的口语课堂中，教师仍然占据主导地位，学生的语言输入主要依靠教师话语这一单一模态，教师一味地满堂灌，真正留给学生的时间太少，远不能满足学生大量输出的需求。

1.2 学生在口语学习中自我效能感低下

"根据班杜拉的学习动机理论，自我效能是指个体对自己是否能成功进行某一行为的能力的主观判断，它影响着个体对行为的选择，付出多大努力以及坚持多久。"❶

目前中国大学生在进行口语表达时普遍不自信，在课堂上羞于开口，不肯主动发言，更不愿意与外国人交流。越不敢开口越不会说，越不会说就越是不开口，形成了一个恶性循环。由此可见，学生自我效能感低下，对口语学习有一定负面影响。

1.3 外语教学环境不够完善

实践证明，口语教学中创设的情境越真实，学习效果就越好。在目前大学英语口语教学实践中，通常无法将真实的交际情境直接提供给学习者，这就需要借助现代信息技术来呈现多模态化的教学情境。良好的多模态外语教学环境需要场景、教具、传播媒介等多种条件的支持，然而目前许多大学的外语教学环境仍不够完善，这直接影响口语教学的实际效果。硬件设施的缺乏在一定程度上阻碍并制约着大学英语口语课堂向多模态方向发展。

2. 外语教学中的文化

英语作为一种语言，在国际交流中的地位已经得到了认可，我国入世后，国内的英语教学和外语人才的培养出现空前的繁荣局势。越来越多的教师认识到文化因素在语言学习中有不可低估的作用，尤其是在英语口语教学中的重要地位更是不可忽视。如何提高学生对中外语言文化差异的敏感性和鉴别能力，是当前亟待解决的问题。

2.1 文化定义

文化的含义极其广泛。狭义上是指文学、音乐、美术等；广义上是一个社会学术语，指一个社会所具有的独特的信仰、习惯、制度、目标和技术的总模式。[2] 由于文化是一个复杂的综合体，不同学科对它的概念和范畴的研究常带有明显的倾向性和侧重性。就英语教学而言，它涉及英语国家的历史、地理、风土人情、传统习俗、生活方式、文学艺术、行为规范和价值观念等，每个方面都有十分丰富的内容。但是从外语教学研究的角度出发，有学者将其文化分为两类：知识文化和交际文化。[3]

---

❶ 这一概念是美国著名心理学家班杜拉于 20 世纪 70 年代在其著作《思想和行为的社会基础》中提出的，从 20 年代 80 年代中期开始，自我效能感理论得到了进一步丰富和发展，也有大量实证研究的支持。

2.2 语言教学中的文化

事实上，上面提及的这两类已经包括了语言教学中的文化教学的所有内容。我们可以把知识文化定义为一种语构文化和语义文化的综合体，也就是说，将英语语音、语法及语义结构系统所体现的民族文化移入到英语语言教学当中。知识文化是文化移入的基础阶段。

3. 大学英语口语课堂中的文化输入

3.1 口语课堂文化部分的重要性

在我国的英语课程学习当中，英语口语课堂是传授英美文化知识最适宜、最主要的渠道。在中国文化背景下，由于不是人人都有机会到英美文化环境中去亲身感受其文化，学习其语言，因此，寓文化知识于课堂教学确实是切合实际的有用的尝试。因而英语口语课堂中的文化教学无疑是一剂有助于语言学习的必备良药。

3.2 口语课堂文化输入中应注意的问题

（1）培养敏感性和提高识别力，不断地自我纠正

犯错误是语言学习过程中必然的现象。杜雷（Duly）说："不犯错误是学不会语言的。"在学生自由表达思想时，教师过多纠错不但会打断学生的思路，破坏其语流，还会使学生因害怕出错而不敢开口。因此在练习口语的过程中，不要时时纠错。

对于学生的语言错误，教师要区别对待。语言学家凯巴斯基（Kiparsky）曾说强调说："全局性的错误，即对交际造成很大干扰的错误，应予以重视。而局部的错误，随着语言学习的发展，自然会逐步解决。"教师的任务在于培养学生对语言的敏感性以及对自己和他人说话中的语言的识别能力。

（2）文化输入和语言学习的协调性

近年来，国内的语言学者们就文化输入这一问题，争议的焦点主要集中在大量的文化输入可能产生的心理文化冲突上。英语口语课堂中的文化输入，要求学生首先要融入目的语文化体系中，然后从目的语的文化视角审视异族文化。那么在这个过程中，对于学生来说，到底该从哪个文化视角来审视本族文化呢？而且应该用哪种语言来表达呢？这就意味着学习者需要对原有的身份进行调节。长此以往，"文化身份危机""文化归属感困惑"也就应运而生了。原本是语言交流的课堂，变成了"西方文化的推销"。显然这样不但不利于语言学习，而且文化输入的辅助作用也失去了它原有的作用。对于高校英语语言教师来说，如何筛选，如何取舍和分析加工语言学习的文化信息就显得尤为重要。将语言学习和文化输入可能引起的心理冲突做一个适度的平衡。这不但需要教师具备牢固的语言专业知识，还应该具备丰富的社会语言学经验和精确敏锐的感悟能力，及时地帮助学生调节好因文化差异造成的心理落差，从而将负面影响降低到最小。

（3）渗透文化内涵

文化扎根于语言，多模态的教学手段能有效地将文化内涵和语言学习结合起来。以英语口语课堂中常见的活动形式——role play 为例，学生可以通过排练话剧，体会剧中人物的情感，然后以自己的方式表演出来，这既练习了学生的口语，也考验了他们的表现力与感染力，能够有效地将文化意识融于口语实践中。

教师在整堂课中没有插手学生的表演，一直充当着台下的观众，仅在表演结束后，针对每组的亮点或缺陷提出了自己的看法，并与学生共同讨论。"这种真实的语言环境能帮助他们摆脱母语思维模式的羁绊，调动感官及大脑对语言信息的综合反应，自然地吸纳语言。"[4]

（4）借助影视媒介，发散学生思维

以影视为载体是比较常见的教学方式，它主要指教师借助影视材料中的音频和视频材料辅助教学，强化对学生的语言输入。教师选择的影视材料既可以是原文电影，也可以是新闻视频，或者是从某个节目中截取的片段。将影视教学运用到英语口语课堂中并非单纯的影视赏析，一般在学生正式观看前，教师要给学生布置相应的任务，如要求学生猜测视频中人物的身份、事件的来龙去脉。整个教学过程是在教师布置的各项任务中逐步推进的。

4. 文化型口语课堂的应用

具体而言，在教学过程中讲解与所讲授内容相关的文化，突显两种不同交际文化的差异则是大学英语教师的一个重要任务。

首先，我们可以就口语课堂中最常用的对话练习将这个故事重新演绎。通过设置实地场景，让学生亲身感受东西方人交往中的文化碰撞。在中国文化里，热情好客是大力提倡，而且很有讲究的，而西方人更习惯于自我的选择权。

其次，可以从表达障碍中寻找文化差异，从而提高交际能力。我们的口语教学过程中，应注意避免学生因文化差异而引起表达障碍，是从文化角度去教语言，而非从语言角度学文化。

最后，利用教材中的文化信息，培养学生的跨文化意识。可以利用对比中西方思维的形式，让学生自己领悟不同国家之间的文化差异和隔阂。

参考资料

[1] 束定芳，庄智象. 现代外语教学理论、实践与方法（修订版）[M]. 上海：上海外语教育出版社，2009：156-158.

[2] 王颖. 英语教学中的文化教学 [J]. 山东外语教学，2002（5）.

[3] 吴国华. 知识文化与交际文化 [J]. 教学研究，1989（2）.

[4] 曾庆敏. 大学英语教学的多模态性及其作用 [J]. 重庆交通大学学报（社科版），2012（1）.

数学文化融入课堂的思考与实践

蔡 春[❶]

【摘要】 通过对现有涉及数学文化文献的分析，结合多年的数学课堂教学和数学建模课外竞赛指导，探讨数学文化的实际意义。数学文化可以揭示数学的本质：数学的高度抽象性和数学知识体系的严谨性。数学成为培养学生逻辑思维和抽象思维最有效的科目。数学需要借助文化的翅膀进行普及，目前数学文化教育是数学教育的补充，亦是数学普及的关键，关注数学文化是数学研究和数学教育的必由之路。

【关键词】 数学文化；数学建模；逻辑思维；抽象思维

数学文化的定义并没有统一的标准，按照文化的定义，我们可以得出数学文化是指人类在社会历史发展中所创造的与数学有关的物质财富和精神财富的总和。在教学中，我们一方面注重学生数学精神财富的培养，给学生讲明数学是一门语言，数学符号像英语字母一样，是数学语言最小的单位；在教学中特别强调标准书写数学符号。数学符号、数学图形、数学语言是数学知识学习的重要基础；通过讲解数学概念、数学定理等培养学生的抽象能力、逻辑推理能力等。另一方面注重应用数学能力的培养，数学的应用就是根据实际问题，依据问题的背景和问题的复杂程度，进行相应地简化，利用数学符号把实际问题建立数学模型（数学模型即一连串的数学关系式子），然后利用计算机以及相应的数学软件进行求解，最后把求得的结果还原到实际题目中进行合理性检验和相应的结论分析。数学应用能力锻炼了学生使用数学解决实际问题的能力，增强了学生用数学知识等为社会带来物质财富的能力。

我们知道任何一门科学都有其文化，否则这门科学就无存在发展的根基，数学文化也不例外，但是数学文化有太多的理解空间，数学知识是文化，数学课程是文化，数学课程的建设是文化，数学家对社会的影响是文化[1]……，确如张维忠在《数学文化与数学课程》中阐明的那样，数学是一种文化体系，是人类文化的重要组成部分，他探讨了"文化视野中的数学与数学课程的重建"。本文主要探讨的是数学知识中的文化，主要指数学的语言文化、数学的应用文化、数学的美学文化。

---

❶ 蔡春（1973—），北京联合大学应用文理学院基础教学部教师。研究方向为数学教学及运筹与优化算法。

1. 数学的语言文化

在大学数学教育中，我们讲解的数学课程是《高等数学》《线性代数》《概率论与数理统计》。每门课程中用到的语言都会有高频符号，如《高等数学》中我们用到最多的是函数这个词（函数的符号为 $f(x)$，$f(x, y)$ 等一元函数和二元函数），其次是极限这个词（极限符号是 $\lim\limits_{x \to x_0} f(x)$，$\lim\limits_{x \to x_0, \, y \to y_0} f(x, y)$），在这两个词汇中，我们可以感受到数学语言是高度抽象的，但也不是不食人间烟火，我们可以找到它背后的原因。数学语言是数学学习最基础的一步，我们要知道数学符号最早来源于希腊字母，希腊字母在书写中都是斜体的，因此函数法则和变量都要斜体书写；另数学符号的意思可以从英文单词或者汉语发音来理解，函数法则通常用 $f(x)$ 表示，x 是变量，f 是法则，关于这个 f 可以从函数（函数的英文单词是 function）或者从函数的意义就是法则（法则的第一个字拼音是 fa）来讲给学生听，让他们理解数学符号背后蕴含的深厚文化；还有求极限，极限是无穷的思想，是逼近的思想，可以打开学生无限的想象空间。广义的"极限"是指"无限靠近而永远不能到达"的意思。数学中的"极限"是指：某一个函数中的某一个变量，此变量在变大（或者变小）的永远变化的过程中，函数值逐渐向某一个确定的数值不断地逼近而"永远不能够重合到这个值"或者"永远不能够等于这个值"。此变量的变化，被人为规定为"永远靠近而不停止"，其有一个"不断地极为靠近固定点的趋势"。极限是一种"变化状态"的描述，但是在计算函数极限时，我们要把这个逼近却永远取不到的值记为函数的极限值，这本身就含有非常高深的哲学思想。有了极限的思想，我们对"有限"和"无限"的对立统一关系可以有明确的认识。这样一来，学生使用习惯的处理常量数学的初等思想方法一下子活跃起来，慢慢适应"变量数学"的发展，充分认识常量"零"以及"以零为极限"的无穷小的关系，可以理解常量"零"与"无限靠近零的非零数值"之间的距离，可以人为地想象在要多小就多小的距离里面。如"无限趋近""要多小就多小"比较通俗易懂的描述，对于概念的理解比较容易，但是为了数学表达得准确、精准，数学上给出严格的极限定义：$\forall \varepsilon > 0$，$\exists \delta > 0$，$0 < |x - x_0| < \delta$，有 $|f(x) - A| < \varepsilon$。在这个严格的定义中，可以看出无论事先预设多么小的距离，函数值 $f(x)$ 与极限值 A 的距离比事先预设的距离 δ 还要小。如此精准的数学语言例子比比皆是，在课堂上，教师一定要言传身教，注重数学语言的精准、简洁，这是数学文化的精髓，在课堂上，尽量多地用数学语言书写而不是用理解的汉语表达。

2. 数学的应用文化

文化可以揭示数学的本质。[2] 目前我国的课堂教育主要讲授数学知识：数学定义、定理、推论、证明、计算等。学生为了考试硬着头皮学习数学，硬着头皮说明数学在人们心目中的"形象"非常"负面"。实际上，数学在自然科学中的作用毋庸置疑，也被一般人知晓，但数学在人类文明中的作用多数人并不了解，特别需要借助文化的翅膀进行普及。

数学已成为公理体系的标杆[3]，通过前面讲述的数学语言文化，我们不难看出数学为人类提供了精密思维的模式、精准的语言表达。数学文化在中国的热潮起因还是数学教育。数学在教育中的地位尤为重要，这一点我们从学校的课程设置中可以看得出来：小学生每天上 2 节数学课，中学生每天至少 1 节数学课，理工科大学一年级开设 3 门数学课《高等数学》《线性代数》《概率论与数理统计》，数学课程在所有课程中的比例都是最大的。近些年，随着经济的发展，我国高校数学教育者发表了很多数学文化发面的专著，他们在教授数学的过程中"悟出"数学教育需要数学文化的帮助。目前学术界已逐渐达成共识：对于数学教育，教师所要教给学生的除了数学知识，更重要的是数学的思想、思维方式等知识以外的东西，以利于提高学生自身的文化素养和创新意识. 因此，数学的应用文化教育是数学教育不可或缺的补充。

数学的应用在 20 世纪有了长足发展[4]，其他学科以数学为工具，自觉或不自觉地应用了数学思想，产生了博弈论、生物信息学、金融数学等新的数学应用分支。讲到博弈论，我们需要讲讲 2002 年获得第 74 届奥斯卡最佳影片的《美丽心灵》，该影片讲述的是数学家纳什（JOHNNASH，1928—2015）的故事。他从事的学科是博弈论和微分方程，博弈论是 20 世纪中叶才创立的现代数学分支。该片不仅把他的传奇人生用充满人性的叙事手法徐徐展开，还将深奥的数学问题用艺术手法和精妙比喻表现出来，引起人们的共鸣。在现代，数学不仅作为一个解决问题的工具，而且已成为时代文化的一个重要组成部分[5]，一些数学概念、语言已渗透到日常生活中去，一些数学原理已成为人们的必备知识，如面积、体积、对称、百分数、平均数、比例、角度等成为社会生活中常见名词；像人口增长率、生产统计图、股票趋势图等不断出现在报刊、电视等大众信息传播媒介中；而像储蓄的利息、债券、保险、利率、汇率、购物拼单、打折、返券等成为人们难以回避的现实问题。那么将来的公民——现在的学生，必须具备解决实际应用问题的数学素养，这一切都呼唤应用问题呈现于数学教育教学过程中。数学已经深入到我们生活的方方面面。无论自觉还是不自觉，每个人都在生活中用到数学。例如，中国第一个上线的免费数学课程《数学文化》的主讲人顾沛教授常说：一个人不识字可以生活，但如果不识数就很难生活了；中国古代数学名著《九章算术》是一本实用数学教材，其中的 246 个数学问题涉及当时生活的方方面面。算术、代数和基本的几何图形识别与应用是我们日常生活中经常遇到的现象，不掌握这些基本知识会对生活产生负面影响[6]。今天我们的空间站建设，神州卫星上天，生物中 DNA 序列分析等，都会涉及大量的数学计算，数学应用领域之广、之深是任何学科无法超越的。

3. 数学的美学文化

数学的高度抽象性和体系的严谨性使得学习数学不能有半点马虎和分心，通过长期和大量的计算、证明练习，可以让学生潜移默化地接受严密的逻辑思维训练。数学文化教育以拓展知识、开阔视野、联系实际、注重应用为目标，展示数学的"真、善、美"，明确数学的作用与意义，提高学生学习数学的兴趣，增强学生主动应用数学的自觉性。数学推理的严谨性与符合实践的应用性展现了数学的"真"；数学学科的无功利性和公理化思想展现了数学的"善"；但感受数学的"美"并不是一般人可以做到的，"其根源主要是文化方面的"，因为享受数学的美需要更深厚的数学知识和数学功底，数学文化教育的最高目标之一就是让学生邂逅"美妙的"数学，数学文化对于数学的美的欣赏至关重要。数学中有很多数都是美的，如黄金分割点（0.618），满足黄金分割点的比例是美的，无理数 e 是数学极限计算中美感很强的数字，数学图形中的心形线是美的，矩阵可逆定理是美的……如此美妙的数字、图形、定理举不胜举，但要欣赏这些美感的东西需要有深厚的数学基础知识以及对美的理解。数学的美在笔者看来就是简洁而不失优雅，是非常严密的思维逻辑。

总之，数学高度的抽象性使得数学传播相比其他学科具有特殊性，因而需要数学文化来辅助。用数学文化开路，对数学教育质量提高会有更好的效果，今日的数学课堂要多讲讲数学文化，传播数学的总体形象，阐述数学与人类文明的关系，特别是从数学角度认识客观世界的过程。由于数学传播须以数学文化教育为基础，这要求数学教育工作者在教学中要改变意识，不应局限于应付考试内容而讲解知识，应该鼓励学生多看数学发展史书籍，接触丰富广阔的数学天地，培养数学兴趣。数学文化教育要让学生真正学到数学的精华，而不仅仅是解题技巧；就像文学名著对陶冶人们的情操、提高学生的修养有很好的作用，教师也应推荐学生读数学家的故事，看看数学家故事拍成的电影《美丽的心灵》等。当然读数学名著太难了，数学名著大都是数学家读的，每个阶层都有相应的书籍。只有具备这样的数学教育理念，才能打消学生对数学的敬而远之，激发学生的学习兴趣，提高数学素质和修养。

数学学科是一个象牙塔，真正使数学成为学生喜欢的学科，数学文化的兴起给了我们契机。数学文化不只是一门课程，在一定程度上体现了一种数学教育思想。这种思想要贯穿到大量的相关数学课程的教学之中。数学培养了我们的逻辑思维能力，使得我们在生活中能有条理、按秩序地行事；以数学为主要基础的计算机已经应用到我们生活的各个领域，改变着人类的生活方式. 可以说没有数学就没有现代社会的衣食住行。但在数学文化的重视前提下，这对广大教师提出了更高的要求，提高教师的文化素养，任重而道远[7]。

参考资料

[1] 王青建，于清华. 关于数学文化的几点断想 [J]. 辽宁师范大学学报（自然科学版），2016，39（3）：317-322.

[2] 杨叔子. 数学很重要　文化很重要　数学文化也很重要——打造文理交融的数学文化课程 [J]. 数学教育学报，2014，23（6）：10-16.

[3] 顾沛. 数学文化课的探索与启示 [J]. 中国大学教学，2012（2）：10-13.

[4] 顾沛. "数学文化" 课与大学生文化素质教育 [J]. 中国大学教学，2007（4）：6-7.

[5] 张楚廷. 数学文化育人的发展 [J]. 数学教育学报，2001，10（3）：1-4.

[6] 余东升. 高等学校文化素质教育研究 [M]. 北京：高等教育出版社，2009.

[7] 李小平. 数学文化与现代文明 [D]. 长春：吉林大学，2016.

[8] 蒋家尚. 将数学文化融入大学数学教学之中 [J]. 高教学刊，2018（7）：80-82.

[9] 张顺燕. 数学的美与理（第2版）[M]. 北京：北京大学出版社，2012：2-20.

[10] 同济大学数学系. 高等数学（下册）　[M]. 北京：高等教育出版社，2014：25-45.

数学文化融入文科大学数学课程教学的研究与实践

吕书强❶

【摘要】本文介绍了数学文化的内涵与特征，数学文化融入文科大学数学课程教学的必要性，然后论述了数学的美、数学史、数学家的故事、数学思想和方法、数学的应用等数学文化融入文科大学数学课程教学的方法和效果。

【关键词】文科大学数学；数学文化；教学改革

随着时代的发展，现在的社会已进入大数据的信息化时代，对文科大学数学教学的研究也越来越引起相关教师的关注，将数学文化融入文科大学数学教学已成为一个重要的研究课题。如何将数学文化与文科大学数学教学有机地结合起来，如何在讲授数学知识的同时传播数学文化，如何提高教学内容的科普性、趣味性和思想性，如何增加课堂的互动性、激发学生的参与热情和学习兴趣，如何激发学生的创新意识等，这些都是我们亟待解决的问题。

1. 数学文化的内涵与特征

所谓数学文化，狭义上是指数学的思想、精神、方法、观点、语言以及它们的形成和发展。广义上指除这些之外，还包含数学史、数学家、数学美、数学教育、数学与人文的交叉、数学与各种文化的关系。[1]

数学文化除了具有文化的某些普遍特征外，还有其独有的特征，这些特征既是数学文化区别于其他文化形态的主要方面，也是对数学文化本质的进一步揭示。数学文化独有的特征：①数学文化是传播人类思维的一种基本方式；②数学文化包含着人类语言的高级形式；③数学文化是自然和社会相互联系的一个尺度；④数学文化具有相对稳定性和连续性；⑤数学文化具有高度的渗透性和无限的发展可能性。[2]

2. 数学文化融入文科大学数学课程教学的必要性

由于一部分学生对数学产生畏惧感，厌烦数学，选择了文科，造成其数学素养和数学素质的缺失，体会不到学习数学的乐趣，更体会不到数学对他们产生的

---

❶ 吕书强（1971—），男，河南省泌阳县人，硕士研究生，北京联合大学副教授，主要从事应用数学的教学和科研工作，研究方向为非线性方程。

影响。因此，文科大学数学课程的开设和教学，不能只局限于数学知识的传授，更不能是理工科大学数学教学内容的压缩或简化，必须根据文科学生的特点和实际情况，除了讲授一些基本的大学数学知识外，更重要的是将数学文化的内容融入文科大学数学课程的教学中去，让学生更好地了解和体会数学，欣赏数学的美，了解数学的发展史，了解数学家的故事，掌握必要的数学思想方法，掌握数学在实际生活中的应用。

美国数学家 M. 克莱因说："数学不仅是一种方法、一门艺术或一种语言，数学还是一门有着丰富内容的知识体系，其内容对自然科学家、社会科学家、哲学家、逻辑学家和艺术家十分有用，同时影响着政治家的学说；满足了人类探索宇宙的好奇心和对美妙音乐的冥想；有时甚至可能以难以察觉到的方式影响着现代历史的进程。"[3]数学文化具有培养科学精神的价值，具有完善自我的人生价值，具有健全自我人格的价值，具有提升人类审美水平的价值。从这个意义上说，将数学文化融入文科大学数学课程教学，让文科学生多学点数学文化知识是很重要的[4]。

3. 数学文化融入文科大学数学课程教学的方法和效果

为了落实我们学校建设城市型、应用型大学办学定位，以及学院"+文化"教育的办学特色，根据我们学院的实际情况，进一步对文科大学数学课程进行改革，通过研究挖掘大量有关数学的美、数学史、数学家的故事、数学思想方法、数学在实际生活中的应用等方面的数学案例，将数学文化融入大学数学课程教学中，有利于服务于教学，提高教学质量与教学品质。

3.1 欣赏数学的美，体现数学的美学价值

古希腊数学家普洛克拉斯有一句名言："哪里有数学，哪里就有美。"我国数学家华罗庚也说过："就数学本身而言，是壮丽多彩、千姿百态、引人入胜的……认为数学枯燥乏味的人，只是看到了数学的严谨性，而没有体会出数学的内在美。"数学美是人们在长期的数学学习和研究中形成的一种"感觉"和"体验"，它是一种理性美。法国数学家庞加莱认为："数学的美感，数和形的和谐感，几何学的雅致感，这是一切真正的数学家都知道的审美感掌握的高度简洁、统一、和谐的美学原则。"让学生在学习数学过程中欣赏数学美，有助于陶冶文科学生的情操，更新和进化学生的审美观念，从而使学生喜爱数学、热爱数学。[5]

例如：人体与黄金分割，人类是杂食的，消化道长 9 米，其黄金比 0.618 为 5.5 米，这个长度是承包消化吸收任务的小肠的长度；动植物中的黄金分割，美丽的蝴蝶其身长与双翅展开后的长度之比接近黄金比 0.618，漂亮的枫叶宽和长之比接近黄金比 0.618；建筑和雕塑中的黄金分割，文明古国埃及的金字塔其底面边长与高之比接近黄金比 0.618，古希腊的一些神庙建筑时高和宽也是按照黄

金比 0.618 来建筑的，雕塑断臂女神维纳斯的体型完全符合黄金比，著名画家达·芬奇的蒙娜丽莎构图就完美地体现了黄金分割在油画艺术上的应用，蒙娜丽莎的头和两肩在整幅画面中都处于完美的黄金分割，使得这幅油画看起来是那么的和谐与完美；等等。还有数学中的对称美，通过数学软件画图让学生欣赏各种不同的对称曲线，如星形线、心形线、笛卡尔叶形线、蔓叶线、三叶玫瑰线、四叶玫瑰线等。

3.2 融入数学史知识，充分挖掘数学史在课程中的教育价值

数学史知识包括数学的起源和各个时期的发展情况，主要成就，数学历史中的重大事件、数学典故、数学名家、数学与人类文明的相互作用等。在课堂教学中融入数学史知识，有利于培养学生正确的人生观、世界观和价值观。课堂上适当介绍一些数学史上的著名数学问题，激发学生的学习兴趣，以及对数学史知识的渴求，加深对数学相关知识的理解；数学课堂教学中介绍历史上数学发展的曲折艰辛，可以让学生明白数学也是人类的一种文化活动，无论是数学研究还是数学学习，都会遭遇到困难、挫折甚至失败；数学课堂上引入一些数学新概念时，可以通过介绍相关的数学史，追根溯源，让学生了解该概念的产生和发展的背景，以及它对数学和其他学科的作用与影响，有利于扩大学生的数学知识面。

例如，三次数学危机，在数学史上，贯穿着矛盾的斗争与解决，当矛盾激化到一定程度时，就会产生数学危机。而危机的解决，往往能给数学带来新的内容、新的发展，甚至引起革命性的变革。在"实数集"的教学中，引入第一次数学危机的故事：有理数。危机的产生——希帕索斯悖论（边长为 1 的正方形，其对角线长度为多少呢）；危机的缓解——两百年后，欧多克索斯建立的比例论，巧妙地避开无理数这一逻辑上的危机；危机的解决——直到 19 世纪下半叶，实数理论的建立，无理数的本质被彻底搞清。这样既可提高学生的学习兴趣，鼓励学生开拓创新，又使学生对无理数有了更深刻的理解，增加了对实数性质学习的兴趣。在"无穷小量"的教学中，引入第二次数学危机的故事：无穷小是零吗？危机的产生——贝克莱悖论（无穷小量在牛顿的理论中一会儿是零，一会儿又不是零）；危机的缓解——实数理论基础上，建立起极限论的基本定理；危机的解决——在实数论的问题，导致了集合论的诞生。这样可以加深学生理解：无穷小是一类趋向于零的常数，而常数零数列是一类特殊的无穷小量。在学习数理逻辑时，可以讲解第三次数学危机的故事：集合论中自相矛盾的理发师问题。危机产生——罗素悖论（理发师只给所有不给自己理发的人理发，不给那些给自己理发的人理发，那么他要不要给自己理发呢）；危机的缓解——哥德尔不完全定理的证明结束了关于数学基础的争论，宣告了把数学彻底形式化的愿望是不可能实现的。[6]

3.3 讲述数学家故事，激励学生的学习意志，培养学生勇于探索的精神

挖掘数学历史中的榜样，在课堂教学中向学生讲解一些相关数学家的简介、

重要贡献、奋斗史以及他们如何在艰苦的条件下追求真理的故事，不仅可以刺激学生的求知欲望，激励学生的学习意志、学习数学家的非凡毅力和刻苦钻研精神，也有利于学生正确看待学习过程中遇到的困难，这样既可以使学生树立学好数学的信心，也可以引导学生学习数学家的优秀品质。同时还可以利用数学发展历史中的辉煌成就来教育学生，增强学生的民族自豪感和自信心，让他们产生对数学家的崇拜以及对数学的热爱，树立远大的奋斗目标，从而达到了课程思政的目的。

在大学数学教材中，许多概念和定理都以数学家的名字命名，这自然能引起学生的好奇心，教师可以介绍这些概念或定理形成的历史典故及数学家的故事。如讲解欧拉公式时可向学生介绍伟大的数学家欧拉的生平：欧拉出生于瑞士，13岁读大学，16岁便获得了硕士学位，在28岁和56岁时双眼不幸先后失明。虽然遭遇不幸，但欧拉顽强不屈，直到去世的那一天还在和同事讨论天王星轨道的计算问题，其一生发表论文多达886篇，另有著作47部。如讲到牛顿—莱布尼兹公式时，可以介绍这两位数学家的生平和他们独立创立微积分的故事。在讲概率论时，可以介绍概率论的主要创始人——费马（1601—1665），法国数学家，被誉为"业余数学之王"等。通过在教学过程中介绍一些伟大数学家的奋斗历史和轶事趣闻，能唤起学生的奋斗精神，有助于养成学生不怕困难、勇于创新的良好品质。[7]

3.4 介绍数学思想和方法，培养学生数学素养

数学思想是对数学的理性认识，是在处理和解决数学问题的过程中产生的最能反映数学知识本质的、具有抽象和概括性的数学精髓。数学方法是数学思想在数学学习活动中的具体反映和体现，是探索解决数学问题、提炼数学思想的手段和工具。数学思想方法是数学学习的核心内容，也是数学文化中的重要组成部分。[8]在学生毕业之后的学习和工作中，大学数学中的大部分具体知识可以记忆一时，可能永远不会用到，但是其中的数学思想和方法却永远发挥作用，可以受益终生，是数学能力之所在。因此理解和掌握数学的思想和方法要远比掌握某些数学知识重要得多。日本数学家米山国藏曾指出："无论是对于科学工作者、技术人员，还是数学教育工作者，最重要的就是数学的精神、思想和方法，而数学知识只是第二位。"[5]所以在课堂教学中要注意融入数学思想和方法，数学思想方法的多样性，不仅可以让学生感受到数学思维的丰富多彩，而且还有利于拓宽学生的数学思维。

例如，在引入定积分概念时讲解求曲边梯形面积的例子中，体现的数学思想是"分割、近似求和、取极限"。先把一个大的曲边梯形分成 n 个小曲边梯形，然后用小矩形的面积近似代替小曲边梯形的面积，再用这 n 个小矩形面积的和近似代替大曲边梯形的面积，最后取极限无限细分消除误差，从而求出原来曲边梯

形面积，进一步引入定积分概念。这样学生就会很容易理解抽象的定积分的概念。在讲解二重积分、三重积分、曲线积分和曲面积分时也用到了这一数学思想。在讲解极大极小值和最大最小值的概念时，要体现局部和整体的数学思想。因此，在教学过程中，教师除了讲解数学理论知识和数学方法外，还需要引导学生进一步探索和挖掘蕴含在数学理论和方法中的思想文化，这有助于学生养成思考和解决问题的好习惯。[7]

3.5　融入大学数学知识在实际生活中的应用，培养学生的学习兴趣

很多文科学生认为不仅数学难学，而且学了数学也"无用"，因此失去了学习数学的兴趣。在课堂教学中适当介绍大学数学知识在实际生活中的应用，相信一定会提高学生的学习兴趣。

例如，在学习线性方程组时，可以提问同学：你们手里的手机为什么能够定位？如何准确确定卡车在公路上行驶时的位置？你们立刻会想到可利用 GPS 系统。它的原理是什么？恐怕大部分同学就不明白了，这时可以告诉同学们：这个系统是由 24 颗高轨道卫星组成，卡车从其中 3 颗卫星接收信号，接收器里的软件利用线性代数方法来确定卡车的位置。另外还可以提出问题：当我们走到十字路口时，会看到红灯变为绿灯或者绿灯变为红灯，中间都会亮起黄灯，不同的十字路口黄灯亮的时间不一样，如何设计黄灯亮的时间最合理呢？这时可以给出答案：是利用数学知识计算出来的，计算时需要考虑马路的宽度，汽车车身的长度，驾驶员的反应时间等。这样就激发了同学们的学习兴趣，感觉到数学知识不是无用，而是非常有用。这样的案例非常多，可以找一些生活中的简单问题让同学们亲手做一做。

4. 结束语

教师合理地将数学文化融入文科大学数学课堂教学中，可以培养学生的数学意识、数学思维、数学的创造力和解决问题的能力，同时也让学生受到优秀文化的熏陶，领会数学的美学价值，学会用数学方式进行理性思维，提高他们的数学素养和文化素养，培养他们的创新意识。将数学文化融入文科大学数学教学中，可以增强数学知识的趣味性，进而激发学生学习数学的兴趣和参与热情，从而提高教学质量，提升教学品质。

参考资料

[1] 顾沛. "数学文化"课与素质教育 [R]. 宁波：2007 教育部数学教育高级研修班报告，2007.

[2] 黄秦安. 论数学文化的本质、功能及其在人类文化变革中的角色 [J]. 陕西师范大学学报（哲学社会科学版），1998（2）：52-59.

[3] M. 克莱因. 西方文化中的数学 [M]. 张祖贵，译. 上海：复旦大学出版社，2005.

[4] 孙方裕,谢兰平. 关于数学文化融入文科高等数学教学的思考 [J]. 大学数学, 2013, 29 (5): 156-158.

[5] 夏卫锋. 在文科高等数学教学中渗透数学文化的探索 [J]. 教研探索, 2008: 45-46.

[6] 张美娟,梁超. 高校数学分析课程中融入数学文化的教学研究 [J]. 教育教学论坛, 2017 (14): 63-65.

[7] 黄敢基,王中兴,刘新和. 在大学公共数学课程中融入数学文化教育探索 [J]. 高教论坛, 2016 (5): 48-50.

[8] 曾艳妮,徐勇. 数学文化对大学数学教育的意义和作用 [J]. 湖北经济学院学报 (人文社会科学版), 2016, 13 (1): 206-207.

浸润数学文化的数学期望案例教学研究

马青华[●]

【摘要】 通过案例教学模式，结合数学文化、数学应用进行数学期望的教学实践。给出了数学期望教学内容的思维导图与教学过程的设计，结合数学期望概念的产生与应用案例，除了掌握数学期望知识结构外，还能使学生更好地理解数学期望在各个专业领域的应用。

【关键词】 案例教学；数学文化；数学期望

1. 引言

从 1995 年开始，我国高校开展大学生文化素质教育工作，全面推进素质教育。大学生的文化素质教育从主要关注课外的活动，发展到也关注课堂教学；从主要关注人文素质教育，发展到也关注科学素质教育、关注科学素质与人文素质的交叉。[1]教育部在 1999 年、2006 年先后批准建立的共计 93 个"国家大学生文化素质教育基地"，给该项工作的实施提供了良好的组织保障。数学一直是形成现代文化的主要力量，同时又是这种文化极其重要的因素[2]。数学文化是数学知识、思想方法及其在人类活动中的应用，以及与数学有关的民俗习惯和信仰的总和。狭义的数学文化包含数学的思想、精神、方法、观点、语言，以及它们的形成和发展；广义的数学文化还包含数学史、数学家、数学美，以及人类认识和发展数学的过程中体现出来的探索和进取的精神和所能达到的崇高境界等。[3]数学史、数学家、数学美都是数学文化融入数学课程的载体，数学思想方法则是数学的灵魂和精髓。[4]学生通过了解数学概念的产生背景、发展变化、应用领域、计算方法、逻辑理论，提高他们运用数学知识处理现实世界中各种复杂问题的意识、信念和能力。

《概率论与数理统计》是一门应用性很强的重要的数学基础课，是一门研究随机现象统计规律的艺术，它从数量侧面研究随机现象及其统计规律性。目前随着统计应用软件的普及和完善，概率统计方法已经成为现代科学技术、经济管理、工农业生产和社会人文各个领域中处理问题、解决问题的有效方法和数学工具。

● 马青华，北京联合大学副教授，主要从事数值计算、数学教学论的研究。

在《概率论与数理统计》教学过程中通过数学史、数学家的介绍，向学生传输严谨、认真治学的态度。通过数学概念的介绍，让学生了解概率的知识结构的传承。通过讲解概率概念、公式等的提出背景，讲解数学家的故事、科学严谨的治学态度等，这样，在课堂上给数学多些人文色彩，激发学生灵感，将概率论与数理统计发展中若干事件、人物、试验与成果、应用与案例等融入教学内容中，也是体现数学文化价值的一种有效途径。

通过案例引入概念，介绍概率知识结构，然后再以应用实例的分析作为结尾，让学生思考概念在自己所学专业的应用。

2. 数学期望案例教学前的数学文化浸润

2.1 分赌注问题

17世纪中叶，一位赌徒向法国数学家帕斯卡（Pascal）提出了分赌本问题：甲、乙两位赌徒的赌技不分上下，各自赌注了50法郎，每局中没有平局，必有一胜一负。他们事先约定好，先赢到三局者赢得全部赌本100法郎。现在当甲赌徒赢了两局，乙赌徒赢了一局时，由于突发事件（国王要召见赌徒）要终止赌局。问：100法郎如何分才算公平？

这个问题提出来时引起了很多数学家的兴趣。首先大家可以想到：要是均分的话对甲赌徒肯定是不公平的，但如果要全部都分给甲赌徒，又对乙赌徒不太公平。所以大家想到一个比较合理的办法是，按照一定的比例，甲赌徒可以多分一些，乙赌徒可以少分一些。所以问题的关键在于：按照何种比例来分的话才能保证最大限度的公平？

考虑到公平性，假若能够继续比下去，最多的话，再有两局必结束。设 A 为甲获得的赌本，后面两局出现的情况可能就是甲和甲、甲和乙、乙和甲、乙和乙，则列出 A 的分布律如下

A	0	100
P	0.25	0.75

根据离散型随机变量的数学期望的定义，可以求出随机变量 A 的数学期望

$$E（A）= 0×0.25 + 100×0.75 = 75$$

即，甲赌徒"期望"所得为75法郎，乙赌徒"期望"所得为25法郎。像这种分法，在求解的过程中既考虑了已经结束了的赌局，又考虑到了可能继续的赌局的可能性，体现出来一种"期望"的数学思想，于是数学期望这个定义被提了出来。

2.2 数学期望的产生

数学期望又称期望或均值，是随机变量按概率的加权平均，表达了其概率分布的中心位置所在。数学期望是概率论早期发展中就已产生的一个概念。当时研究的概率问题大多与赌博有关，假如某人在一局赌博中面临如下的情况：在总共 a+b 种等可能出现的结果中，有 a 种结果可赢得 α，其余 b 种结果可赢 β，则这就是他在这局赌博中所能"期望"的收入。数学期望的这种初始形式早在 1657 年即由荷兰数学家 C. 惠更斯明确提出。它是简单算术平均的一种推广。

2.3 数学期望的应用

数学期望这个概念是在最初的分赌本问题中被提出来的，随着人类社会的发展，各种问题的深入复杂化，也就产生了随机变量其他各个数字特征的概念。在实际生活中，有许多问题都可以直接或间接地利用数学期望来解决。数学期望是随机变量的数字特征之一，它代表了随机变量总体取值的平均水平。数学期望在实际生活中的应用十分广泛，如投资决策、风险预测、公司需求、利润与收益的估算等问题。

3. 数学期望案例教学设计过程

确定一个随机变量的分布往往不是一件容易的事，况且许多问题并不需要考虑随机变量的全面情况，只需知道它的某些特征数值。例如，在测量某种零件的长度时，测得的长度是一个随机变量，它有自己的分布，但是人们关心的往往是这些零件的平均长度以及测量结果的精确程度；再如，检查一批棉花的质量，既要考虑棉花纤维的平均长度，又要考虑纤维长度与平均长度的偏离程度，平均长度越大，偏离程度越小，质量越好。这些与随机变量有关的数值，称为随机变量的数字特征，在概率论与数理统计中起着重要的作用。

下面针对描述随机变量集中趋势的数字特征——数学期望，以数学期望的概念、性质与计算为教学内容进行案例教学设计。

3.1 案例引入

在实际问题中，我们常常需要知道某一随机变量的平均值，怎样合理地规定随机变量的平均值呢？先看下面两个实例。

案例 1 某年级有 50 名学生，17 岁的有 2 人，18 岁的有 2 人，16 岁的有 46 人，则该年级学生的平均年龄为 $\dfrac{17 \times 2 + 18 \times 2 + 16 \times 46}{50} = 17 \times \dfrac{2}{50} + 18 \times \dfrac{2}{50} + 16 \times \dfrac{46}{50} = 16.2$（岁）

事实上，我们计算的是以频率为权重的加权平均。

案例 2 设有一批钢筋共 10 根，它们的抗拉强度指标为 110、135、140 的各有一根；120 和 130 的各有两根；125 的有三根。显然它们的平均抗拉强度指标绝对不是 10 根钢筋所取到的 6 个不同抗拉强度——110、120、125、130、135、140 的算术平均，而是以取这些值的次数与试验总次数的比值（取到这些值的频率）为权重的加权平均，即

$$平均抗拉强度 = (110 + 120 \times 2 + 125 \times 3 + 130 \times 2 + 135 + 140) \times \frac{1}{10}$$

$$= 110 \times \frac{1}{10} + 120 \times \frac{2}{10} + 125 \times \frac{3}{10} + 130 \times \frac{2}{10} + 135 \times \frac{1}{10} + 140 \times \frac{1}{10} = 126$$

从以上两个案例可以看出，对于一个离散型随机变量 X，其可能取值为 x_1，x_2，…，x_n，如果将这 n 个数相加后除 n 作为"均值"是不对的。因为 X 取各个值的频率是不同的，对频率大的取值，该值出现的机会就大，也就是在计算取值的平均时其权数大。如果用概率替换频率，用取值的概率作为一种"权数"做加权计算平均值是十分合理的。

经以上分析，我们可以给出离散型随机变量数学期望的一般定义。

3.2 数学期望的概念

定义 1 设 X 为一离散型随机变量，其分布律为 $P\{X = x_k\} = p_k$（$k = 1$，2，…），若级数 $\sum\limits_{k=1}^{\infty} x_k p_k$ 绝对收敛，则称此级数之和为随机变量 X 的数学期望，简称期望或均值，记为 $E(X)$，即 $E(X) = \sum\limits_{k=1}^{\infty} x_k p_k$；若级数 $\sum\limits_{k=1}^{\infty} |x_k| p_k$ 发散，则称随机变量 X 的数学期望不存在。

接下来，以例题或练习的形式给出二项分布、泊松分布的数学期望；然后，类似地给出连续型随机变量数学期望的定义，只要把分布律中的概率 p_k 改为概率密度 $f(x)$，将求和改为求积分即可（具体内容略）。给出连续型随机变量数学期望定义以后，以例题或练习的形式给出均匀分布、指数分布、正态分布的数学期望的计算。

3.3 随机变量函数的数学期望

定理 1 设随机变量 Y 是随机变量 X 的函数，$Y = g(X)$（其中 g 为一元连续函数）。（1）X 是离散型随机变量，概率分布律为 $P\{X = x_k\} = p_k$，$k = 1$，2，… 则当无穷级数 $\sum\limits_{k=1}^{\infty} g(x_k) p_k$ 绝对收敛时，则随机变量 Y 的数学期望为 $E(Y) = E[g(X)]$ $= \sum\limits_{k=1}^{\infty} g(x_k) p_k$。（2）$X$ 是连续型随机变量，其概率密度为 $f(x)$，则当广义积分 $\int_{-\infty}^{+\infty} g(x) f(x) \mathrm{d}x$ 绝对收敛时，则随机变量 Y 的数学期望为 $E(Y) = E[g(X)] = \int_{-\infty}^{+\infty} g(x) f(x) \mathrm{d}x$。

这一定理的重要意义在于，求随机变量 $Y = g(X)$ 的数学期望时，只需利用 X 的分布律或概率密度就可以了，无需求 Y 的分布，这给计算随机变量函数的数学期望提供了极大的方便。下面给出离散型与连续型随机变量的函数的数学期望求解的例题（略）。

上述的定理可以推广到两个或两个以上随机变量的函数上去，有下面的定理的分析与证明。

定理 2 设随机变量 Z 是随机变量 (X, Y) 的函数，$Z = g(X, Y)$，其中 g 为二元连续函数，则（1）如果 (X, Y) 为二维离散型随机变量，其分布律为

$P\{X = x_i, Y = y_j\} = p_{ij}$ $i, j = 1, 2, \cdots$，且 $\sum\limits_{j=1}^{\infty} \sum\limits_{i=1}^{\infty} g(x_i, y_j) p_{ij}$ 绝对收敛，则

随机变量 $Z = g(X, Y)$ 的数学期望为 $E(Z) = E[g(X, Y)] = \sum\limits_{j=1}^{\infty} \sum\limits_{i=1}^{\infty} g(x_i, y_j) p_{ij}$；

（2）如果 (X, Y) 为二维连续型随机变量时，概率密度为 $f(x, y)$，且 $\int_{-\infty}^{+\infty} \int_{-\infty}^{+\infty} g(x,$ $y) f(x, y) \mathrm{d}x \mathrm{d}y$ 绝对收敛，则随机变量 $Z = g(X, Y)$ 的数学期望为 $E(Z) = E[g(X, Y)] = \int_{-\infty}^{+\infty} \int_{-\infty}^{+\infty} g(x, y) f(x, y) \mathrm{d}x \mathrm{d}y$。

下面给出二维离散型与连续型随机变量的函数的数学期望求解的例题（略）。

3.4 数学期望的性质

设 C 为常数，随机变量 X、Y 的数学期望都存在，关于数学期望有如下性质成立：

性质 1 设 C 是常数，则 $E(C) = C$；

性质 2 $E(CX) = CE(X)$；

性质 3 $E(X + Y) = E(X) + E(Y)$；

性质 4 如果随机变量 X 和 Y 相互独立，则 $E(XY) = E(X)E(Y)$。

引导学生进行性质的证明或者让学生自行练习，给出性质的证明，并给出性质应用的计算例题。

3.5 案例分析

案例 3 中国体彩新推出一种福利彩票，每张彩票都对应一个兑奖号码，每卖出 50 万张彩票设一个开奖组，一张彩票的获奖金额概率如下

获奖金额的分布

金额（元）	0	10	50	500	5000	50000	500000
P	0.9	0.09	0.009	0.0009	0.00009	0.000009	0.0000009

问：每张彩票售价多少时可以确保体彩中心不会亏损？

案例 4　国际市场每年对我国某种商品的需求量是随机变量 X（单位：吨），它服从 $[2000，4000]$ 上的均匀分布，已知每售出 1 吨商品，可挣得外汇 3 万元；若售不出去而积压，则每吨商品需花费库存费等共 1 万元，问需要组织多少货源，才能使国家受益期望最大？

3.6　小结

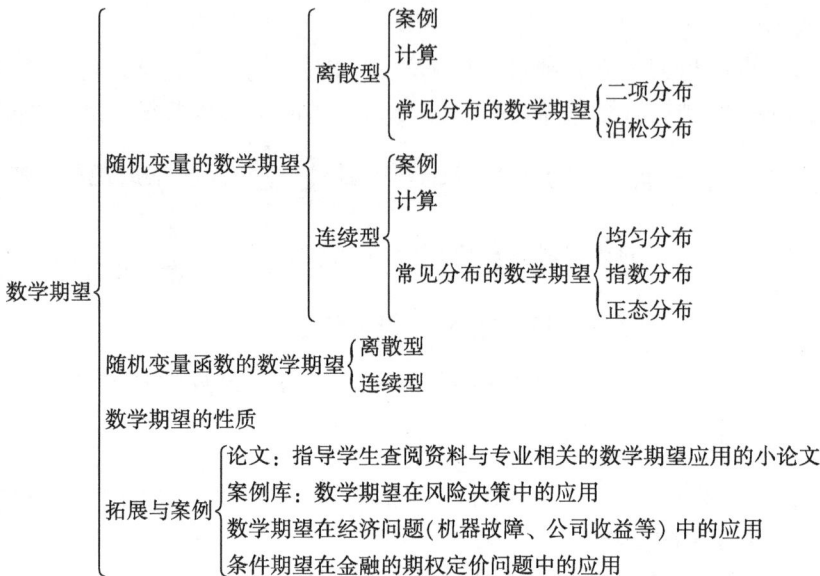

图 1　数学期望的教学设计图

在数学期望的教学过程中以图 1 的思维导图为框架，通过案例引入数学期望的概念，分析数学期望概念的产生背景和发展，提出数学期望的计算方法，研究数学期望的性质，解决实际问题，引导学生层层深入、思考、讨论，达到理解和掌握数学期望及其应用的目的。

4. 结语

以数学期望知识点为例，设计结合数学文化的案例教学过程，引导学生通过案例进行深入学习，引入数学期望的概念、性质、应用、发展等知识点的学习，从而优化教学设计。

参考资料

[1] 顾沛. "数学文化"课与大学生文化素质教育 [J]. 中国大学教学，2007 (4)：6-7.

[2] M. 克莱因. 西方文化中的数学 [M]. 张祖贵，译. 上海：复旦大学出版社，2005.

[3] 张顺燕. 数学的美与理（2 版）[M]. 北京：北京大学出版社，2012：2-50.

[4] 刘东海，彭丹. "概率统计"教学中融入数学文化的探讨 [J]. 当代教育理论与实践，2013，5 (5)：135-136.

［5］金玉子. 大学数学教学中融入数学文化的研究与实践 ［J］. 科技经济市场，2016
　　（6）：196-197.

［6］莫达隆，欧乾忠. 数学文化视野下概率统计教材的若干思考 ［J］. 高教论坛，
　　2015，03（03）：89-91.

［7］李建军，刘力维. 概率统计教学中渗透数学文化的思考 ［J］. 曲阜师范大学学报
　　（自然科学版），2013，04（02）：119-120.

［8］顾沛. 数学文化课程建设的探索与实践 ［M］. 北京：高等教育出版社，2009：12.

［9］郑长波. 生活中的概率问题举例 ［J］. 沈阳师范大学学报（自然科学版），2007，
　　25（4）：531-533.

［10］盛骤，谢式千. 概率论与数理统计及其应用（2版）［M］. 北京：高等教育出版
　　社，2010.

［11］张文良. 数学期望在风险决策中的应用 ［J］. 金融理论探索，2004，1（总第93
　　期）：58-59.

［12］赵艳侠. 数学期望在经济问题中的应用 ［J］. 吉林师范大学学报（自然科学版），
　　2005（2）：92-93.

［13］齐杰. 条件数学期望及其在金融中的应用探究 ［J］. 中国民商，2018（1）：
　　259-261.

渗透数学文化的无穷级数案例教学

马青华❶

【摘要】通过案例教学模式，结合数学文化、数学应用进行无穷级数的教学实践。给出了无穷级数主要内容的思维导图，结合无穷级数的发展历史与应用案例，除了掌握无穷级数的数学知识结构外，还能使学生更好地理解无穷级数在微积分中的作用与地位，了解无穷级数在各个专业领域的应用。

【关键词】案例教学；数学文化；无穷级数

1. 引言

从 1995 年开始，我国高校开展大学生文化素质教育工作，至今已有 20 多年了。文化素质教育作为高校素质教育的切入点和基础，对全面推进素质教育有着明显的作用。大学生的文化素质教育从主要关注课外活动发展为同时也关注课堂教学，而且从主要关注人文素质教育发展为同时也关注科学素质的教育，以及关注科学素质与人文素质的交叉。[1]

数学教育有两种功能：一是技术教育功能，二是文化教育功能。正如 M. 克莱因所说："数学一直是形成现代文化的主要力量，同时又是这种文化极其重要的因素。"[2]数学文化是数学知识、思想方法及其在人类活动中的应用，以及与数学有关的民俗习惯和信仰的总和。狭义的数学文化包含数学的思想、精神、方法、观点、语言，以及它们的形成和发展；广义的数学文化还包含数学史、数学家、数学美，以及人类认识和发展数学的过程中体现出来的探索和进取的精神和所能达到的崇高境界等。[3][4]数学文化的价值主要在于数学对人们观念、精神及思维方式的养成所具有的重要影响。数学文化是文化素养教育内容的一部分，高等教育中融入数学文化有助于将数学学术教育与文化素养教育融合到一起，不仅可以增强学生的学术专业水平，而且可以提升学生的数学文化素质教育水平。当前时代背景下，高等数学课程的教学应该逐步在课程教学中将数学文化教学渗透其中。[5]

高等数学对于提高学生的逻辑推理能力、分析判断能力、想象能力、创造能力方面，具有其他学科所不能替代的重要作用。数学课程更重要的作用是培养学生的创新精神，让学生发现知识的原始过程，汲取知识蕴含的科学思想方法，锻

---

❶ 马青华，北京联合大学副教授，主要从事数值计算、数学教学论的研究。

炼学生分析和解决实际问题的能力，使学生了解数学概念、方法和理论的产生和发展的渊源和过程，提高运用数学知识处理现实世界中各种复杂问题的意识、信念和能力。高等数学的案例教学是教师通过设计问题情境，引导学生对数学案例进行分析、研究和讨论，根据问题做出判断和决策，从而提高学生思考问题、分析问题和解决问题能力的一种教学活动过程。案例教学过程中教师以案例为基本素材，师生多向互动，激发学生有意义的学习，使其加深对基本原理和概念的理解，以达到建构知识与提高学生分析问题和解决问题能力的一种特定教学方法。[6]在高等数学的教学过程中融入数学文化，并结合专业以及生产、生活中的案例进行教学，不仅能使学生更好地理解数学概念和知识要点，而且能够使学生更加明确学习和生活的目标和意义。

从18世纪开始，无穷级数一直被认为是微积分的重要组成部分。级数是复杂函数简化为幂级数的解决方案，即简化函数的表达，通过简单项的重复来逼近某种复杂无法处理的函数。把无穷引入数学，这种向无穷的跨越不只是形式的推广，它在数学上所起的作用绝不可低估。因为只有有了无穷表达式，才能把量还原成数，才能由具体的特殊函数得出一般函数的概念及其表达式。无穷级数是最简单的无穷表达式，也是微积分的重要组成部分。

本文通过案例教学模式，结合数学文化、数学应用进行无穷级数的教学实践，希望对无穷级数的学习和理解有所裨益。

2. 无穷级数的引入

2.1 从无穷到极限

算术的加法可以对有限个数求和，但无法对无限个数求和。数项级数解决了这一问题，反过来，用解析的形式来逼近函数，一般就是利用比较简单的函数形式，逼近比较复杂的函数，最为简单的逼近途径就是通过加法，即通过加法运算来决定逼近的程度，或者说控制逼近的过程，这就是无穷级数的思想出发点。

案例1 《庄子·天下篇》中记载了惠施的一段话，将其称为"截杖问题"：一尺之棰，日取其半，万世不竭。每天记录的截下来的杖的长度是

$$\frac{1}{2}+\frac{1}{2^2}+\frac{1}{2^3}+\cdots+\frac{1}{2^n}+\cdots \tag{1}$$

这个无穷项的和是否存在，如果存在，等于多少？

案例2 从18世纪开始，人们就研究自然数平方的倒数和

$$\frac{1}{1^2}+\frac{1}{2^2}+\frac{1}{3^2}+\cdots+\frac{1}{n^2}+\cdots \tag{2}$$

1724年，师从约翰·伯努利的青年科学家欧拉利用类比的数学方法解决了这个困扰近百年的无穷项的和，后人也称自然数平方的倒数和为欧拉和。

案例3 我国三国时期魏国数学家刘徽在《九章算术注》中用"割圆术"求

圆的面积，即依次算出内接正 6 边形、正 12 边形、……、正 192 边形的面积。"割之弥细，所失弥少，割之又割，以至于不可割，则与圆合体而无所失矣。"设内接正 6（3×2^1）边形的面积为 a_1，内接正 12（3×2^2）边形的面积为 $a_1 + a_2$，内接正 24（3×2^3）边形的面积为 $a_1 + a_2 + a_3$，如此继续下去，内接正 3×2^n 的面积就近似为圆的面积：$a_1 + a_2 + a_3 + \cdots a_n$。即圆的面积 S 等于

$$S = a_1 + a_2 + a_3 + \cdots a_n \tag{3}$$

像（1）（2）（3）式这样，无穷级数是对一个有次序的无穷个数求和的方法。即

$$\sum_{i=1}^{\infty} u_i = u_1 + u_2 + u_3 + \cdots u_n + \cdots$$

称为无穷级数。如果无穷级数的部分和 $S_n = \sum_{i=1}^{n} u_i = u_1 + u_2 + u_3 + \cdots u_n$ 数列 $\{S_n\}$ 的极限 $S = \lim_{n \to \infty} S_n$ 存在，则称无穷级数是收敛的，此时无穷级数的和为 S；否则称无穷级数是发散的。

2.2 从微积分到无穷级数

17 世纪，有两个方面的重要发现促进了数学革命，一方面是各种特殊的面积求法和切线构造法的结合，另一方面是无穷级数方法的应用范围。例如，为了把早期的微积分方法应用于超越函数，常常需要把这些函数表示为可以逐项微分或积分的无穷级数。因此将函数发展成无穷级数成为一大研究课题。

无穷级数是研究有次序的可数或者无穷个函数的和的收敛性及和的数值的方法，理论以数项级数为基础，数项级数有发散性和收敛性的区别。只有无穷级数收敛时有一个和，发散的无穷级数没有和。用解析的形式来逼近函数，一般就是利用比较简单的函数形式，逼近比较复杂的函数，最为简单的逼近途径就是通过加法，即通过加法运算来决定逼近的程度，或者说控制逼近的过程，这就是无穷级数的思想出发点。

17—18 世纪，数学家打破对无穷的禁戒，逐渐应用无穷级数作为表示数量的工具，同时研究各种无穷级数的求和问题。17 世纪中叶，圣文森特的格雷戈里，在他的《几何著作》（1647 年）中，证明了阿基里斯追龟的悖论可以用无穷几何级数的求和来解决。格雷戈里第一次明白了无穷级数表示一个数，即级数的和，并称这个数为级数的极限。19 世纪末 20 世纪初，无穷级数理论又开辟了一个新的研究方向，即发散级数的"求和问题"。这一理论看似匪夷所思。其实在整个 18 世纪，数学家和天文学家在知道某些级数发散的前提下依然使用着它们，他们使用这些发散级数的前有限项来进行函数逼近，并且效果明显。甚至此时期的很多数学家认为不论收敛或是发散，所有的无穷级数都是有和的。发散级数的神奇效果使得后来的数学家们相信，一定有某种特性存在，只要加以提炼，就会

显示出为什么它们会提供如此有效的逼近。从 1880 年起，许多数学家提出各种"发散级数求和法"，使发散级数可以有合理的值。并且更为重要的是数学家们否定了 18 世纪"所有级数都有和"的论断，提出级数的"可和性"，并把它与柯西所给出的"收敛性"区别开来，现在我们知道，可和的级数包括所有的收敛级数和一部分发散级数，有些发散级数是不具有可和性的。[7][8]

3. 无穷级数案例教学设计过程

无穷级数是表示函数、研究函数的性质以及进行数值计算的一种工具。[9]内容包括数项级数、函数项级数。具体地说，无穷级数的教学内容包括：无穷级数的概念与性质；无穷级数收敛的必要条件；常数项级数（正项级数、交错级数、一般项级数）与函数项级数（幂级数、泰勒级数、傅立叶级数）。

3.1 常数项级数及其审敛法

常数项级数的知识点结构图与应用案例的设计如图 1 所示。

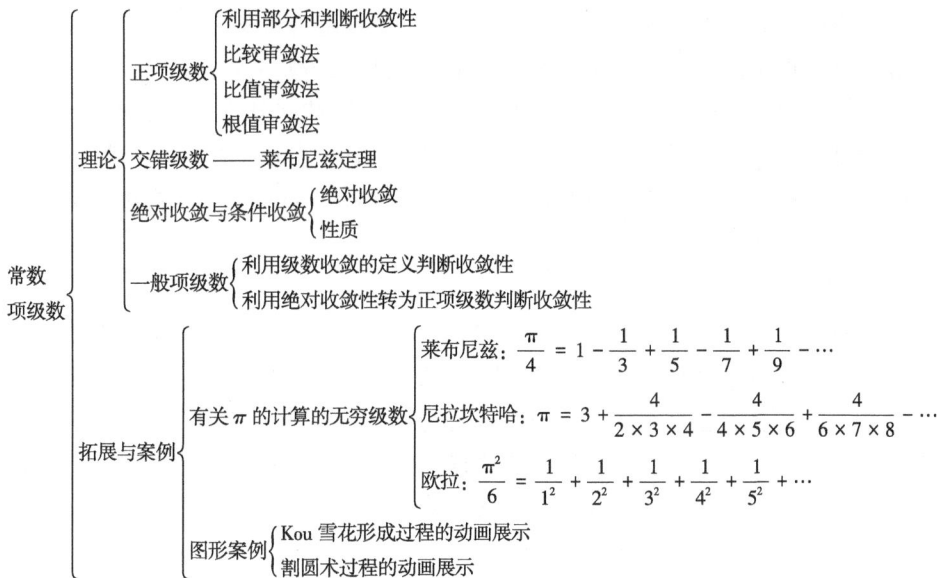

图 1 常数项级数教学设计图

3.2 函数项级数及其审敛法

函数项级数的知识点结构图与应用案例的设计如图 2 所示。

函数项级数
　　幂级数
　　　　幂级数基本概念与运算
　　　　　　阿贝尔定理
　　　　　　收敛域及相关计算
　　　　　　幂级数运算
　　　　函数展开成幂级数
　　　　　　泰勒级数
　　　　　　泰勒展开
　　　　幂级数展开的应用
　　　　　　近似计算
　　　　　　微分方程的幂级数解法
　　　　　　欧拉公式
　　傅里叶级数
　　　　三角函数的傅里叶级数
　　　　一般函数的傅里叶级数
　　拓展与案例
　　　　论文：指导学生查阅资料与专业相关的级数应用的小论文
　　　　图形库：简单函数的幂级数展开的动画展示与分析

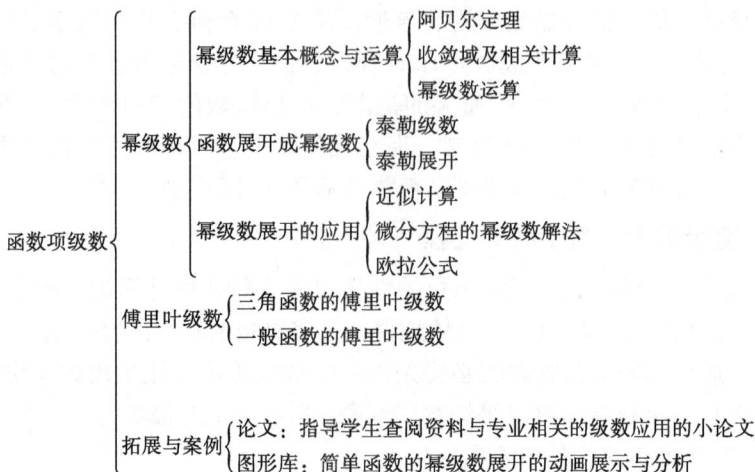

图 2　函数项级数教学设计图

在无穷级数的教学过程中以图 1、图 2 的思维导图为框架，结合学生的理解能力和思维特点，以案例引入——知识体系——解决问题——总结归纳——练习提高——深入分析案例的循环过程为主线，引导学生共同分析，自主得出结论，并在此基础上深入分析实际案例，达到初步深入研究、严谨推敲、细心推导的认识无穷级数、理解无穷级数在微积分中的作用与地位、了解无穷级数在各个专业领域的应用的目的。

4. 结语

本文通过案例教学模式，结合数学文化、数学应用进行无穷级数的教学实践，给出了无穷级数主要内容的思维导图，结合无穷级数的发展历史与应用案例，使得无穷级数的学习更有生活与发展的气息，能更好地使学生加深理解，在单纯枯燥的知识中加上了人文与应用的理解。除了掌握无穷级数的数学知识点和知识结构以外，还能使学生更好地理解无穷级数在微积分中的作用与地位、了解无穷级数在各个专业领域的应用。

参考资料

[1] 顾沛. "数学文化"课与大学生文化素质教育 [J]. 中国大学教学, 2007 (4): 6-7.

[2] M. 克莱因. 西方文化中的数学 [M]. 张祖贵, 译. 上海: 复旦大学出版社, 2005.

[3] 张顺燕. 数学的美与理 (2 版) [M]. 北京: 北京大学出版社, 2012: 2-50.

[4] 刘建亚, 汤涛. 数学与我们的世界 [J]. 数学文化, 2010 (创刊号): 1.

[5] 金玉子. 大学数学教学中融入数学文化的研究与实践 [J]. 科技、经济、市场, 2016, 6: 196-197.

[6] 张晓光, 王新霞, 王春, 等. 浸润数学文化的极限概念案例教学 [J]. 高师理科学

刊，2016，36（4）：53-58.

[7] 范广辉. 无穷级数的发展历程 [J]. 黑龙江科技信息，2016（12）：129-130.

[8] 王辉. 无穷级数的发展演化 [D]. 石家庄：河北师范大学，2006：3-5.

[9] 同济大学数学系. 高等数学（下册）（7版）[M]. 北京：高等教育出版社，2014：251-327.

[10] 刘鹏飞，徐乃楠. 数学与文化 [M]. 北京：清华大学出版社，2015：1-24.

[11] 卡尔文·克劳森. 数学魔法 [M]. 周立彪，译. 长沙：湖南科学技术出版社，2012：148-167.

[12] 马元魁，张天平，张丽丽. 无穷级数引入的教学设计 [J]. 高等数学研究，2016，19（3）：60-61.

"多媒体技术+文化" 打造更美好的精神家园

安继芳●

【摘要】"多媒体技术与应用"作为一门通识教育选修课程,在原有的教学模式及常规内容基础上,建立独特的"课程文化":在课程流程中展示严谨态度,在课程内容中体现与时俱进,在课程评价中注重过程积累,增加"文化"元素,增加"思政"元素,从而为打造学生更美好的精神家园增砖加瓦。

【关键词】多媒体技术;文化;精神家园

1. 引言

文化是人类社会特有的现象,东西方的辞书或百科中有一个较为共同的解释和理解:文化即相对于政治、经济而言的人类全部精神活动及其活动产品。文化既包括世界观、人生观、价值观等具有意识形态性质的部分,又包括自然科学和技术、语言和文字等非意识形态的部分。由此可以说,多媒体技术这种科学技术领域的现实存在,本身就是文化的组成部分,那么,为什么还要"+文化"呢?本文阐述在这门通识教育选修课原有的教学模式及常规内容的基础上,如何增加"文化"元素,增加"思政"元素,从而为打造高校学生更美好的精神家园增砖加瓦。

2. 建立独特的"课程文化"

美国作家帕梅拉·博洛廷·约瑟夫在2008年出版的《课程文化》一书中,借鉴人类学方法将美国课程的理论和实践归纳为"工作和生存训练""承接圣典""发展自我和精神""建构理解""思考民主主义"和"正视主导秩序"六种课程文化。[1]就笔者所讲授的"多媒体技术与应用"这门通识教育课程而言,主要是借鉴信息技术发展的成果,对学生进行"工作和生存训练",但在这其中,也不应忽视"承接传统""发展学生的自我和精神""建构理解""思考有中国特色社会主义发展观"等适应中国特色社会主义教育事业的发展。借助这本书的内容,笔者开始思考几个问题:

● 安继芳(1975—),女,北京联合大学应用文理学院基础教学部副教授。研究方向为计算机基础教学、多媒体技术与应用、网络技术与应用。

第一，笔者的课堂已经拥有课程文化了吗？

第二，建立一种课程文化有哪些益处？

第三，建立的课程文化将如何引导课程改革？

在笔者多年讲授"多媒体技术与应用"课程的过程中，经过不断思考和迭代，在以下三个方面建立了具有这门课程独立特点的课程文化。

2.1 课堂流程展示严谨态度

课堂时长固定，空间固定，在这样一种时空限定下，需要以流程化的方法进行设计和实施，使学生在一种熟悉的流程下顺畅地完成每次教学内容的学习。于是，笔者设计了这样的流程，见图1。

当每次都按统一的流程开展教学时，学生会形成较好的学习秩序，一以贯之。这种流程原本就是一种严谨的处世态度的表达，也让学生在一门课程的学习过程中感受到了这种态度，并将这种严谨的态度带入到未来的工作和学习中。

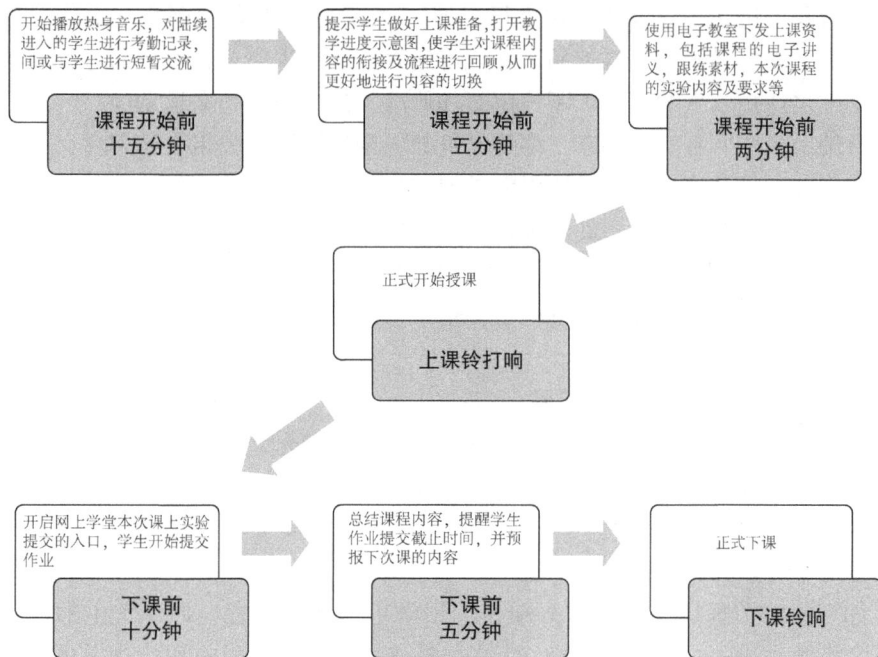

图1 "多媒体技术与应用"课程流程

2.2 课程内容体现与时俱进

多媒体的应用已遍及教育、电子出版、家庭、商业、广告宣传等社会生活的各个领域。文本、图形、图像、音频、动画、视频等都是多媒体产品的基本要素。简而言之，多媒体技术就是利用计算机综合处理这些基本要素的技术。多媒体技术的应用带来了计算机技术的又一次革命，它从根本上改变了人们的时空观念以及学习、工作和生活方式。随着社会信息化步伐的加快，多媒体技术的发展和应用前景会越来越广阔。这就意味着，教学内容必须体现与时俱进，不断更新。

在这样一门日新月异的课程中，涉及的理论和应用都是快速迭代的。因此，笔者必须在课程中做到软件版本、技术更迭迅速，不断更新，日新月异，带给学生最新知识。基于这一实际需求，笔者开始用自编授课讲义的方式实施这种与时俱进。

在本课程的多轮授课过程中，笔者不断改进教学方法和教学内容，力图以更加精简的理论做基础，更加有吸引力的实验环节做主线，串联起更加明晰的教学主线，让学生在头脑中构建起多种媒体的综合处理技术。学生们在这门课里成为勤动手、爱动手、会动手的参与者，通过动手加深他们对数字化技术的理解，更好地应用多媒体技术，跟上时代发展的步伐。笔者从2012年开始使用指定教材与自己编写的讲义相结合的方式进行授课，从2013年开始，则全部采用自己编写的讲义，学生对于教师自编的讲义认可度高，与课程完全适配，而且，在授课过程中，也通过学生的实践不断地更新和修改，讲义内容越来越完善。

自编讲义中所有实验环节，都是经过数轮层层筛选、去粗取精之后，保留的最具实用性、最具代表性、最能引发学习兴趣的实验环节。例如：音频剪辑及混音处理、人物抠图、图像自动化批量处理、GIF动画广告条制作、微信动画表情制作、H5动画制作、视频混剪、影视后期处理等，都会在学生将来的工作和学习中助一臂之力。学生在学习过程中，也亲身体验着这种技术的革新速度，将对未来建设创新型社会提供助力。

2.3　课程评价注重过程积累

学习效果的评价不仅要关注学生的终结性考核结果，还要关注其过程性学习表现。目前，除了传统的课堂教学之外，MOODLE、BlackBoard等网络教学平台越来越发挥"资源共享、学习支持、小组协作、师生交互"等一系列的优势，对学生的学习过程进行全方位的记录。基于这样的平台基础和数据基础，我们可以更加充分地了解学生的学习兴趣、干预学生的学习过程、评价学生的学习效果、激发学生进一步的学习动力。[2]过去单纯基于课堂教学的评价指标体系，也应该随着这种混合式学习环境的变化，过渡到基于网络教学平台和课堂教学相结合的评价指标体系。

"多媒体技术与应用"课程采用过程化考核方法，学生需在每次课程结束后及时提交实验结果，教师在一周内进行成绩评判及反馈。每次课程网络学堂的作业提交链接会在下次上课前一天消失。老师评判成绩后，学生有补交作业的，分数最高给原分值的60%。补交作业需单独发送至任课教师邮箱。发现重复作业，不分先后，免去当次实验成绩。

所有平时成绩及阶段测试成绩都在网络学堂的"成绩中心"时时可查。每周的课上实验都会给定一次成绩，整个学期实行过程化考核，课程结束，成绩即可获知。

这种积累的过程是一种难得的锻炼，同时也让"求真务实""不积跬步，无以至千里；不积小流，无以成江海"的思想潜移默化地影响到每一名学生。

3. 为学生丰富的精神世界提供展示舞台

十九大报告中提出我国发展的战略安排：2020 年全面建成小康社会；2035年基本实现社会主义现代化；20 世纪中叶建成富强民主文明和谐美丽的社会主义现代化强国。[3]这一个一个的时间节点上，真正要挑大梁的，正是现在这些身在校园的青年人。笔者每次站在课堂上所面对的，就是这些不久的将来要扛起重任的学生们。而这些学生，也在向笔者展示着他们丰富的精神世界。

每个学期结束，"多媒体技术与应用"课程都会要求学生综合应用图、文、声、像等多种媒体制作技术，制作一份自选主题的多媒体作品。在学生们的作品中，体现出了他们丰富的精神世界，如图 2~图 9。

在人文精神的体现方面，有典型的风景名胜、家乡风情、文艺作品等题材的作品。

在社会责任的体现方面，有国际义工、关爱艾滋病儿童、老人防诈骗、安全校园等题材的作品。

在自信乐观、积极生活方面，有个人简历、旅游攻略等题材的作品。

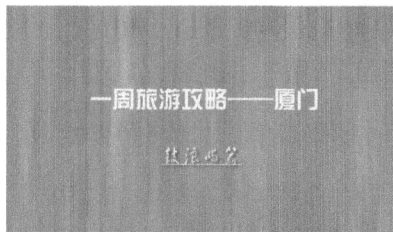

图 2　学生作品：最云南　　　图 3　学生作品：厦门旅游攻略

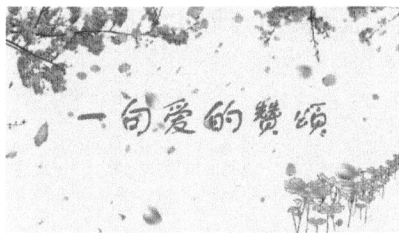

图 4　学生作品：一句爱的赞颂　　　图 5　学生作品：个人简历

图 6　学生作品：无悔从军路

图 7　学生作品：老年人易受诈骗原因及对策

图 8　学生作品：国际义工——旅行的意义

图 9　学生作品："无艾"不等于"无爱"

　　学生的作品青春美好，充满正能量，展现着新时代青年的风采。打造他们更美好的精神家园，是作为教师义不容辞的责任。在今后的课程设计中，需要设计更多的环节，为学生丰富的精神世界提供更多更大的展示舞台。

4. 结语

　　我们的教育要培养德智体美全面发展的社会主义建设者和接班人。我们所讲授的课程中，也需要添加"文化"元素，添加"思政"元素，从而为打造高校学生更美好的精神家园增砖加瓦。

参考资料

[1] 帕梅拉·博洛廷·约瑟夫. 课程文化［M］. 杭州：浙江教育出版社，2008.

[2] 魏顺平. 在线学习自动评价模式构建与应用研究［J］. 中国远程教育，2015（03）：38-45，79.

[3] 习近平十九大报告全文：http://news.sina.com.cn/o/2017-10-18/doc-ifymyyxw3516456.shtml.

社会主义核心价值观融入计算机课程教学的探索

陈世红❶   侯　爽❷

【摘要】 社会主义核心价值体系在中国的社会价值体系中处于核心地位，特别是对大学生的思想道德教育起到重要作用。如何在当代大学生中牢固树立社会主义核心价值观，将社会主义核心价值观融入教育教学活动是很多高校教师积极探索的问题。本文在将社会主义核心价值观融入计算机课程教学的方法和途径方面做了一些探索。

【关键词】 社会主义核心价值观；计算机课程；途径

1. 引言

教育是民族振兴和社会进步的基石。中国人民要实现中华民族复兴的中国梦，必须坚持教育优先发展。社会主义核心价值观是立国之魂，是做人之本。培育和践行社会主义核心价值观对推进中华民族的伟大复兴、中国梦的实现提供了重要理论支撑。学生阶段是价值观形成的关键时期。年轻学子面对社会的发展和网络信息的飞速发展所带来的价值观多元化，非常容易产生各种片面的认识，有时不能正确分清楚现实社会的主流和支流。因此，在教育教学中，注重加强社会主义核心价值观的渗透，将社会主义核心价值观教育融入学校教育教学活动中是教书育人的重要环节，通过教师的教学内容、教学行为和教学态度，让社会主义核心价值观走入课堂，进而培养学生的优秀品质，造就推进社会发展的人才。

2. 社会主义核心价值观的内涵

党的十八大提出，倡导富强、民主、文明、和谐，倡导自由、平等、公正、法治，倡导爱国、敬业、诚信、友善，积极培育和践行社会主义核心价值观。

"富强、民主、文明、和谐"，是国家层面的价值目标，是我国社会主义现代化国家的建设目标。富强即国富民强，是社会主义国家繁荣昌盛、人民幸福安康的物质基础。民主是人类社会的美好诉求，是创造人民美好幸福生活的政治保障。文明是社会进步的重要标志，是实现中华民族伟大复兴的重要支撑。和谐是中国传统文化的基本理念，是经济社会和谐稳定、持续健康发展的重要保证。

---

❶　陈世红（1967—），硕士，北京联合大学教授。主要从事计算机应用教育和研究。

❷　侯爽（1980—），硕士，北京联合大学讲师。主要从事计算机教育研究。

"自由、平等、公正、法治",是对中国特色社会主义社会价值取向的概括,反映了中国特色社会主义的基本属性,是中国共产党长期实践的核心价值理念。自由是指人的意志自由、存在和发展的自由,也是马克思主义追求的社会价值目标。平等指的是公民在法律面前一律平等。公正即社会公平和正义,是国家、社会应然的根本价值理念。法治是治国理政的基本方式,它通过法制建设来维护和保障公民的根本利益,是实现自由平等、公平正义的制度保证。

"爱国、敬业、诚信、友善",是公民基本道德规范,是从个人行为层面对社会主义核心价值观基本理念的凝练。爱国是要求人们以振兴中华为己任,促进民族团结、维护祖国统一、自觉报效祖国。敬业是对公民职业行为准则的价值评价,要求公民忠于职守,克己奉公,服务人民,服务社会。诚信即诚实守信,它强调诚实劳动、信守承诺、诚恳待人。友善强调公民之间应互相尊重、互相关心、互相帮助,和睦友好,形成社会主义新型人际关系。

3. 社会主义核心价值观下的计算机课程教学策略

我们所面临的计算机课程有通识教育必修课《大学计算机》和《Access 数据库应用》课程。这些理工科课程类的课程,相对于人文社科类学科的课程来讲,没有那么强的意识形态属性,不能较为直接和明显地渗透社会主义核心价值体系的内容。因此我们在教学过程中,将社会主义核心价值观的思想融入日常教育教学活动之中,尤其是更多地融入公民个人行为层面的"爱国、敬业、诚信、友善"的基本理念,在培养学生计算机应用能力的同时,对学生进行渗透和熏陶。

3.1 树立为中华之崛起的学习目标

每个人都有许多憧憬与理想,爱国是每一个公民最起码的道德。在开学第一课中,教师可以和同学们谈谈为什么读书,为什么学习。为了高分,为了表扬,为了毕业,还是为了大家都读而读,进而谈到我们敬爱的周恩来总理"为中华之崛起而读书"的誓言,他用毕生的心智实现了诺言,赢得了人民的敬重。鼓励学生树立为振兴中华而读书的目标。

哈佛大学曾经做过一个关于目标对人生影响的跟踪调查。调查的对象是一群智力、学历、环境等条件都差不多的年轻人,在毕业前夕的调查结果发现:27%的人,没有目标;60%的人,目标模糊;10%的人,有清晰但比较短期的目标;3%的人,有清晰且长期的目标。

经过 25 年的跟踪研究,哈佛再次对这群人进行了调查,结果是这样的:

3%的人,25 年来一直坚持自己的人生目标。朝着自己的目标不懈地努力,25 年后,他们几乎都成了社会各界的成功人士,他们中不乏行业领袖和社会精英。

10%的人,有清晰的短期目标,那些短期目标不断实现,生活状态稳步上升，成为各行各业不可或缺的专业人士。大都生活在社会的中上层。

60%的人，目标模糊，几乎都生活在社会的中下层，他们能安稳地生活与工作，但都没有什么特别的成绩。

27%的人是那些25年来都没有目标的人群。他们的生活都过得不如意，并且常常都在抱怨他人，抱怨社会，抱怨世界，几乎都生活在社会的最底层。

有目标和没有目标、目标清晰和目标模糊，是否有长远目标，会直接影响人一生的发展。作为一名华夏子孙，牢记"为中华之崛起而读书"这个信念，牢记自己的责任感和使命感，才能富有动力、富有知识、富有能力建设好我们的祖国，为中华巨龙腾飞于世界做出自己的贡献。

3.2 培育爱岗敬业的责任感

爱岗敬业，忠于职守，可以认为是践行社会主义核心价值观最直接的表现。不是说已经有了工作的人才有岗位。不同的人在不同时期有不同岗位。爱岗敬业的方式也有不同。有意识地引导学生：对于当代青年大学生来讲，"业"就是学业，相当于敬业，就是要"敬学"。要用全部的精力来学习，把学习作为自己应该履行的义务。不仅要"敬学"，还要做到"乐学"，努力成为好学生，努力使学习达到最高境界。

3.3 培养学生的诚信品质

诚实守信是做人的根本，诚就是诚实的意思，信就是信用的意思。诚信是学生成才的必要保证。学生要想成为有用的人才需要诚信待人诚信做事，诚信是成才的基石。只有引导学生坚守诚信，学生能从容地面对成长道路上的是非对错，才能获得别人的尊敬。学生不诚实、不守信，就会影响自己的信誉，也不会得到别人的尊重。古人讲，以诚感人者，人亦以诚应；以诈御人者，人亦以诈应。而在市场经济发达的西方国家，每个人都非常重视自己的信用，甚至反映到信用卡的信用分上。一旦失去了应有的信用，在社会活动中尤其是经济活动中会处处受限，后果不堪设想。

本学期起，我们在《Access数据库应用》课程中，除了按照我们的课程培养目标培养学生的计算机应用能力，还有意识地加强学生的诚信意识培养。在课程开始之时，设计了《课程说明书》，在明确课程要求的情况下，签署《学习者声明》，承诺"认真学习、主动思考、诚信评测"。在测验、作业、考试等环节中，加强学生诚信、自尊、自爱、自信的培养。对于综合实验设计，要求学生必须原创，严格要求，必须独立完成，不可有抄袭行为。在教学活动中，培养学生的诚信品质。将诚信作为责任需要学生来担负，让诚信成为学生的习惯。

3.4 形成友善的人生态度

通常意义上，我们谈到友善，首先想到的是朋友间亲近和睦。友善是一种人生态度。孟子曾曰："与人为善，善莫大焉。"佛家也劝导世人"诸恶莫做，众善奉行"。在我们的课程中，我们努力倡导学生不仅仅是做一个友善的人，懂得微笑，善待别人，给别人带来快乐。而且引导学生在竞争中也要保持友善、学会团结合作。在我们的《Access 数据库应用》课程的综合设计竞赛环节，要求 3 人组成竞赛小组，分工协作，共同努力完成竞赛。在竞赛中既有竞争也有合作，努力营造创新精神与人文精神结合的价值渗透范式。如图 1 为学生在综合设计竞赛中结合自己的作业完成的 Access 数据库设计的作品截图。

图 1   学生作品截图

4. 结语

社会主义核心价值观是立国之魂，是做人之本。将社会主义核心价值观融入教育教学的过程中，让广大青年学生有信仰，有前行的动力，如此才能无愧于人民教师的光荣称号，才能为国家为社会培养出推动社会进步的合格人才。

参考资料

[1] 坚定不移沿着中国特色社会主义道路前进为全面建成小康社会而奋斗. 2012 年 11 月 8 日胡锦涛在中国共产党第十八次全国代表大会上的报告 [引用日期 2014-06-10].

[2] 刘云山. 着力培育和践行社会主义核心价值观. 人民网 [引用日期 2014-05-30].

[3] 刘奇葆. 在全社会大力培育和践行社会主义核心价值观. 人民网 [引用日期 2014-05-30].

[4] 中共中央办公厅印发《关于培育和践行社会主义核心价值观的意见》. 新华网 [引用日期 2014-05-29].

[5] 习近平提出，坚定文化自信，推动社会主义文化繁荣兴盛. 新华网 [引用日期 2017-10-18].

[6] (两会授权发布) 中华人民共和国宪法修正案. 新华网 [引用日期 2018-03-12].

[7] 毕淑敏. 震撼美国一百年的调查 [J]. 党建, 2007 (9)：56.

文化自觉视角下的"课程+文化"探析

戴　红[●]

【摘要】"课程+文化"是北京联合大学应用文理学院在全国全面推进"课程思政"、坚定中华民族文化自信的大背景下，结合学院学科专业特点提出的课程建设方向，是落实"课程思政"最直接的途径。文化自觉是建立文化自信的前提和基础，文化自信是在对文化的高度认同和充分肯定的过程中建立起来的。以文化自觉的视角，探讨和分析课程与文化的关系，"+文化"课程建设的价值取向、实施原则和实现途径，以及大学公共基础课的"+文化"建设思路和实践成果，对于"+文化"的课程建设，具有理论和实践的指导意义和借鉴价值。

【关键词】+文化；课程；文化自觉

1. 绪论

"文化自信"是中共十八大以来习近平总书记在多个场合谈到的高频词之一，是继道路自信、制度自信、理论自信之后的第四个自信，是"更基础、更广泛、更深厚"的自信。"没有高度的文化自信，没有文化的繁荣兴盛，就没有中华民族伟大复兴"（2017，党的十九大报告）。

文化自信是一个民族、一个国家以及一个政党对自身文化价值的充分肯定和积极践行，并对其文化的生命力持有的坚定信心。[1]习总书记在庆祝中国共产党成立 95 周年大会上指出"在 5000 多年文明发展中孕育的中华优秀传统文化，在党和人民伟大斗争中孕育的革命文化和社会主义先进文化，积淀着中华民族最深层的精神追求，代表着中华民族独特的精神标识"。

"文化自觉"是费孝通先生于 1997 年首次提出的，旨在推动民族、国家和政党对文化的觉醒和对文化的重视。文化自觉是文化自信的前提，文化自信是建立在文化自觉的基础上的。没有深刻的文化自觉，就不可能有坚定的文化自信。中国人民的文化自信是在文化自觉的过程中逐渐建立起来的，是对中华文化的高度认同和充分肯定。[2]

2017 年 12 月，习近平总书记在全国高校思想政治工作会议上强调："要用

---

❶　戴红（1970—），女，北京联合大学应用文理学院副教授。

好课堂教学这个主渠道，各类课程都要与思想政治理论课同向同行，形成协同效应。"一年多来，各地高校为贯彻落实这一精神，积极开展以"课程思政"建设为核心的课程改革。北京联合大学应用文理学院也从学院的学科专业特点出发，以几年来全院一盘棋开展的"文化遗产保护与传承"相关的教学科研工作为基础，积极并卓有成效地推进"＋文化"工作，包括"学科＋文化""专业＋文化"和"课程＋文化"。其中，"课程＋文化"因其以课程建设为根本，而成为"课程思政"真正落地最直接的途径。然而，在包括通识课、基础课、专业课在内的各类课程的建设和改革中，切实有效地实现"课程思政"，推进"＋文化"，在思想认识上、在理论指导上、在教学实践中，都存在着困惑和问题。如任课教师不能深刻理解和自觉践行"＋文化"建设，"＋文化"建设的浅层次和表面化、照搬他人没有自己鲜明的建设特点等。本文试图通过文化自觉的视角，探析课程建设中"＋文化"的价值取向、实施原则和实现途径。

2. 课程与文化

2.1 课程与文化

在我国，课程一词据考证最早见于唐宋时期。宋代朱熹在《朱子全书·论学》中提到"宽着期限、紧着课程"，"小立课程、大作功夫"。其中"课程"一词有学习内容和进程的意思，与西方国家"课程"一词的含义基本相同。在西方，"课程"一词的英语为 curriculum，最早出现在英国教育教学斯冰塞《什么知识最有价值》一书中，指在学校学习的科目内容及进程安排。

随着课程论的提出和发展，课程被赋予了更多的含义，这些定义各有侧重。例如：课程就是教学科目，即所有学科的综合或一门学科或一类活动；课程即学习经验；课程即预期的学习成果；课程就是社会文化再生产，即课程是社会文化的选择和改造等。总而言之，课程基本上可从两大角度来定义：从知识的角度，课程是"按照一定的进程学习的一定范围内的知识"，即课程学科说；从文化的角度，课程是学生在学校里可以习得的各种文化的总称，这个角度的定义赋予课程比局限于知识和完成知识学习的进程更丰富的内涵。若把第一种课程定义称为传统的学科课程的话，后者则可看成隐性课程。隐性课程中所蕴含的文化元素是潜在的、无形的，但同时也是具体的、可被感受到的，越是厚重，越是有个性的文化，越容易被感受到，越能成为宝贵的教育资源。[3]

文化，《现代汉语词典》中的定义为：广义的文化是指人类在社会历史实践中所创造的物质财富和精神财富的总和；狭义的文化是指社会的意识形态以及与之相适应的制度和组织机构，这被认为是传统的文化定义。目前从各种角度关于文化的定义就有 200 多种，不同学科、不同历史时期、不同国家都存在着不同的文化定义。英国的文化人类学开创者爱德华·泰勒在《原始文化》中将文化定义为"文化或文明，就其广泛的民族学意义来说，是包括全部的知识、信仰、艺术、道德、法律、风俗以及作为社会成员的人所掌握和接受的任何其他的才能与习惯的复合体"。这一定义对后世文化理论的影响非常深远，很多关于文化的解说都是在这一观点的基础上延伸来的，从而形成了"人类活动的创造物、文化创造的活动方式及其创造性的历史过程都是文化，文化的核心要素是价值"的现代观点。

2.2 课程文化与"课程+文化"

课程文化"是指按照一定社会对下一代获得社会生存能力的要求，对人类文化的选择、整理和提炼而形成的一种课程观念和课程活动形态"。按照泰勒关于文化的定义，可将课程文化定义为：课程形态和实践活动中体现的规范、价值、信仰和表意象征符号的复合体。[4]

"课程+文化"是在构建全员、全课程的大思政教育体系的"课程思政"教育教学改革的背景下，是在广大教育工作者面对"文化自信"这一时代课题的使命要求下，是在对发挥大学四大职能"人才培养、科学研究、社会服务、文化传承创新"的深刻思考下，是在分析学院学科专业特点和优势的前提下，北京联合大学应用文理学院提出的人才培养和教育教学改革新思路。"课程+文化"目前还没有一个公认的权威定义，每个思考、研究和实践者都可能有着自己的解读，都在为其贡献着自己的智慧、丰富着其内涵。"课程+文化"看似是"课程"与"文化"两个词的相加，但应该不是简单地相加或混合，而是在通识课、基础课、专业课以及其他实验实践课程的课程内容、教学环节、教学活动、教学方式中，全过程、全方位融入和渗透中华优秀传统文化、革命文化、社会主义先进文化、世界先进文化和学科文化等元素，开展以社会主义核心价值观为主的思想教育和价值引领，以达到以文化人、以文育人的目的。

"课程+文化"与"课程文化"具有共同点，都是将课程作为一种文化，使课程兼具思想教育和价值引领的功能。"课程+文化"又不同于"课程文化"，"课程文化"更多着眼于课程目标、课程内容和课程实施过程中所应具有的自身特质，这种特质以文化形态表达出来，其更多关注的是课程自身的意识、思想、价值、制度和政策等，是学科文化的一种课程化体现。而"课程+文化"是在此基础上和除此之外的，以更多关注更丰富文化内容为主要特征。

2.3 文化自觉与教学自觉

《孔子家语·致思》中"吾有三失，晚而自觉，悔之何及"。自觉是在充分认识自我的基础上的自我觉醒，进而成为一种不假思索就能自动做出合理有效反应的行为模式，是意识与行为的有效统一。而文化自觉就是自己对文化有所认识而觉悟到，即人们对自身文化的一种"自知之明"。[5]

教学自觉就是教师对自己的教学有"自知之明"。这种"自知之明"表现为对教学实践有自我认知、自我反思、自我觉悟，主动建立教学意识和教学思想，主动发现和探究教学中的问题，自觉开展教学研究和教学改革以提升教学质量。

教学自觉是课程文化自觉的一种体现，是一种对教学实践的自我反思、自觉践行和对课程文化价值主动追求的理性行为。"+文化"的课程教学同样需要这种自觉，文化自觉的视角就是这种自觉的体现。

3. 文化自觉视角下的"课程+文化"

3.1 文化自觉视角下的"课程+文化"的价值取向

价值取向是人们依据自己的认知水平，按照一定的价值标准进行价值选择的理性的动态过程。[4]根据课程和文化的内涵，以文化自觉的视角，在对课程进行"+文化"塑造时进行价值选择的过程，应该具有以下特点：

（1）教师是价值选择的主体

教师作为课程的主要设计者，在设计和建设课程时会将个人认知、经验、知识观念、价值取向和爱好情趣，以及文化和哲学思想的影响等蕴含在课程里。教师的认识水平和价值标准很大程度上决定了价值选择的方向，即教师是课程"+文化"建设的第一责任人。

（2）文化自觉是价值选择的源泉和动力

文化自觉能力使得价值选择主体具备了对"+文化"价值取向本身存在的问题进行认识、理解、把握、明辨、诠释、反思、批判的能力，进而使其具备找到解决策略的能力，发现文化的价值论据，增强文化自信，支持价值取向的变革，增强价值取向重构的能力。

（3）追求"真善美"是最基本的价值选择

追求"真善美"应该是人们追求事物的一种最朴素的自觉。马克思指出："'价值'这个普遍的概念，是从人们对待满足他们需要的外界物的关系中产生的"[6]；"是人们所利用的并表现了人的需要的关系的物的属性"[7]；"表示物的对人有用或使人愉快等等的属性"[8]。求真的科学精神与求善、求美的热情，二者结合培育追求真善美统一的精神境界，促进人格完善，健康成长，是最基本的价值选择。

3.2 文化自觉视角下的"课程+文化"的实施原则

（1）强调主体意识

文化自觉本身的特性决定了"+文化"课程建设中主体自觉性的重要性。作为教师的文化自觉性和自觉能力很大程度上决定了"+文化"的价值取向和育人效果。

（2）坚持以社会主义核心价值观为引领

"+文化"的课程对于真善美的追求，是价值取向的核心体现。而社会主义核心价值观是作为社会主义的精髓、灵魂和稳定内核，对社会主义建设具有根本性的目标定向、思想主导、行为规范、动力激发和精神支撑作用。同时，它作为整体系统具有导向真善美的顶层结构，包容国家、社会、个人的主体结构，兼具理想、规范、目标的功能结构，汇聚过去、现在、未来的时间结构以及适应普遍、特殊、个别的空间结构。[9]坚持以社会主义核心价值观为引领，"+文化"的课程建设就具有了明确的目标、核心的内容和实施的依据。

（3）遵循课程和文化的规律

将课程本身的科学性与人文性统一在课程的文化内涵中，即在"课程文化"中体现"课程+文化"的思想和内容；遵循文化的一元特性和多元特性的对立统一规律，即将文化自觉内容中的一元性——马克思主义指导思想与多元的现实社会实践生活相统一，用社会主义核心价值观引领多样化的文化思潮、文化形态、文化观念等；兼顾课程的工具性与育人的目的性，兼顾社会需求与个体发展，兼顾现代文化走向与传统文化传承，兼顾国际和国内文化选择和交往等。

3.3 文化自觉视角下的"课程+文化"的实现途径

（1）文化反思尝试

费孝通先生指出：文化自觉的方法是"反思"，"反思实际上是文化自觉的尝试"。[5]他指出，中华文化中有几千年积聚下来的经验性东西，如果能充分认识和自觉其精神，就能够解决很多现实问题，这正是"+文化"课程在育人中所表现出的特别价值。同样，对于西方文化的自觉反思可以更好地提炼中华文化中好的东西，应用到现实中去，在与西方世界交流中，充分展示中华文化最有价值的方面，这也是"+文化"课程在育人中所发挥的弘扬中华传统文化方面的作用。同时，文化反思是对传统文化精髓的吸取，借鉴西方文化经验，不断整合创新，这同样是"+文化"课程在育人中所发挥的推动文化发展方面的作用。

（2）文化队伍建设

"+文化"的课程设计、建设和教学绝非所谓文化精英似地指点江山，而应该是每门课程的设计者、建设者和讲授者的主动介入、认真研究和积极尝试，是整个教师群体的文化实践的主动转向。这支文化队伍由课程的设计者、建设者、主讲教师、实验实践指导者和管理者等组成，是"+文化"课程建设的坚强保障。他们对于"+文化"的课程建设内涵有着充分理解，具有文化自觉意识和自觉能力，具有追求真善美的能力和热情，信奉和遵从社会主义核心价值观，掌握文化规律和课程规律等。

（3）融合式的"+文化"

依据课程类型、课程特点、课程教情学情，将文化融合到课程内容、教学方法、教学环节和教学活动中。

可以挖掘课程中的原本就内隐于其中的、被弱化的"文化"和"价值观"，使之更加彰显出来。这些"文化"和"价值观"应该是课程本来就有的应有之义,而"+文化"的过程是从更高的价值站位来把握这些应有之义,从自觉自发地进行"+文化"的教育教学发展为积极主动地在清晰的导向下开展。

可以改革和丰富教学方法,在教学手段和方法中"+文化"。在教授语言上体现文化特色和底蕴,体现思想性和科学性,注重培养学生学科思维和学科伦理;在教学手段上通过采用案例式、讨论式、在线式、专题式等教学方法,将课程内容中的"文化"内涵融入案例、融入讨论主题、融入学习视频、融入拓展专题。

可以设计教学环节和教学活动,在各个教学环节和教学活动中融入"文化"。在入课环节、实验实践环节、作业环节、考试环节中注重道德规范教育,弘扬社会主义核心价值观;在竞赛活动中的拟题、解题、作品创作、评价各个环节中,通过倾向性地拟题以及突出文化特色和人文思想的作品要求的解题,指导学生查阅文献、构思设计作品和现场调研,动员学生参加文化旅游、文化活动、文化社团和欣赏文化艺术影视作品,制订强调文化元素和人文精神体现的评价标准等方法进行课程的"+文化"建设。

4. 大学公共基础课的"+文化"建设实践

4.1 大学公共基础课的"+文化"建设概览

美国哈佛大学对于大学公共基础课程(以下简称基础课)的定义为:综合传统独立学科中的基本部分内容,以向所有学生提供共同知识的背景为目的的一种课程设置。它的教学目的是通过学习这些课程使学生获得"对世界、社会以及对我们自身的了解"。基础课设置涉及的领域很广,包括人文、社会科学和自然科学三个方面。[10]基于以上基础课的定义和特点,在基础课中进行"+文化"建设是可行的,是可以有所作为的。基础课作为新生课,对于大学学习有着重要的启蒙和引导示范作用;基础课覆盖面大、量大课时多,为"+文化"教育提供了较大的施展空间和影响机会;基础课教师良好的教学研究传统和能力,为"+文化"的课程建设提供了基础和保障。

北京联合大学应用文理学院基础教学部承担了学院全部基础课的教学任务,在对这些课程进行分类的基础上,进行了一系列的"+文化"课程建设工作。

首先,以课程类型和内容特点为依据,进行顶层设计,将物质/精神文化遗产和学科文化融入课程内容中。各类课程根据自身特点,进行有效的"+文化"探索,图1为基础教学部"+文化"课程建设的设计示意图。

基础教学部承担的课程大致可以分为数学类、英语语言/英语文学类、计算机/信息类、体育、艺术、心理类课程,在这些课程中分别进行了积极有效的"+文化"建设探索实践。

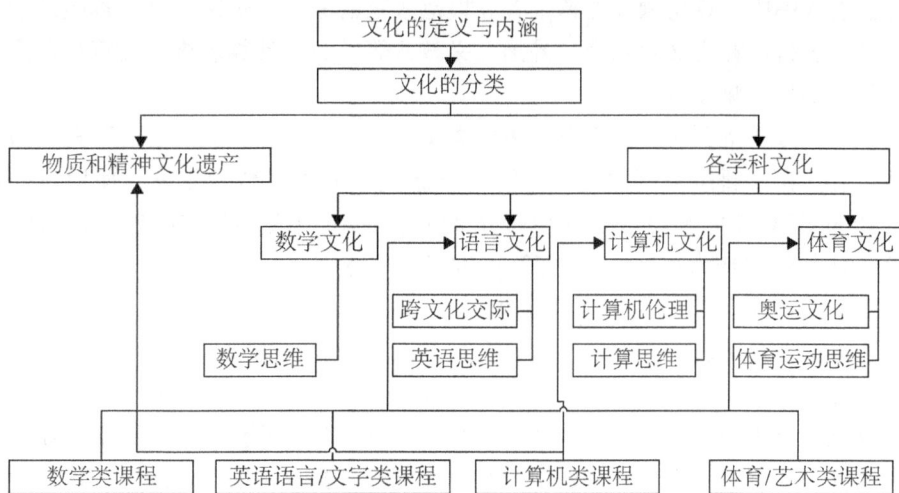

图1 基础教学部"+文化"课程建设设计示意图

（1）数学类课程开展"+文化"的探索实践

融入数学文化，在讲解数学概念的同时，引入数学历史、文化、科学家的故事等。开展社会主义核心价值观教育、数学思维教育，让学生学习抽象概念的同时体会数学家艰辛的工作，以及其思考的缜密、逻辑的严谨。这些尝试受到学生欢迎，有效地增强了学生学习的兴趣。

（2）大学英语课程开展"+文化"的探索实践

将文化策略与大学英语教学模式有机结合，将文化策略视角下的文化知识、文化意识、文化交流能力和价值判断等多元文化内涵融入英语课程中，在课堂中培养学生的文化平等意识，让学生在了解西方文明的同时，感悟和传播优秀中华文化。

（3）计算机课程开展"+文化"的探索实践

将中华传统文化融入教学中，在教学案例的设计和竞赛题目的选题中，注重传统文化的渗透和传统文化的展示。教学中开展计算思维、计算机伦理道德教育。依托计算机社团建设，开展以弘扬中华传统文化为主题的计算机作品竞赛、讲座等。

（4）体育、艺术、心理课程开展"+文化"的探索实践

体育课利用体育理论文化课程，讲授奥林匹克文化和专项运动史，开展冬奥文化讲座。在体育课堂上注重体育精神的弘扬和体育思维的培养。在体育场和地下体育馆张贴体育文化相关的标语和口号。心理学教师将传统文化与心理学理论有机融合等。

4.2 计算机类"课程+文化"建设

（1）在教学内容中挖掘文化元素，在教学案例中融入文化内容

在计算机发展史、计算机的类型等内容中挖掘与中国计算机事业发展有关的

内容，引入中国计算机领域的拓荒者和模范人物的故事、中国超级计算机的故事等内容，进行计算机文化教育、爱国主义教育等。引入计算思维、计算机伦理内容，强化学科文化教育。

在设计教学案例时，注重以中华优秀文学作品为素材，如使用郁达夫《故都的秋》作为图书排版案例素材，使用《三国演义》作为作业素材，使用《西游记》作为 PPT 设计素材等。在设计案例时，将我国改革开放的成果，如国家 GDP 的增长情况作为程序设计语言课程的案例素材等。

（2）在教学环节中强化文化教育

注重把握入课、在线自主学习、在线讨论、作业、测验与考试等环节，在这些教学环节中进行"＋文化"的教育。例如：在入课环节中加入人类的社会生活因计算机的诞生而发生根本性变革的内容；在自主学习的教学视频中引入汉字字体的演变、信息革命中具有创新精神和传奇色彩的饱含正能量的故事；设计诸如"信息技术+文化""互联网+文化"等在线讨论主题，引发相关思考和讨论；在作业、测验与考试环节引入有关契约精神、诚信、自尊的故事等。

（3）在竞赛活动中关注文化主题

通过拟题、解题、作品创作、评价等环节引导学生关注中国传统文化，如"人文北京"为主题的 Word 和 PPT 作品创作、文化数据库作品创作（如图 2）等。

图 2　学生文化数据库作品

（4）在教师队伍建设中注重开展文化学习和"＋文化"教学研究

引导和鼓励教师在平时学习中，注重积累与课程内容相关的文化知识和人文知识，如"科技与人文"的知识、"计算机科学与人文社会科学"的知识等，培养计算机教师文化自觉意识。将教学研究的一部分重心放在"+文化"的课程建设和教学方法改革方面，培养计算机教师文化自觉的能力和"+文化"的教育教学能力。

5. 结语

文化自觉是建立一种对于文化的强烈的自觉意识，没有这种意识，或者说没有唤醒这种意识，就不可能真正产生自然的、自为的、积极的、有力的"+文化"课程建设行为，自然达不到有效的建设目标。文化自觉还是一种对于价值的选择能力，没有这种价值选择能力，"+文化"的课程建设就缺少了获取依据、实现目标的源泉和动力。对于心中某种价值和秩序的坚持就是文化自觉的最深刻体现。[11]文化自觉是开展"+文化"教育教学的前提条件，没有基于课程内容的文化自觉的开始，就没有"+文化"教育教学的结果。

参考资料

[1] 国务院法制办公室. 文化自信——习近平提出的时代课题 [EB/OL]. 人民网，2016-08-08.

[2] 张友谊. 从文化自觉到文化自信 [N]. 光明日报，2017-11-29.

[3] 张楚廷. 课程是什么 [J]. 当代教育论坛（教学研究），2011（02）：1.

[4] 裴娣娜. 多元文化与基础教育课程文化建设的几点思考 [J]. 教育发展研究，2002（04）：5-8.

[5] 费孝通. 反思·对话·文化自觉 [J]. 北京大学学报（哲学社会科学版），1997（3）：15-22.

[6] 中共中央马克思恩格斯列宁斯大林著作编译局. 马克思恩格斯全集（第19卷）[M]. 北京：人民出版社，1963：406.

[7] 中共中央马克思恩格斯列宁斯大林著作编译局. 马克思恩格斯全集（第26卷）[M]. 北京：人民出版社，1974：139.

[8] 中共中央马克思恩格斯列宁斯大林著作编译局. 马克思恩格斯全集（第26卷）[M]. 北京：人民出版社，1974：326.

[9] 王忠武. 社会主义核心价值观的建构 [J]. 中国特色社会主义研究，2015（04）：66-72.

[10] 张丽. 不断完善本科公共基础课程，培养具有宽厚知识基础的大学生 [J]. 高等教育研究，1999，22（02）：50-53，58.

[11] 赵旭东. 从文化自觉到文化自信——费孝通文化观对文化转型新时代的启示 [J]. 西北师大学报（社会科学版），2018，55（03）：18-29.

在计算机通识课程中培养文化自信的教学探索❶

侯　爽❷　陈世红❸

【摘要】中华文化源远流长，对中华优秀文化的自信、传承与发展是亘古不变的话题。根据国家与教育部的部署，在高等教育的课程中应体现传统文化的内容。本文以我院计算机通识课程《ACCESS 数据库应用》为例，介绍了在本课程的实践教学环节如何引领学生运用所学的计算机知识来管理文化数据、实现信息检索、呈现文化内容、共享文化精神，依此培养大学生的文化自觉与文化自信。

【关键词】计算机通识课；文化自信；教学

1. 增强文化自信是高等教育的责任

2017 年中共中央办公厅、国务院办公厅印发的《关于实施中华优秀传统文化传承发展工程的意见》中指出，"文化是民族的血脉，是人民的精神家园。文化自信是更基本、更深层、更持久的力量。随着我国经济社会深刻变革、对外开放日益扩大、互联网技术和新媒体快速发展，各种思想文化交流交融交锋更加频繁，迫切需要深化对中华优秀传统文化重要性的认识，进一步增强文化自觉和文化自信"。[1]这份意见中提出中华优秀传统文化传承发展要贯穿国民教育的始终，推动高校开设相关课程，并在相关学科专业和课程中增加中华优秀传统文化的内容。教育部在印发的《完善中华优秀传统文化教育指导纲要》中要求做到在各教学阶段和教学任务中的三个"全覆盖"，即学科课程全覆盖、教学环节全覆盖和教学人群全覆盖。[2]因此，在高校课程中怎样融入传统文化，以什么方式培养大学生的文化自觉与文化自信，是摆在高校各个专业各门课程面前的一项重要任务。

2. 培养文化自信符合课程目标

2.1　什么是文化自信

文化自信是一个民族、一个国家以及一个政党对自身文化价值的充分肯定和积极践行，并对其文化的生命力持有的坚定信心。习近平总书记在党的十九大报告中指出，"文化是一个国家、一个民族的灵魂。文化兴则国运兴，文化

---

❶ 2018 年度北京联合大学应用文理学院教育教学研究与改革项目。全国高等院校计算机基础教育研究会计算机基础教育教学研究项目，项目号：2018–AFCEC–173。

❷ 侯爽（1980—），硕士，北京联合大学讲师。主要从事计算机教育研究。

❸ 陈世红（1967—），硕士，北京联合大学教授。主要从事计算机应用教育和研究。

强则民族强。没有高度的文化自信，没有文化的繁荣兴盛，就没有中华民族的伟大复兴"。[3]

践行文化自信，与提高文化软实力是相辅相成的，要把跨越时空、超越国度、富有永恒魅力、具有当代价值的文化精神弘扬起来，把既继承传统优秀文化又弘扬时代精神、既立足本国又面向世界的当代中国文化创新成果传播出去。

2.2 符合计算机通识课程目标

高等教育面向的学生正是从中学到大学跨越、从青少年向成年人转变的人生重要时期，这个阶段的教育对于学生认知自我、认知世界都有着重要的作用。我院的学科组成更加偏近人文，各专业都与传统文化有着紧密的联系，在课程内容上取材中华传统文化，能够让学生们在耳濡目染中进一步加强对五千年悠久文化的自信。计算机通识课程面向的教学对象绝大部分都是文科学生，在思维方式与学习方法上更易于接受理解文化相关的内容。计算机通识课程的教学目标多为计算机相关技术基础的普及与传播，运用所学的计算机知识解决专业上或生活上的问题，在教学过程中加入文化元素更能让学生体会到计算机技术的实用与价值。因此，以计算机技术为工具和载体、以各种文化的展示与传播为目的开展教学符合课程特点、顺应时代要求，能够达到课程教学与文化自信培养的双重目标，增添大学生发自内心的自信心与自豪感。

3. 教学实践探索

以我院的程序设计课程《ACCESS 数据库应用》为例，在课程教学内容、实践应用与课程竞赛等方面融入文化元素，让学生在学习计算机知识的同时能够潜移默化地加深对传统文化的理解与感悟。

《ACCESS 数据库应用》课程的教学目的是：使学生在循序渐进的学习中，逐步掌握较完善的知识体系，能够善于抽象现实世界，利用数据库工具设计、开发简单的数据库应用实例，利用数据库知识解决实际的问题。

在日常教学内容中，除了使用教材统一案例外，还为学生们展示更多与文化相关的数据库，如中国古诗词，带领学生通过网络查找专门的古诗词网站，了解其提供的诗词管理与诗词检索等功能，并介绍其后台数据库的基本原理。

实践应用与课程竞赛是一体化的，我们从学生综合实验设计作品中择优推荐参加院、校两级程序设计竞赛。因此，在实践应用的各个环节都围绕传统文化进行了升级。为了加深学生对所学的数据库设计开发过程的理解，将数据库实践环节划分成数据抽象、表及关系建立、系统功能实现等 3 个环节。

3.1 围绕传统文化 DIY 应用主题

当学生开始接触数据库时，是启发学生思考数据库应用情境的最佳时期，此时应给出充足而丰富的案例引导学生思索"数据库系统能做什么？""我要创建一个解决什么问题的数据库应用系统？""我的系统要具有哪些功能？"等等，这些案例围绕博大精深的中华传统文化选取，能够使学生浸润在数据库与各种传统文化的碰撞与合作里。图1显示了可供学生参考的文化相关主题，起到抛砖引玉的作用，学生可根据自己的兴趣爱好或者专业背景拟定数据库实践主题。

中华传统文化	地域/民族文化	文艺作品文化
百家姓管理系统	首都文化信息系统	《国家宝藏》数据管理系统
汉代物质文化管理系统	北京著名景点信息系统	近代文学信息系统
中国建筑信息系统	江浙文化信息系统	戏曲信息系统
古代服饰文化信息系统	傣族文化信息系统	《舌尖上的中国》信息系统
中华礼仪文化管理系统	英美文化信息系统	香港老电影管理系统
玉器管理系统	新疆文化信息系统	经典影视作品信息系统
古典诗词信息系统	古巴比伦文化信息系统	民歌赏析信息系统

图1　与文化相关的数据库实践主题

3.2　抽象文化实体建立数据模型

在学习完课程第一部分——数据库基础知识后，趁热打铁布置任务：完成数据模型的抽象与建立。这一阶段的作用是打地基，地基夯实了才能保证上层建筑的稳定性，因此其重要性不言而喻。经过实体抽象、概念模型设计、逻辑模型设计和物理模型设计等几个主要环节的设计—试错—反馈—修改过程，学生能够从最开始的线性思维逐步转变为计算思维，将各种文化元素抽象为实体数据，将文化元素之间的逻辑关系抽象为数据联系。这个过程不会一蹴而就，经常出现实体分割不准确、实体与属性混淆、实体间联系定位错误等问题，往往需要多次修改才能确定最终方案，磨炼意志也锻炼本领。图2显示的是我院学生手绘的实体关系E-R图，从不同实体角度分解选定的国家级非物质文化遗产主题。

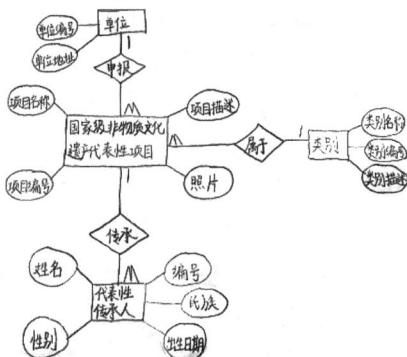

图2　围绕主题抽象文化元素实体

良好的文化元素实体抽象和数据模型设计带领学生进入数据库世界的大门，而一砖一瓦地建设才能真正让学习者更直观地感受文化数据的魅力。学生们在建立ACCESS表结构和关系之后，大量的工作在于搜集和录入文化数据，在这个过程中，学生们对于某个领域的传统文化有着最为集中的理解与感受。图3列举了两个学生作品各自的关系图，左边的数据库关系图描述了"国家级非物质文化遗产"主题的项目、类型、传承人、申报单位等实体数据模型，右图则描述了"中国古代瓷器"主题的朝代、瓷器、瓷器种类等实体数据模型。

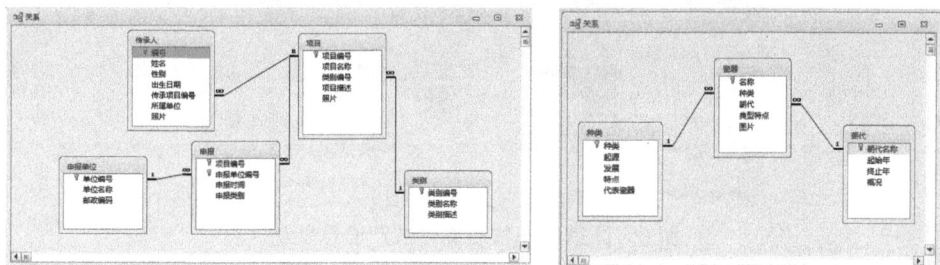

图3　表结构及表间关系

3.3　文化信息系统的实现

为了展现主题传统文化内容，实现数据库之前设计的各种功能，学生们使用数据库窗体和报表为自己的系统设计了各种界面，如图4、图5所示，为了实现文化信息检索，运用了所学的 ACCESS 查询功能设计各种交互，如图6所示。

这个环节的设计结果常常会带来惊喜，学生们精心设计的窗体、报表等界面高度吻合主题意境，如图4所示的中国古瓷器信息系统，选取青花瓷效果作为登录界面背景，令人马上能够抓住瓷文化的入口想一探究竟。图5的中国古诗词信息系统则选用统一的水墨画，让用户在使用数据库的过程中，身临其境走进字里行间，听巴山夜雨的倾诉、品子夜琵琶的韵味，感受中华古诗词文化的魅力。

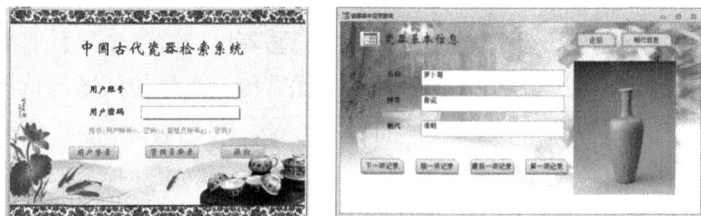

图4　中国古代瓷器信息系统

图5　中国古诗词信息系统

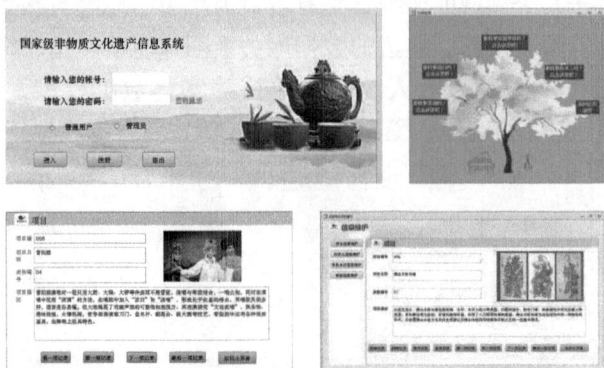

图6　国家级非物质文化遗产信息系统

3.4　文化自信的培养

通过各个阶段的学习与实践，学生的数据库应用能力呈螺旋式上升，对自己所选取的中国传统文化领域的认识也在逐步深入强化，搜集大量的数据与图片的过程如同遨游在传统文化的海洋，构建数据模型、设计表和关系的过程又需要不断理清这项文化的来龙去脉、发展现状，消化理解文化内容，而最后系统功能的实现则体现了学生们对文化内化吸收后用各自独特的视角与方式的呈现。当学生们在课程接近尾声时，通过展示互评环节互相赏析彼此的作品时，犹如分享了一场文化盛宴，洋溢着对我们自己传统文化的认同与自信，对自我作品的满足与自豪。

4. 总结

怎样在计算机通识课中融入文化、培养学生们的文化自信，是现阶段我们正在深刻思索的问题，本文以我院程序设计课程《ACCESS 数据库应用》为例，介绍了本课程在实践教学环节的教学探索，将计算思维与文化元素紧密结合，运用数据库这个工具收集存储文化数据、维护检索指定内容，实现信息展示与文化传播的功能。通过数据库设计与实现的完整过程，不仅锻炼了学生的计算思维，还能强化对数据库的应用能力，同时提升了对优秀传统文化的认知与认同。

参考资料

[1] 中共中央办公厅，国务院办公厅. 关于实施中华优秀传统文化传承发展工程的意见. 中华人民共和国中央人民政府，http://www.gov.cn/zhengce/2017－01/25/content_ 5163472.htm.

[2] 罗玲，秦勃，张建荣. 中华文化教育与课程教学的有机结合——以英语专业课程为例 [J]. 安徽农业大学学报（社会科学版），2016，25（5）：123-126.

[3] 习近平在中国共产党第十九次全国代表大会上的报告. 中国共产党新闻网，http://cpc.people.com.cn/n1/2017/1028/c64094-29613660.html.

将人文素质培养融入程序设计课程的探索实践❶

于 宁❷

【摘要】 针对教育部《关于加强大学生素质教育的若干意见》中要求将文化素质教育贯穿于各学科教育的始终的精神，以程序设计课程为立足点，挖掘学科知识中人文精神内涵，探索将人文素质培养融入程序设计课程的有效途径，为今后深入开展程序设计课程人文素质教学改革提供有益借鉴。

【关键词】 人文素质；程序设计；教学实践

回顾历史，早在 1981 年，苏联计算机教育学家叶尔肖夫在第三届世界计算机教育应用大会上提出"人类生活在一个程序设计的世界，在这个世界里，人类文化与程序设计不仅并行存在，而且会互相联系，融合为一种全新的人类思想[1]"的看法。他进一步指出，科学上的发现是科学家按照一定的组织过程进行探索而得到的；人类的各种社会组织按照一定的章程规定的程序工作；学习更加是按照规定的过程进行；即使是人们的日常生活，也是一种面向程序的生活，人们做事时会不知不觉地把事情分成许多小步骤，然后再按步骤去完成，正如编程时总是将大问题分割成小问题，从而形成解决问题时相对独立的模块，然后一个个模块地解决一样。我们理应将程序设计的结构化思想向人类生活做深层次的迁移，其中，"生活算法"应贯穿在程序设计教学的过程中。但是在程序设计的课堂中，一直带有唯技术中心为核心的倾向，更多关注的是程序设计本身复杂的知识与技能，这种唯技术取向的教学往往忽略了对学生的价值观和情感态度的培养，阻碍了学生的身心发展和综合素质的提高。[2]

1. 将人文素质培养融入程序设计课程的必要性

教育部在《关于加强大学生素质教育的若干意见》中要求将文化素质教育贯穿于各学科教育的始终。人文素质教育是以促进学生身心发展为目的，以提高学生的思想道德、科学文化、劳动技术、身体心理素质为宗旨的基础教育。程序设计在其应用开发中，同时进行了人的塑造，是人创造人的活动。它将学习知识与增强能力有机地统一起来，将信息交流与开发智能、培养素质有机地统一起来，为创造性人才的培养提供一种理想的学习环境。因此可以说，将人文素质培

---

❶ 课题来源：2017 年度北京联合大学应用文理学院"课程思政"专项教学改革立项。
❷ 于宁，女，北京联合大学副教授；主要研究方向为计算基础教育。

养融入程序设计课程中，具有科技发展与人的发展整合、平衡的积极意义。

我院开设的程序设计课程面向理科类（包括部分文理兼收）各本科专业学生，学习目标不是在于使学生掌握高深的程序设计知识和技巧，成为编程高手，更重要的是培养学生形成初步的编程思维，学会抽象和自动化解决问题的方法，学会程序设计语言特殊的逻辑表达方式和程序设计哲学理念。学生通过编程和上机调试亲身体会各种语句的功能，分析程序运行过程及验证结果。通过手、眼、心、脑并用而形成的强烈专注，容易养成精益求精的做事风格和塑造勇于进取、敢于拼搏的心理素质，增强独立探索的学习能力。计算机语言对实体的表示和对算法的描述，大大拓展了学生的思维空间，易于培养学生的创新意识和积极开拓的精神。在程序设计课程教学中渗透人文教育，培养学生的人文精神，将促使学生更多地关注世界剧变，关注国家命运，关注民族兴衰，关注他人感受，从而增强对国家、对社会、对他人的责任意识，进而树立正确的人生观和世界观。[3] 良好的人文素质不仅有利于与学科内容的交叉融合，而且能增进学生思维开拓、求异求新、培养和锻炼创新意识，促进学生的全面发展。

2. 将人文素质培养融入程序设计课程的途径

2.1 充分挖掘学科知识存在的人文精神内涵

任何一门学科知识的产生和发展都有一定的社会背景，其中离不开科学家们的追求，科学在创造物质文明的同时，也创造了精神文明。[4] 程序设计课程的基本特点是严谨与抽象，在教学中通过严密的逻辑推理，引导学生掌握程序设计的思维方法和技巧，培养学生实事求是、言必有据、有条不紊的个性品质，使其具有严密的逻辑推理、严谨的科学态度，促进思想道德素质的提升和辩证唯物主义世界观的形成。在程序设计内容中不乏人文精神内涵，需要教师深入挖掘，设计、优化教学案例。在教学过程中渗透人文教育，让学生认识到学习的价值，敢于挑战，克服畏难情绪，增强学习程序设计课的信心和兴趣。毋庸置疑，程序设计课程不是人文素质教育课程，本质上还是以学科知识为主的，只是在特定的教学环节，教师寻找到合适的切入点，潜移默化地进行人文素质教育，关注学生的情感态度，帮助学生树立正确的价值观，建立起科学技术应用的道德准则和规范。

2.2 将人文素质培养融入程序设计课程教学探索

（1）强化思维方式的训练，培养良好的做事习惯

结构化程序设计是编程人员对要编程解决的问题由浅到深的一个认识过程，而且也是编程人员经过认识、抽象，最终将所要解决的问题由现实世界转化为计算机世界的过程。在教学中，要对学生在认识事物、理解真理上给予一定的启迪，无论是人类的认识过程还是个体的认识过程，都是一个由不知到知、由浅到深的逐步深化运动，从这种角度认识不了的事物可以换另一种角度去认识，一下子认识不了的事物可以逐步去认识，这种灵活的、动态的认识过程保证了人们对

客观的逐步逼近。结构化程序设计思想体现了人类认识的真实过程，即不断地认识、改造客观世界和不断地认识、改造主观世界的辩证统一的过程，提供了一种怎样由表及里、由不知到知、由知之较少到知之较多的科学解决问题手段。因此，在教学中着重强调：①要求学生按照问题求解的一般步骤，即对问题的描述、求解的算法、代码编写与调试来求解每个任务。②经典算法和重要实例借助流程图帮助学生学习有关算法设计的基本原理，呈现解决问题的主要思路，循序渐进地引导学生思考，强化逻辑训练。③程序文件名、对象名的命名及代码书写格式要求统一规范，让学生充分感受程序语言的严谨性，培养学生严谨灵活的思维能力和良好的做事习惯。

（2）教学案例中突出育人的文化性

程序设计是一门让学生真正应用计算机来分析问题、解决问题的课程。课程概念复杂，内容多，学时少，学生面对一堆语言符号，学习起来比较枯燥，很容易产生畏难情绪而放弃。因此，要根据学生特点和学习状态不断调整，正确的教学与引导来帮助学生走出困境，实现课程的学习目标。

在教学内容上，找到合适的知识点恰当地融入人文素质教育，提升学生学习兴趣，增强信心，具体做法列举如下。

教学第一课上，介绍软件的发展过程时，特别介绍为中国软件史上写下光辉的一页的几位领军人物："中国第一程序员"求伯君的传奇经历，自学成才的"杀毒王"王江民，中国最大的管理软件/ERP 软件供应商、用友软件股份有限公司的王文京等，以及目前广为使用的迅雷、微信等国产软件，增强学生的民族自豪感和不断进取的精神。通过对比中外软件的发展现状与差距，抑或增强学生的责任感和危机感，也让学生认识到，随着计算机软件技术和硬件技术的不断发展，计算机的应用与人类社会经济和文化的联系更加紧密，不懂得计算机的使用，就无法在信息社会中工作、学习和生活。

讲解循环结构程序设计时，设计教学案例计算家庭收入翻番。如 2016 年北京地区居民人均可支配收入 52530 元，按现在的增长率 9% 计算，几年后北京地区人均可支配收入翻两倍。案例通过循环结构中 Do 循环语句，计算家庭收入翻番。通过该问题求解，不仅使学生掌握循环结构的实际应用，同时让学生了解到我们处于改革开放 40 多年来经济发展最快、人民生活水平提高最快的时期（对比改革开放前家庭人均收入），激励学生努力学习，尽早成为对国家发展和社会进步的有用之才。

使用一些文化经典素材作为案例的内容材料。在讲解字符串处理、动画设计、数组应用和列表框时，将诗词引入到实际案例中，使学生在编程过程中对传统诗词文化重温与再识。如设计简易文本编辑器，实现对唐诗中字符的选取、复制、编辑和统计。借助计时器控件，实现滚动字幕或句子一行行呈现的动画效果。借助一维数组存储一行唐诗,实现字符串位置的移动、插入或逆序输出。借助二维数组存储五言或七言唐诗,实现将诗词按照竖体格式显示、行列交换等效果。

上机训练环节,帮助学生分析问题与排除错误也是一个重要环节。对大多数学生来说,上机调试程序的过程是一种磨难,也是考验意志品质的过程。首先要告诉学生程序设计出错是正常的,要正确对待,不怕出错。其次要帮助学生学会如何调试程序,并对运行结果做出正确与否的分析。经过多次训练后,在不断分析问题、解决问题的过程中,学生增强了信心和能力,在实践中也锻炼了意志品质。

(3)以学期综合作业设计、学科竞赛为应用全面提升学生综合素质

在教学中期,开始布置学期综合作业设计,要求3人一个小组,完成一个主题积极且有意义、任务情境真实而具体的作品。作品的完成是一个创作过程,也是一个不断探究的创新过程,学生通过一系列探究活动掌握程序设计原理性知识和实践技能。在项目选题阶段,从时代性、新颖性、需求性以及可行性等方面予以把关,引导学生在作品设计中能体现更多的人文素养。基于这种理念,近年来,涌现出越来越多有意义且实用的作品,如北京风情、华服之韵、天空中的红太阳、中国十大山川、知识小百科、诗词成语练习、北京自然地理查询系统、茶艺介绍系统等。这些作品有的展示中国优秀传统文化,有的展示祖国大好河山,有的服务专业,选拔出来的作品参加每年一度的程序设计竞赛也取得了较好的成绩。通过开展课程的综合作品设计及参加程序设计竞赛,鼓励学生积极探索,激发学生的创作热情,培养创新意识和团队合作精神,这也是社会主义核心价值观的具体体现。

3. 结束语

程序设计课程从重视传授知识,到注重能力的培养,再到注重提高学生综合素质,是教育思想的一大突破。我们的教学不仅要给学生扎实的知识基础和能力基础,更要为学生的人生成长塑造符合时代要求的良好素质,这是每一位教师不可推卸的责任。将人文素质培养融入程序设计课程的探索实践刚刚起步,如何真正实现科学素质与人文素质的融合、提高学生的人文素质,将成为高校教育现阶段的重点问题,需要教师不断探索与实践。

参考资料

[1] 王吉庆. 信息素养论 [M]. 上海:上海教育出版社,2000:118-200.

[2] 贺斌,夏燕,周彩英. 文化哲学视野下的信息教育之透视 [J]. 教育探索,2006 (12):26-27.

[3] 杜家宝. 理工科大学生人文素质教育的缺失与重构 [J]. 市场周刊·理论研究,2012 (1):92-93.

[4] 赵飞,刘宁,郝国森. 高校计算机教学与人文素质教育的融合 [J]. 电脑迷,2016 (7):109.

文化自觉

——中国体育文化发展应有之义

宋 涛❶ 王法涛❷

【摘要】 文化自觉是中华民族文化的自觉，是中华民族对自身文化发展的自觉。对中国体育文化而言，文化自觉则是将国家体育思想和行为置于世界范畴，进行自我扬弃的过程。通过文化自觉，唤起中国体育文化发展的自觉意识，使其上升至理性层面，或为中国体育文化普遍认同的价值取向和行为方式，以此推动中国体育文化的发展。

【关键词】 文化自觉；体育文化；传统文化；文化创新

文化是国家和民族的血脉、灵魂、品格，积淀着一个民族最深层次的精神追求和行为准则。当代中国正处于社会转型和文化转型的艰难过程中，在这个过程中，唤起全民族的文化自觉意识，使文化自觉上升到理性的层面，成为全民族认同的价值取向和行为方式，将会大大推动民族文化的发展。

文化自觉是指生活在一定文化历史氛围中的人对其文化有自知之明，并对其发展历程和未来有充分的认识。从某种意义上说，文化自觉就是在全球范围内提倡不同文化观的具体表现：首先，要求对传统文化保持尊重的态度，有自觉传承传统文化的意识；其次，要理解传统文化，解读、发掘传统文化，并使之面向现代做出必要的转换；最后，推动传统文化与其他文化之间的对话和交流。

体育文化自觉是文化自觉的下位概念，是指认知、理解和诠释自己的民族体育文化历史，联系现实，尊重并吸收其他体育文化的经验和长处，与其他体育文化共同建构新的体育文化语境。简单地说，体育文化自觉是将国家体育思想和行为置于世界范畴，进行自我扬弃的自知之明的过程。其目的是为了取得体育文化转型的自主能力，进行正确、自主的文化选择、传播与创新。中国体育文化自觉的过程也就是中国体育文化与他国体育文化精神内核相冲突的过程，其归宿就是要在融合现代社会发展积极内涵的基础上，融合不同国家、不同民族体育之魂，创造出一个动态的、与时俱进的体育文化生态体系。

---

❶ 宋涛（1963—），硕士，北京联合大学讲师，主要研究体育教育。
❷ 王法涛（1979—），博士，北京联合大学副教授，主要研究体育教育训练学。

1. 文化自觉是人类文化发展的不竭动力

1.1 中国文化中的文化自觉

文化自觉首先是对自己的文化有自知之明，也就是充分认识自己的历史和传统，这是一种文化延续下去的根与种子。文化也是一样，如果脱离了基础，脱离了历史和传统，也不可能再发展。历史和传统就是我们文化延续下去的根与种子。至于什么是中国文化的根和种子，当然会有各种各样的看法。费孝通认为：中国人重视世代之间的联系，崇敬祖先，重视养育出色的子女；中国人相信"和能生物，同则不继"，相信不同的东西可以聚合在一起，形成"多元一体"；中国人推崇"设身处地，推己及人"的行为准则，反对以力压人，倡导以德服人；等等。这些都不是虚拟的东西，而是曾经切切实实发生过或正在发生在中国民众日常生活世界里的真情实事，是从中国悠久的历史文化中培养出来的精髓。

但是，仅仅了解自己文化的基因是远远不够的，传统还必须同现代的创造相结合，应当从传统与创造的结合中去看待未来。也就是说，要以发展的观点，结合过去及现在的条件和要求，向未来的文化展开一个新的起点。因此，文化自觉不仅是理解与把握自己文化的根和种子，更重要的是要按现代的认知和需要来诠释自己的历史文化。要做到这一点，则必须向现代文化和他种文化学习。对此，费孝通强调，不仅要学习西方文化现在的经验，还要学习他们发展初期和中期的经验，把他们那时候的思想文化作为一个历史性的整体来同我们现在的问题加以比较。他们某一时段所经历的东西，也许是我们现在正在经历或将要经历的东西。而且，结合现在的实际，我们还可以理解，他们那时为什么会发生那些问题，为什么会产生那些思想。从他们当时的变化来认识我们现在将要遇到的变化。这种比照和之后的选择，是文化自觉的一个重要内容。

在全球化的今天，文化自觉还有一层非常重要的内容，就是要在多元文化的背景下找到民族文化的自我，明确在新时代下中华文明存在的意义，它可以为世界的未来发展做出什么样的贡献。也就是说，必须具有当前的问题意识，而绝不是封闭地讨论甚至玩赏传统文化。例如，当代世界最严重的问题之一就是文化冲突。如何才能解决当前的文化冲突呢？历史告诉我们，文化冲突是不能用征服或消灭来解决的。文化根植于人的内心，征服或消灭只能是暂时的，结果总是"冤冤相报"，制造新的仇恨。中国人讲究的是"冤家宜解不宜结"。"解"即"化解"，"化解"就是沟通、对话，达到相互理解。中国文化所追求的从来就不是一种文化对另一种文化的"拯救"，更不是一种文化对另一种文化的覆盖或征服，而是文化的多元共存，保护文化生态的自然发展。文化的多元共存，在中国传统文化中首先表现为"和而不同"，而"和而不同"的重点是"和"。"和而不同"的结果不是"趋同"，也不是"融合为一"，而是在新的基础上产生新质和新的差异，形成新的不同。

1.2 西方的文化自觉

中国传统思想中的这些深邃的智慧能否被发达的西方所看重，并作为解决当今问题的宝贵资源呢？在一百年前，很难做出肯定性的回答。但在全球化的今天，情况则全然不同了。西方也掀起了文化自觉的热潮。如果说当代中国的文化自觉始于文化复兴的强烈愿望，那么，西方的文化自觉则更强调审视自己文化发展中的弱点和危机。这是几个世纪以来中西两种文化不同的处境使然。

西方的文化自觉大致从三个方面来寻求传统与创造相结合的未来。

首先，重新返回自身文化的源头，审视历史，寻找新的出发点；要找到新的出发点，对自己有新的认识，就必须有一个新的参照系，即新的"他者"，以便作为参照，重新反观自己的文化，进而做出新的诠释。法国学者于连·法朗索瓦（Francois Jullien）认为，要全面认识自己，就必须离开封闭的自我，从外在的不同角度来考察。在他看来，"穿越中国也是为了更好地阅读希腊"，他认为"我们对希腊思想已有某种与生俱来的熟悉，为了了解它，也为了发现它，我们不得不暂时割断这种熟悉，构成一种外在的观点"，而中国正是构成这种"外在观点"的最好参照系，因为"中国的语言外在于庞大的印欧语言体系，这种语言开拓的是书写的另一种可能性；中国文明是在与欧洲没有实际的借鉴或影响关系之下独自发展的、时间最长的文明……中国是从外部正视我们的思想——由此使之脱离传统成见——的理想形象"。

此外，不仅是作为参照，而且还要从非西方文化中吸收新的内容。

另外，改变殖民心态，自觉反省过去的西方中心论，理顺自己对非西方文化排斥、轻视的心理，这一点也很重要。

在上述基础上，西方学者提出，人类需要的是一个多极均势的"社会世界"，一个文明开化、多元发展的联盟。要达到这个目的，人类精神需要发生一次"人类心灵内在性的巨大提升"，它表达的是对另一个全球化的期待，这将是一个"基于生活质量而非个人无限财富积累的可持续性的文明"，也就是全球的多极均衡、多元文化共存的新的文明。

2. 文化自觉与中国体育文化发展之互动

2.1 中国体育文化发展更需要"文化自觉"

经过半个多世纪的曲折发展，新中国的体育事业无论从体制到机制，还是对体育的认识都已经逐渐成熟，年逾不惑。然而，面对今天国内外形势的变化，中国体育要实现和谐发展，首先要吸取经济发展中"先增量，后求质；先污染，后治理"的教训。新中国成立之初，国力欠佳，国民健康水准低下之时，单纯以体育"强种"，进而"为国争光"目标的确立是可以理解的，但在今天国家倡导和平发展战略的背景下，若过分求之，只会强化"种"意识（种族主义），弱化"类"意识（国际主义）。这方面有不少例子：其一，2004年亚洲杯，中日决赛，我方失利，国内球迷闹事，有国际评论将其称为"种族争端"；其二，近年来部分运动员在国际赛场几次群殴、罢赛、出口伤人等造成极大的负面影响；其三，2006年多哈亚运会上，在异国他乡居然出现了"京骂"……如此这般，应该说都与一个民族缺乏"文化自觉"有关。这与当今中国"和平崛起"的发展战略不符，甚者会引发西方敌对势力"中国威胁论"的论调。金牌诚可贵，文化价更高。缺少文化认知和文化内涵的体育只能是技术层面的体育，它表明我们对于体育的认识还停留在生物层面，这种认识和理解下的体育成就，是无法对世界体育文化发展产生积极的建设性的影响的。中国人对世界体育文化的贡献已经不能仅仅停留在"金牌"和"冠军"的数量上，而是要思考如何像"美国制造"的NBA那样，为世界体育文化发展贡献更为独特的优秀的"体育文化产品"。在此背景下，文化自觉对中国体育文化的发展尤为重要和迫切。

2.2 文化自觉促进中国体育文化发展

中国传统文化与奥林匹克文化分属不同的文化体系，二者必然存在较大差异。中国体育文化是中国传统文化和奥林匹克文化长期相互碰撞、冲突、交流、吸收、融合、积淀的结晶。中国体育文化对民族传统文化或外来体育文化不是全盘接受或无条件全部继承，而是主动地进行价值选择，有自己的选择标准与选择内容。运用传统的"中和"与"实用理性"的思维方式，这些经过有目的、有条件、反复筛选的外来"异己"文化因子，结合我们的民族特点与国情，通过采用宽容的"求同"的"技术处理"手段，中国传统文化在保留原有民族特色的基础上大量吸收和"同化"了奥林匹克文化，最终选择出了一套满足中国人主体意愿，同时满足体育运动要求的新的价值体系。从鸦片战争开始，中国传统文化被强劲刮来的西方文化，包括奥林匹克文化洞开大门，在被迫经受百年痛苦的"火烧"后，中国传统文化陷入绝地而后生，最终凤凰涅槃般"变身"，"同化"出了一种融合民族文化与奥林匹克文化的新型文化。这种新型文化融会了中西文化的精华和智慧，具有现代品格与现代特性，是引进、消化、吸收西方文化之后的现代文化。

中国体育文化作为中国文化的一个重要组成部分，具有许多我们传统文化所缺乏的，却代表着现代社会和未来社会发展方向的先进文化要素。对不同体系的文化进行"文化自觉"，看清楚中国传统文化与奥林匹克文化之间的巨大差异，充分认识到中国体育文化的先进性，成为当代中国文化超越已有文化局限、创造性进行文化转型、打造民族文化的亲和力和融合力、顺利融入现代化与全球化的重要前期工作。

3. 结束语

综上而言，文化自觉是一个自然历史过程，是中华文化的优秀传统，也是民族精神的重要构成。文化自觉对于文化发展的意义，绝不是一般意义的政治、经济措施所能比拟的。因此，探讨、总结文化自觉与文化发展的关系，为中华文明的伟大复兴贡献力量，应当是当代中国文化建设主题中的应有之义。

而中国体育文化的发展，在世界全球化的趋势中，再一次面临着民族化与现代化的选择。中国体育文化的自觉，是将国家体育思想和行为置于世界范畴，进而进行自我扬弃的过程，且其愿望是融入体育全球化浪潮中的。但中国体育文化融入全球化，并不等于将中国体育文化纳入西方文化的轨道中，而是要坚持自我立场、自我身份，更不能使民族精神迷失在"融入"中。同时也不能拒斥西方，而是要沟通和互补，在与世界体育"接轨"的过程中，有选择性地接受。唯有如此，才能促进中国体育文化的繁荣和发展。

参考资料

[1] 费孝通. 论文化与文化自觉 [M]. 北京：群言出版社，2005.

[2] 全国体育院校教材委员会. 体育管理学 [M]. 北京：人民教育出版社，1999.

[3] 卢元镇. 中国体育社会学评说 [M]. 北京：北京体育大学出版社，2003.

[4] 宋继新. 寻找中国体育的文化自觉——提升竞技体育认知境界的思考 [J]. 体育文化导刊，2007 (5)

[5] 邓星华. 体育文化全球化与中国体育文化的自觉 [J]. 上海体育学院学报，2003 (3).

[6] 查里普·A. 国际体育管理 [M]. 王艳，等，译. 北京：人民体育出版社，2000.

[7] 于文谦，刘玉. 论文化自觉对竞技体育的影响 [J]. 体育文化导刊，2007 (5).

[8] 宋继新. 传播和谐的体育文化 [N]. 吉林日报，2008-02-26.

[9] 乐黛云. 文化自觉与社会和谐 [N]. 解放日报，2006-06-04.

[10] 中共中央宣传部文化体制改革与发展办公室，中共深圳市委宣传部. 文化发展战略论坛文集 [M]. 广州：广东人民出版社，2005.

[11] 邓永芳. 现代化境遇中的文化自觉 [D]. 北京：中共中央党校，2005.

[12] 黄莉，孙义良. 从中西文化的深层结构审视中国体育文化 [J]. 体育科学，2008 (2).

中国传统文化与大学生心理素质课程融合

张小菊❶

【摘要】在中华民族璀璨的文明中，我们的祖先在几千年的探索中创造了自己的智慧与文化。本文透过心理学的视角将传统文化的精髓部分融入，拓展了东西方心理研究的视野，总结了传统文化在大学生心理素质课程中的几个新角度。本文的研究目的是从宇宙、自然的源头，从追本溯源的本真出发，吸取祖先智慧对人伦、自然、生命、宇宙的认知，更好地推动大学生心理素质教育，进而促进大学生个体成长，更好地传承传统文化。

【关键词】传统文化；心理素质；自我；人际关系；创新

1. 前言

近几十年的心理健康教育基本是采用拿来主义，来自美国堪萨斯大学的段昌明教授在一次演讲中直接以"文化与心理治疗：我们为什么需要中国人的心理治疗理论与实践"作为标题，指出西方心理健康理论和模式采用整体销售的方式被引进中国，中国学者在接受过程中也直接"吃"进去，但出现了"消化不良，吸收不好"。首先是个体层面上的不适应，这些理论并不能很好地服务于中国人；其次是社会层面上的不合适，从某种意义上讲，将西方理论应用到中国文化就是允许和接受了西方文化的"入侵"，将西方的文化价值观强加给了中国大众群体。再次，西方的心理健康理论已经将中国心理学界的"市场"占满了，这在很大程度上捆绑住了中国的许多优秀学者，让中国几乎没有发展自己本土理论的领域和空间。最后，这种应用也限制和变相剥夺了中国心理健康研究和教育从传统中国文化智慧中获益的机会。

事实上，中国本土有丰富的文化资源可以利用，传统的哲学、古训、智慧都可以为心理健康和心理应对提供坚实基础，只要我们深入去挖掘，这些文化瑰宝就可以为中国也可以为世界的心理健康事业做出贡献。中国传统文化中的"天人合一""致中和""道法自然""致虚静"等观念，是人类的一般命题。当然在挖掘过程中，也需要考虑当代大学生自身的文化圈和时代性，对于不合时代的守旧思想要有很好的辨别力。

---

❶ 张小菊，北京联合大学副教授。主要从事大学生心理素质教育研究，传统文化与哲学、心理学比较研究。

2. 中国传统文化下的身心灵整体健康观念

2.1 身心灵系统性的大健康概念

2017年9月人民日报专门刊发了《心理健康助力全面健康》一文，其中特别指出：发挥中华优秀传统文化和中医药的作用；推动中华优秀传统文化与心理学理论及技术融合发展，为公众提供符合我国国情、文化特点和价值观的心理健康技术；充分发挥中医药在心理健康服务中的作用，加强中医院相关科室建设和人才培养，促进中医心理学发展。当下是个繁荣的时代，人们生活在复杂的社会环境中，思想也变得复杂。一个独立的个体要适应复杂多变的外部世界，对个体的能量级就要求更高。所以在当下，已经不是单纯的身体健康或心理健康，而应是一个系统化的大健康概念。

《黄帝内经·素问·上古天真论》强调的健康标准是"形与神俱"，即人的精神与形体是一个整体。形神一体贯穿于脏腑、经络、气血各个方面。人类个体作为生物性和社会性，心身健康应与环境整体相协调，"人体是个小宇宙、宇宙是个大人体"。若这种整合被破坏，造成阴阳平衡失调，势必首先出现身心疾病。中国传统文化下的中医核心价值就在于构建阴阳平衡的生命环境，这个环境包括人体自身的内环境（生理和心理）和人体所处的外环境（自然环境和社会环境），而两者之间又是彼此影响的。所以一个完整的健康模式是"生物—心理—社会"整合式的发展。

2.2 身心灵系统性的大健康标准

身体健康的标准：天人合一、形神合一、阴平阳秘、正气为本。天人合一是指人在天地之间，宇宙之中，一切活动与大自然息息相关。人体的生、长、化、收、藏均是按照四季变化和不同自然环境的特征，顺应自然，保持人与自然的协调统一。形神合一，指神是形的主宰，形是神的物质基础。当人的身体与精神紧密地结合在一起，即形与神俱、形神合一，才能保持与增进健康。阴平阳秘，阴阳是宇宙中相互关联的事物或现象属性的概括。阴阳是宇宙中代表一定属性的物质和功能，如人体内的气为阳，血为阴，兴奋为阳，安静为阴。"平"是正常的意思，"秘"是固守、固密的意思。"阴平阳秘"表示阴阳各自处于平衡状态，两者间也具有相互协调、配合关系。正气为本是指人体的机能活动和对外界环境的适应能力、抗病能力及康复能力。亚健康产生的根本原因，就在于机体正气的虚衰。正气充足则人体阴阳平衡，气血充盈，脏腑功能正常，能抵抗外邪，正气不足则导致邪气损害人体，机体功能失调，产生疾病。

传统文化下的心理健康标准：①人与自然的和谐（天人合一），人与自然的和谐是人类自身和谐发展的一个必要前提，自然运动有一定的规律性，人的心理活动也有一定的规律性，必须在不违背客观规律的前提下，充分发挥人的心理能动性，争取最好的结果，以保持人与自然的和谐。②人与自我的和谐（至善至君），中国传统文化始终倡导人的自我和谐发展，即个体能够了解自我、悦纳自我以及实现自我，正如老子所说"见素抱朴，少私欲"，人能认识自己要有节制；孔子也谈道："吾十有五而志于学，三十而立，四十而不惑，五十而知天命，六十而耳顺，七十而从心所欲不逾矩。"孔子这种顺应人生发展的理念对于积极完善自我和实现自我有很好的启发。③人与他人的和谐（仁者爱人），人际关系的和谐是心理健康的一个重要标志，能促使个体在群体中产生归属感、安全感。孟子提出爱敬说，"仁者爱人，有礼者敬人；爱人者人恒爱之，敬人者人恒敬人"。孔子也指出了"己所不欲勿施于人"的人际和谐观念。④人与社会的和谐（中庸之道）。人与社会的关系包括个人与集体、国家等关系，是个体社会化过程中产生的、处理矛盾冲突的观念。

灵性健康的标准：灵性的状态是一种虚静，身体可以连接万物，与大自然的律动和谐，将身体的沉沦状提升到对温度、湿度、压力的觉醒和敏感状态；在心灵上臣服于内在的流动、臣服于家庭、社会乃至世界等"更大的系统"，内心是浑厚、宁静与无限的宽广，心不离身，身心合一。懂得万物本来的面目：本自具足、本来如是、自有永有、如如不动、独立不改，它不能被创造，也不能被改变，只能被认识。身体、心理、灵性的健康并不是单纯几个要素指标的达成，而是相互之间有机联系在一起的整体性健康。

3. 中国传统文化下的心理素质课程建设

近年来的大学生心理素质课程体系、内容一直在西方心理学的框架下编排，大量的理论和实操也是在西方心理学理论指导下进行。在实际的教学过程中，总有一种"不知说什么"的感觉，尽管老师吃得通透，但学生似乎除了新奇，对自己内在的心灵成长益处存在严重的局限性。本文试着在具体的章节内容上，对具体的主题引入传统文化的解读和阐释。

3.1 个体自我认知和意识的扩展

个体的自我认知和意识在东西方文化中的表现方式存在很大的差异性。在我们传统文化里，个体与他的父母、血缘亲属乃至天地万物有着密切关系（天人合一），身体乃至心灵并不仅属于自己，还属于父母、祖先、宗族乃至国家。中国人在强调自己价值和人格时，潜意识里会从一个人与另一个人的关系中定义自己，通过关系来界定人，这种关系包括个体与自己、父母、同学、老师、朋友、兄弟等，所以传统文化中独立人格观念是匮乏的，是无所谓"自我"的，个体只有在关系中才能确立自我，这种对自我的认知在宋明理学中得到极致的发挥，如"仁者以天地万物为一体，莫非己也"。而西方文化，强调每个个体都是世间的神物，因而具有相同的地位和独立人格，每一个个体都是一个"权利主体"，所以个人的自我得到了更好的发展。真正在中国文化中长大的个体如果要以"适应良好的方式"来确立自我，就需要在关系中建构自我。

从比较两种文化对个体自我的认知来看，个体要学会调整现实人际关系，不要求个体思考形而上，所以个体的独立意识和反省精神需要得到提升。既需要提升本性具足的能力，又需要与自然、群体、社会和谐发展。懂得在不同文化形态中能够很好地认识、理解和超越自我，而不受制于文化的局限。

3.2 重建人际关系

来自不同地域、不同价值观家庭的大学生，在进入大学阶段，会表现出不同的交往态度：一方面，大家彼此因不同而觉得新鲜好奇，另一方面，看到差异也会有排斥性。其实孔子早在《论语》中清晰地阐述过一系列关于人与人关系的经典语句，比如："己所不欲，勿施于人""与朋友交，言而有信""君子和而不同，小人同而不和""道不同，不相为谋""君子周而不比，小人比而不周""君子喻于义，小人喻于利""见贤思齐焉，见不贤而内自省也""德不孤，必有邻"。这些经典的语句一针见血地阐述了个体之间交往的原则、礼仪。

在处理人际关系的情感和礼节方面，《中庸》给出了精辟的阐释："喜、怒、哀、乐之未发，谓之中。发而皆中节，谓之和。中也者，天下之大本也。和也者，天下之达道也。致中和，天地位焉，万物育焉。"所谓中庸就是适度、不走极端，诚如朱熹所注："能随时以处中也"。"中无定体，随时而在，是乃平常之理也。"做到"中和"也就能把握自己的内心世界，对外界各种刺激随时控制和调节自己的心理体验，时刻使内心世界居于适中状态。情感在人的内心，称为中；表露出来合乎礼，称为和。致中和是儒家修身养性的核心，帮助个体在矛盾中把握统一，儒家思想认为情感收敛和表露的程度达到最优化时对自己、他人、万物皆有好处。现代心理学各流派更进一步强调情感对人的积极和消极的影响，通过共情、理解、接纳进而帮助个体柔化了潜藏在个体意识和潜意识中的情感、情绪和认知，达到"中和"。这也印证了庄子所说的"得其环中，以应无穷"。管子在《内业》中把中和观念视为修养身心、聚精养神的重要原则，认为"正心在中，万物得度"。这些都表达了类似的认识：通过认识、思考事物矛盾的双方，抓住问题本质，在情感上化解了矛盾，达到中和，问题也迎刃而解了。"君子之修身，内正其心，外正其容"的意思是：君子修身养性，内里要保持心态正直，外表要保持容貌端正。正心包括正意、正言、正行，从而达到言行意一致，也即一个人的内在外在达到一致性和谐。

"中和"的理念，对于协调人、社会、自然多元文化的共存、兼容并蓄有着重要意义。不同个体、不同文化背景下的人、民族都可以融合、创造发展价值。"中和"强调和而不同，尊重不同个体、文化存在的价值，形成优势整合、共同繁荣的景观。这为大学生形成新的理解、包容的心性特征奠定了文化基础。

3.3 情绪管理的提升

西方心理学经典的情绪理论为艾里斯情绪 ABC 理论，认为诱发性事件只是引起情绪及其行动反应的间接原因，人们对诱发性事件的认知、信念、看法是引起情绪及其行为反应的直接原因。但传统文化下的中医情志理论却有不同的整体性认识，认为脏腑气血功能失调可引起情绪异常改变，情绪的改变也会影响脏腑气血构成和功能。气血功能的失调是阴阳偏盛偏衰、失去相对平衡的结果。气血功能的失衡大多是因为外邪寒、湿、暑、燥的侵入。心藏神、肝藏魂、脾藏意、肾藏精，当外邪侵入，势必影响相应的情绪。

艾里斯情绪 ABC 理论，强调对情绪进行解析，强调头脑化的再认识，走的是一条从头到脚的路子，意思是头脑中的认知重建了，心里不再有纠结了，目的即达成。但中国传统儒家是整体的普遍联系的理念。中医学融合儒家文化对待情感、情绪有自身独特的调养。《大学》里强调的修身方法是"定而后能静，静而后能安，安而后能虑，虑而后能得"。具体的修炼方法是保持脚和身体不动，恭正端然而立，以定其身。同时，凝神调息、静心平气，以定其心。心念不生，空空荡荡，心如止水。虽然脚和身体是不动，但为了保持不动，静中必然引起身体内部的调整，产生振动。此时心跳带动身体的气血和体液形成的振动波与地球自转形成的波叠加，就会出现几个结果：①不协调，就会心烦意乱；②协调又有两种，一种是空前的宁静，内心无限的喜悦，恬淡虚无；还有一种正向的叠加，对外界感知能力增强，若是正向的情感就会得意忘形，手舞足蹈，情不自禁。若是负向的情感，就会更低落、更低沉。这也是道家讲的天、地、人的关系：通过人体自身的调整，逐渐把不协调的部分矫正过来。通过身体的安静而达成心灵的宁静。传统文化背景下的中医学对情绪和身体的关系也有相应的探讨和认识，通过阴阳调理使得身体经络畅通、气血充盈，神经系统安定，从而增强情绪的稳定感。

3.4　创新思维的提升

提起创新，首先想到西方的先进科学和现代的西方科学，与东方太极哲学思想不谋而合。中国古人提出了太极、阴阳概念，其实是理解宇宙、自然规律的总学说。《黄帝内经·阴阳应象大论》中记载：阴阳者，天地之道也，万物之纲纪，变化之父母，生杀之本始，神明之府也。在我们寻找祖先智慧的今天，同时也发现了在现代几何学当中的一些理论与古人的智慧高度一致。公元 1858 年，德国数学家莫比乌斯（Mobius，1790—1868）和约翰·李斯丁发现：把一根纸条扭转 180° 后，两头再粘接起来做成的纸带圈，具有魔术般的性质。普通纸带具有两个面（即双侧曲面），一个正面，一个反面，两个面可以涂成不同的颜色；而这样的纸带只有一个面（即单侧曲面），一只小虫可以爬遍整个曲面而不必跨过它的边缘（也就是说，它的曲面只有一个）。这种纸带被称为"莫比乌斯带"。

这个"莫比乌斯带"类似于太极中的缠丝，一根纸条相当于无极，没有能量在其中。当把这根纸条做微小的扭转，就会产生变形，同时也产生了变形的弹性势能，也即生成了具有对立的阴阳两面。接着将纸带的首尾连接，这就是著名的莫比乌斯带，这也是我们中国人说的太极环，接着变形和分裂，不断变形和分裂，产生的乌带或者说太极环变化多端，但这些带或环永远无法分开、永远也不可能与其他的环不发生联系而独立存在。通过无数的变形和分裂生成阴阳两性，然后再以分别生成的阴阳两性为基础生成第一次的阴阳两性的两个物质，第二次、第三次……直至永无穷尽。这或许就是道生一、一生二、二生三、三生万物。在无中生有的过程中，因为演变过程的细微变化，于是产生了奥妙的大千世界。进一步，把两条莫比乌斯带沿着它们唯一的边粘合起来，就得到了一个克莱因瓶。

阴阳的交互反应，产生了动静变化，于是万物繁衍。自然界的一切变化，莫不如此。2009 年，美国雕刻家波特·赫克曼用 500 万伏的粒子加速器，对着玻璃板轰出了完美的太极图。这不是人工绘制的，而是在粒子加速器作用下自然发生的。而且，到目前为止，物理学家已经发现了 300 多种基本粒子，都是正反成对存在的。近年来兴起的量子中医学是用量子理论等现代科学转化阴阳、五行等哲学工具形成的学科。

无论是科学技术的创新还是日常生活小创意，也都遵循着一定的规律性：阴阳和谐、平衡、交替、互补与共生。所谓的创新思维就是要懂得这些规律变化，将这些规律应用在具体实践中。

3.5 生命教育的提升

中国传统文化的生命观中，儒家和道家的观念最具代表性。道家对人的生命强调顺其自然，是道法自然的生命观。据马王堆汉墓出土的简书《十问》载，尧问舜："天下孰最贵？"舜答："生最贵。"《黄帝内经》也认为人是自然界最为珍贵的存在物，所谓"且夫人者，天地之镇也"。又说"天覆地载，万物悉备，莫贵于人。人以天地之气生，四时之法成"，即人的价值在于能够把握天下万物生息繁育的奥秘，从而顺应并超越自然，彰显生命的光彩。道家对于人的生命非常尊重，在老子的《道德经》中有大量篇幅，认为"道大、天大、地大、人亦大。域中有四大，而人居其一焉"，这是将人与天地相提并论。庄子进而做出"夫天下至重也，而不以其生，又况他物乎"的论断，将个体生命价值提升至包括天地自然在内的一切事物的境地。在对待生死问题上，《庄子·养生主》里鲜明指出："指穷于薪，火传也，不知其尽也"，可见，庄子对待生命采取一切顺乎自然、豁达面对的超然态度，人的形体总会消失的，但精神是永存的，这是生命的希望，也是人类的希望和责任。

4. 中国传统文化与大学生心理素质教育融合的未来发展研究趋势

中国传统文化强调整体性和系统性，在心理素质范畴内从身体—心理—灵性几个层面来理解，但事实上，需要在更宏大的天地人三才系统里，在当下大学生面临的实际困境、缺少自我认同感、虚无生活、功利化以及追求美好未来生活、学习、情感的具体蓝图中构建健康观，探索更好地发展个体自我价值、情感世界、人际和谐、生命思考、创新思维等命题的方向、策略和方法。同时也应看到，中国传统文化也有自身的缺憾：抽象化、缺少反思和反省的具体指导，缺少在具体情境下如何具体思考并解决的成分，而这部分恰恰是西方心理学具体化到情境中通过语言和非语言、态度、情感以及心理发展历程的认识和个体自我意识的觉醒找到解决突破口的优势。所以大学生心理素质教育一定是在中国传统文化的引领下，在西方心理学具象化思维的基础上，共同构建发展道路。

参考资料

[1] 郭潇萌. "21世纪学科前沿" 系列学术报告——美国堪萨斯大学段昌明教授来我校做学术报告 [EB/OL]. http://rw.bit.edu.cn/xyxw/119107.htm. 2018-03-26.

[2] 王国强. 心理健康助力全面小康 [N]. 人民日报, 2017-9-25 (7).

[3] http://opinion.people.com.cn/n1/2017/0925/c1003-29555702.html. 2017-09-25.

[4] 姚春鹏, 译注. 黄帝内经 [M]. 北京：中华书局, 2010：17.

[5] 文若愚, 编著. 道德经 [M]. 北京：中国华侨出版社, 2011：112.

[6] 李里.《论语》讲义 [M]. 桂林：广西师范大学出版社, 2007：38.

[7] 姚本先, 闵永胜. 传统文化视野中的心理健康标准探讨 [J]. 中国卫生事业管理, 2008, 11 (总第245期)：779-780.

[8] 杨伯峻, 译注. 孟子 [M]. 北京：中华书局, 2010：152.

[9] 张为才. 国学启蒙经典 [M]. 青岛：青岛出版社, 2015：3, 48.

[10] http://www.baike.com/wiki/莫比乌斯带. 2018-8-10.

[11] 庄子 [M]. 范勇毅, 译. 北京：海潮出版社, 2008：44.

"课程中心"在"课程+文化"教学中的作用[1]

解建红[2]　　陈翠丽[3]

【摘要】课程中心为学校教学的组织、运行和管理提供信息化支持。课程中心承担着辅助教学、课程建设、课程管理、教学信息展示等系统功能。作为文化的重要载体，课程选择、传递着文化，而"课程+文化"则是文化在学校教育当中的一种创生，变革着这种选择的取向和传递的方式。"课程+文化"是从文化渗透的角度认识课程的教学思维方式和教学改革，是将专业课程和世界先进文化、优秀的中华民族传统文化、首都北京地域文化的理论融合、文化精神渗透的教学理念和教学方式。课程中心作为学院的教学信息展示平台和教学资源库，将"课程+文化"资源予以呈现，极大地发挥着课程的交流互动、教学成果的展示等功能。

【关键词】课程中心；课程+文化；文化传承；文化渗透

"坚定文化自信，推动社会主义文化繁荣兴盛"，是习近平总书记在十九大报告中提出的要求，他讲道："文化是一个国家、一个民族的灵魂。文化兴国运兴，文化强民族强。"他还强调指出，"文化自信，是更基础、更广泛、更深厚的自信"。文化自信是一个民族、一个国家以及一个政党对自身文化价值的充分肯定和积极践行，并对其文化的生命力持有的坚定信心。它既是一种信念，一种心态，又是一种风范和态度。习总书记还进一步阐明了中国特色社会主义文化的基本内涵："中国特色社会主义文化，源自于中华民族五千多年文明历史所孕育的中华优秀传统文化，熔铸于党领导人民在革命、建设、改革中创造的革命文化和社会主义先进文化，植根于中国特色社会主义伟大实践。"中共中央办公厅、国务院办公厅印发《关于实施中华优秀传统文化传承发展工程的意见》，要求"推动高校开设中华优秀传统文化必修课，在哲学社会科学及相关学科专业和课

---

❶　本文获北京联合大学教育教学改革项目资助。项目名称：完善课程中心建设，推动完全学分制改革——基于完全学分制下课程中心功能研究（项目编号JJ2017Y002）。

❷　解建红（1966—），女，山西闻喜人，北京联合大学应用文理学院副教授，从事教学管理和文献检索教学。

❸　陈翠丽（1976—），女，河北滦县人，就职于北京联合大学应用文理学院教务处，从事教学管理工作。

程中增加中华优秀传统文化的内容"。因此，对大学生传承和加强中华优秀传统文化、革命文化和社会主义先进文化教育是高校教育教学改革的方向和目标。

那么，高校课程如何融入这些文化内容？传统文化要素如何与学科专业紧密地融合？如何做教学设计才能将专业及课程所蕴含的文化元素、思想政治教育元素和德育素材充分挖掘？以何种方式达到"知识传授与价值引领相结合"？"课程＋文化"的方式如何呈现？这些方面的思考已成为高校学科、专业和课程改革的重心。

1. "课程＋文化"的内涵、特点与意义

文化或称"人化"，因为文化的出现及创造与人类自身发展息息相关。广义的文化概念认为，文化就是人类社会的全部活动方式，它包括一个特定的社会或民族所特有的一切内隐的和外显的行为、行为方式、行为的产物及观念和态度。梁漱溟说："文化，就是吾人生活所依靠之一切。"[1]狭义的文化理解认为，文化是指一定群体的大多数成员所共同享有或认同的、内隐的观念态度、行为方式和思维方式。这种理解剔除了常规认识中的物质、制度和具体的外显行为，因为如果抛开人赋予它们的主观意义，剩下的部分都只是文化的具体表现形式，而并非文化本身。如美国《哥伦比亚百科全书》（Columbia Encyclopedia）把文化定义为，"在社会中习得的一整套价值观、信念和行为规则，它们规定了在一定社团中可接受的行为范围"。文化人类学创始人、英国著名人类学家 E. B. 泰勒关于文化的定义概括了广义和狭义的概念："文化是一个复合的整体，包括知识、信仰、艺术、道德、法律、风俗，以及人作为社会成员而获得的一切技能和习性。"[2]

课程是教学内容和进程的总和，是对教育的目标、教学内容、教学活动方式的规划和设计，是教学计划、教学大纲等诸多方面实施过程的总和。课程是教育的一种运作方式，发挥着育人和文化传递的教育功效，即通过文化传承的形式来开展教育。课程的实质就是从一种文明所积累起来的文化发展中抽绎出来的，是在对持续变化的社会需要深入了解的基础上，对全部社会文化的一种不断提炼、改造和序列化。[3]

作为文化的重要载体，课程选择、传递着文化，而"课程＋文化"则是文化在学校教育当中的一种创生，变革着这种选择的取向和传递的方式。"课程＋文化"是从文化渗透的角度认识课程的教学思维方式和教学改革，是将专业课程和世界先进文化、优秀的中华民族传统文化、首都北京地域文化的理论融合、文化精神渗透的教学理念和教学方式。通过挖掘通识课程、专业课程、理论教学、实践教学等教学内容和教学环节蕴含的文化元素，在专业知识的传授中与文化传承、文化交融、文化创新密切联系、深度契合，在专业教育中促进价值和精神在创造的生命激情中生长，使高校教育既能建立精神共同体的物质基础，又能满足

个体的心灵需要。[4]不仅影响大学生专业技术的价值取向选择，丰厚他们的文化素养，培养、孕育、激发他们的专业灵感，引领大学生建立文化自觉和文化自信，达到提高课程的文化育人和文化传承重任、提升专业知识的内涵和深层次传授功能、将时代的社会的正能量内容引入课堂的目的。而且能形成学校的文化育人质量提升体系：以文化人，以文育人，深入开展中华优秀传统文化、革命文化、社会主义先进文化教育，推动中国特色社会主义文化繁荣兴盛，牢牢掌握高校意识形态工作领导权，践行和弘扬社会主义核心价值观，优化校风学风，繁荣校园文化，培育大学精神，建设优美环境，滋养师生心灵、涵育师生品行、引领社会风尚。[5]

2. 课程中心功能定位

课程中心是近年来悄然出现在一些高校里的一个新生事物，它源于国际开放式课程体系 OCW，遵循 Web2.0 开发、自由、参与、互动的互联网精神。课程中心为学校教学的组织、运行和管理提供信息化支持。课程中心承担着辅助教学、课程建设、课程管理、教学信息展示等系统功能。在教学职能方面，课程中心聚集了学校能够开设的所有课程，满足不同学生的不同选择，并通过网络课程，整合和重组课程，重塑课程布局，形成内容进步、观念新颖和课程丰富的课程体系。所以课程中心是全面展现学校及各学院课程体系建设的窗口，是集课程管理、课程建设和课程学习功能于一体的综合教学平台，通过课程中心平台，能够帮助学校建设课程体系，聚集教学资源，提升教学质量，并实现教学服务精细化，业务指标清晰化，管理过程透明化；帮助教师建设特色课程网站，辅助课堂教学，展示、分享教学成果；帮助学生进行自主学习，完成学习任务，开展互动交流。[6]

北京联合大学应用文理学院从 2016 级学生开始，实施完全学分制，为此，重新修订完善了学分制培养方案和辅修方案，建立优质课程资源培育机制，建立与学分制管理相适应的教务管理系统，成立本科课程中心。课程中心对培养计划内所有课程简介与教学大纲进行审订，并开发建设各种类型的课程资源，如双语课程，全英文课程，翻转课程，拍摄专业核心课程和通识教育选修课程视频宣传片等，使课程中心成为学院最主要的教学窗口，通过课程中心宣传学校的教育思想、教学理念，展示学校的办学成果，展示学校的办学水平；实现与教学活动的深度融合，鼓励老师积极利用"课程中心"开展翻转课堂、混合式教学等教学模式改革，提高教学效果。

2018 年，在全面落实学校城市型、应用型办学定位工作中，文理学院提出"立德树人，文化育人"，以"文化"统领各项工作，"+文化"教育是凝聚学院特色的办学指导思想，把优秀传统文化、北京地域文化、世界先进文化渗透到学科、专业与课程建设中，渗透到通识课程、专业课程，专业理论教学、专业实践教学等各个教学环节，以"文化"为着力点推进学科专业建设和课程建设，逐步建构起"学科+文化""专业+文化""课程+文化"的体系和标准，引领大学生建立文化自觉和文化自信。

在学院"+文化"发展战略中，课程中心作为学院的教学信息展示平台和教学资源库，将"课程+文化"资源予以呈现，极大地发挥着课程的交流互动、教学成果的展示等功能。

3."课程+文化"在课程中心平台的呈现类型

3.1 以"课程思政"为"课程+文化"的特色和抓手，征集课程思政教学案例，建设课程思政特色精品课程

"课程思政"是北京联合大学的特色和亮点。为充分挖掘各专业课程蕴含的思想政治教育元素，课程中心秉持"知识传授与价值引领相结合"的教学指导思想，以教学案例形式在学院开展"课程+文化"特色教学活动，引导教师全员动员，发挥所有课程育人的功能，努力形成课程教学"大思政"的新格局。

例如：在《影视文化》课程中以电视剧《人民的名义》弘扬社会主义先进文化；在《婚姻家庭继承法》课程中传授遗赠扶养协议中的孝老爱亲美德；在《新媒体技术与应用》课程中，用"雪人计划"的案例来讲解专业的技术名词"根服务器"，融入爱国主义教育；在《中国现当代文学史》课程中，以《青春之歌》来分析与讨论如何度过青春岁月；尤其是在《政治与传播》课程中，结合中国的政治与传播的发展情况，让学生理解"政治统摄传播"的基本观点，理解马克思主义关于媒介党性的论述，以及习近平总书记关于党的新闻舆论工作的基本观点和"党媒姓党"的基本观点。增强同学们自觉传播社会主义核心价值观、中国国家形象和中国共产党的国际形象的意识和能力。

通过征集教学案例，并进行说课、教学设计比赛、公开课等交流方式，建设课程思政品牌和特色精品课程，建立起教师"课程思政"意识，培养教师"课程思政"能力，见表1。

表1 "课程思政"品牌课程

序号	立项课程	课程类别	负责人
1	空间数据采集实习	集中实践教学环节	×××
2	地图学	专业必修	×××
3	GIS软件工程	专业选修	×××
4	城市地理学	专业必修	×××
5	科技档案管理学	专业必修	×××
6	刑法学分论	专业选修	×××

续表

序号	立项课程	课程类别	负责人
7	婚姻家庭与继承法	专业选修	×××
8	财税法	专业选修	×××
9	中国古代冶金与文物	专业选修	×××
10	大学英语	通识教育必修	×××
11	大学生计算机基础	通识教育必修	×××
12	Visual Basic 程序设计	通识教育必修	×××
13	中国近现代史（Ⅱ）	专业必修	×××
14	博物馆展陈设计	专业选修	×××
15	中国古代史（Ⅰ）	专业必修	×××

3.2 重视以文化人，精准体现课程文化元素，做到课程建设有内涵，文化渗透有内容

（1）将社会主义核心价值观融入课程大纲和教学内容

通过修订 2017 级的培养方案和课程教学大纲，在教学大纲中融入育人目标。在大多数课程设计中除传授专业知识以外，还注重培养学生"具有人文社会科学素养、社会责任感，能够在实践中理解并遵守职业道德和规范，践行社会主义价值观"，如《文化产业概论》要求具备综合运用新闻传播学、艺术学、管理学等跨学科的专业知识进行文化产业实践应用的能力，以及具备弘扬传统文化、兼具国际视野、推动文化传播的素养和能力。《自然地理学》要求认识人类合理利用自然条件和自然资源的基本思想与主要途径；认识自然地理环境的整体性；了解人与自然协调发展，以及社会经济持续发展的观念。《中国古代史》要求学生通过古代史的学习，了解自己祖国的悠久历史，可以用历史的眼光看待现实问题，并解答现实中的疑惑，热爱祖国。

（2）划分文化融入类型，确保专业课程的理论融入和文化精神渗透有内涵、有内容

课程不同，文化传承的任务也不同。文化元素和专业课程的融合有理论的融入，更在于文化精神的渗透，达到文化传承的课程目标。人文社会科学类是以人的精神、文化、价值、观念为研究对象的科学，课程本身就关乎人类的教养、文化、智慧和德行。在实际的课程建设中，可直接把各种文化元素的精华选入教材作为学习的重要内容；而工业设计、科学技术等自然科学类的专业课程中，可以以文化精神的渗透为支点，融入中华优秀传统文化、革命文化、社会主义先进文化教育中富有生命力的要素、精神以及优秀文化的整体性思维方式。[4]

"课程+文化"的文化融入和文化渗透在文化类型的选择上有三种类型：中

外文化、古今文化和城乡文化。

①中外文化的融入

课程中融入中外文化内容能让学生认知世界，加深了解中国本土文化。如《世界通史》等课程从拓展学生的国际视野目标出发，以世界历史发展的脉络以及重大的历史事件和历史人物为主线，选取世界各地的哲学、文学绘画、戏剧、建筑、民俗宗教、数学、天文学等各方面的成就，探索世界历史发展的规律，借鉴外国的发展经验，更深刻理解中国政府的"一带一路"倡议，争取为我国社会主义政治和经济的正确、快速发展献计献策。再如在《大学英语》课程中开展跨文化交际文化教学；《大学数学》中融入数学的美、数学史、数学家的故事、数学思想方法、数学在实际生活中的应用等方面的数学案例，将数学文化渗透到大学数学课程教学中。

②古今文化的渗透

在历史学、法学和档案学课程中选用文化元素，渗透古今文化，是这些"课程＋文化"的优势所在。如在《中国通史》中融入传统治国理政的镜鉴和道德伦理文化，通过探究中华文明起源，讲中国古代的辉煌历史、中国近代的屈辱历史，新中国成立之后发奋图强的历史，使学生在了解中华历史源远流长的基础上，坚定理论自信、制度自信、道路自信和文化自信。《历史文书学》通过介绍中国的古墨、古代印章、传统的纸文化等呈现中国文字和艺术发展的重要环节。在法学的各类课程中，法理、法史等课程体现历史文化，公法领域体现社会主义制度文化，私法领域体现了公序良俗和基本道德文化。

③城乡文化的体现

在"课程＋文化"教学中，城乡文化的融入更能体现学生对文化课程内容的感知。如在《城市规划原理》课程中，以城市建设中的城市规划为核心，在理论上融入北京城历史演变中的传统规划思想和文化内涵，进而在实践中通过学习《北京城市总体规划（2016—2035年）》，了解北京城市发展方向，通过讲解《雄安新区（2017—2027年）》的详细规划等内容，使学生树立全面正确的城市观念，并能用所学知识分析解决城市职能定位、城市空间布局、历史文化名城保护等专业问题。在《品牌与策划》《大众传媒文化》《影视文化》《城市文化传播》课程中，在课程的每个部分渗透企业品牌文化，了解企业文化塑造和成功传播的过程。

3.3 开设文化专题课程，感受"古为今用"的知识传承

（1）"古代廉政"专题

如在《中国古代史（I）》课程中，通过古代史的学习，学生了解自己祖国的悠久历史，可以用历史的眼光看待现实问题，并解答现实中的疑惑。"古代廉政"专题《苍鹰与乳虎：从西汉酷吏政治看汉代廉政建设及当今启示》，通过酷

吏政治、加强中央集权专制主义的讲述，引入古代廉政建设的内容，使学生能够在课堂上感受"古为今用"的知识传承。

（2）"一带一路"文化专题

如《重大考古发现》课程中以中原地区早期锡料来源与国家"一带一路"倡议的历史渊源及现实意义为专题，展示和诠释古丝路贸易的具体内涵及传播路线，把重大考古发现和国家战略结合在一起。《经济地理学》课程借助于区域经济发展理论、区域相互作用理论和经济活动全球化理论的内容，开展经济全球化与一体化专题介绍，突出中国在推动全球化进程中的主导力量地位。

（3）依托培养计划课程，开展"学知讲堂"系列文化讲座

档案系依托《历史文书学》《文书学》等课程开展"打开历史真实之门，点击文化精髓之处——带你走进档案大观园"的讲座，"认识历史，走进档案"。《台湾社会文化史》课程以"台湾王船祭和郑成功信仰"为专题，讲述台湾近代主要宗教的来源与发展，中国各地甚至海外的文化交融，造就了台湾独特的宗教文化。

《文化遗产学》《民俗学》《非物质文化遗产学》《旅游 GIS 设计》《国学基础》《中国文化名著选读》等课程都以文化专题的形式引入讲座，使学生们认识非物质文化遗产及非物质文化旅游资源，感受传统艺术的魅力，感受中华优秀传统文化创造性转化、创新性发展的魅力。[7]

3.4 立足首都文化中心建设，以传承北京地域文化为重点，课程体现"北京味"

《北京城市总体规划（2004—2020 年）》中明确定义："北京是中华人民共和国的首都，是全国的政治中心、文化中心，是世界著名古都和现代国际城市。"如何展现北京源远流长的古老文化传统和文化魅力呢?

在课程建设中，从下面几个方面开展课程建设。

（1）开设通识教育选修课，形成"课程+北京文化"资源丰富的课程体系

建设一批"北京味"通识教育选修课，突出课程文化素养。如"文化北京"系列讲座和选修课程：《北京文物古迹旅游》《北京宗教文化》《北京地域文化》《人文北京》《旅游北京》《艺术北京》《走读北京》。《人文北京》赋予北京文化生命力，让学生了解北京、认识北京文化的多元魅力；《走读北京》通过带领学生去实地体验，让北京千年文脉可触可感。

（2）实践教学课程的文化渗透

北京联合大学的办学定位是"立足北京、服务京津冀、辐射全国、放眼世界，着力培养适应国民经济和社会发展需要的高素质应用型人才"。学院为落实城市型、应用型大学发展目标，将北京文化遗产传承保护、挖掘与创新渗透在实践教学课程中。学校依托"三山五园和西山永定河、大运河、长城三个文化带保

护和利用"研究课题，积极组织历史、考古、档案、文学、新闻、广告、人文地理等专业教师开设人文北京综合实践课程[8]，深度挖掘北京历史文化资源，如撰写景点解说词，收集北京英烈档案信息，做相关历史文化古迹剧本开发等，传承北京城市文化。[9]

在地理信息科学专业的集中实践教学环节《空间数据采集实习》课程中，通过在京郊特色乡村或社区测量及 GPS 采集数据，了解和宣传北京传统文化与区域特色资源，实力践行学以致用。

再如《剧本创作》实践教学课程，以"北京地方文化传承与保护"为主题弘扬京味文化，把北京的胡同、四合院、京剧、庙会、京味饮食（涮羊肉、卤煮、豆汁儿、糖葫芦等）、天安门、故宫、鸟巢、长城、北海、798、三山五园、红螺寺、法源寺等做成选题和故事大纲，进行 5~8 分钟的微电影/微视频的剧本创作。《语言实训课》以城市宣传语的调研实践了解北京市公共宣传语的变化发展情况，宣传首都文化，贯穿文化北京风采。艺术专业的《毕业设计（论文）》中，学生们从传统的京剧、四合院、风车、城市布局等传统文化中汲取设计灵感，在服装的造型、面料、结构、工艺上进行大胆的创新，诠释出他们对传统精神的感悟、对手工精神的赞美、对传统文化的创新性传承。

（3）以北京"文化遗产保护与利用"为用，展示厚重的地域文化特色课程

作为文化之都的北京，既融汇了传统文化与现代文化，也是中西文化交融的前沿阵地，留存有大量的文化遗产。《北京文化史》《文化遗产调查实务》（非遗、物遗）、《书画装裱》《文物保护技术实验》《文物保护与修复实践》等文化遗产保护利用与修复课程群突出北京的古建遗存、文物修复等多样性的传统文化内容。在《档案文献编纂学》课程中，以北京档案文化资源的开发利用为核心，利用北京各种文化为题材，选材加工，编纂成书（学生作品），如"老北京小吃汇编""老北京牌楼选编""北京天桥记忆""北京名人故居选编""紫禁城特色建筑汇编""北京胡同资料""饮食中的北京老字号""翻天覆地——北京地铁"。这门课程使学生对我国优秀的传统文化和珍品档案资源进一步了解，而且具备档案文化资源的保护意识和开发利用能力，培养学生的社会责任感和独立思考、自主探究的能力，培养学生运用所学知识解决工作中实际问题的创新思维和实践创新能力。

3.5 拍摄视频课程，聚焦北京城市文化

课程中心平台为更好地展示课程建设中的课程，先期拍摄了通识课程和专业核心课程，并通过 3~5 分钟的宣传视频，上传至平台展示宣传。在视频拍摄中展示北京地方文化内容的融入。如《网页制作设计技术》《文化遗产数字化》《新生研讨课》等以"三山五园"为主线，用丰富多样的素材介绍课程。除此之外，新闻专业的《纪录片创作》和《音视频节目制作》等课程聚焦北京城市文

化，尤其是北京西山文化，开展视听传播实践，学生们拍摄了《文化西山微记录——香山慈幼院》相关的8部纪录片，并以此作为毕业实务专题实践成果。学生们分别以《九州清晏》《贝家花园记忆》《老山密码》《石鱼归园记》《一盏社区的灯》《老伴儿》《玉米哥的歌》《这个冷哥不太冷》命名作品，这组纪录片一方面揭示和展现北京西山文化意蕴，另一方面揭示和表现在城市疏解新政策下北京社会普通人和边缘人的众生百态，感人至深，催人泪下。

总之，作为学校教育教学的宣传展示平台，宣传展示教师与教学资料是课程中心不可替代的任务，"课程+文化"这种新的教学理念和教学改革的成果及时地呈现，并以此实现教学资源的共建共享，才能更大地发挥课程中心的功能，借此平台实现课程教学的目标，获得文化传承、文化交融和文化的创新。

参考资料

[1] 梁漱溟. 中国文化要义 [M]. 上海：上海人民出版社，2011：6.

[2] 冯天瑜. 中华文化辞典 [M]. 武汉：武汉大学出版社，2001：9.

[3] 范立元. 面对二十一世纪课程改革的新思考 [J]. 外国中小学教育，1994（2）：19-22.

[4] 邵子华，张绪平. 论中华优秀传统文化的高校课程化 [J]. 黑龙江高教研究，2018（1）：143-147.

[5] 教育部. 高校思想政治工作质量提升工程实施纲要 [EB/OL]. 2017-12-1http://www.moe.gov.cn/srcsite/A12/s7060/201712/t20171206_320698.html [2018-09-12].

[6] 李原. 教学一体化环境：教学发展的助推器 [J]. 现代教育技术，2011，21（2）：152-154.

[7] 北京联合大学应用文理学院. 文理新闻 [EB/OL]. 北京：http://www.cas.buu.edu.cn/col/col20706/index.html [2018-9-12].

[8] 张宝秀，朱科蓉. "文科综合"的内涵与文科综合实践课程体系建设 [J]. 实验技术与管理，2013，30（1）：18-21.

[9] 解建红，陈翠丽，王彤. 跨学科多专业综合实践教学有效性路径探索 [J]. 高等农业教育，2018（1）：52-55.